Artificial Intelligence and Management Information Systems

AI와 경영정보

이건창

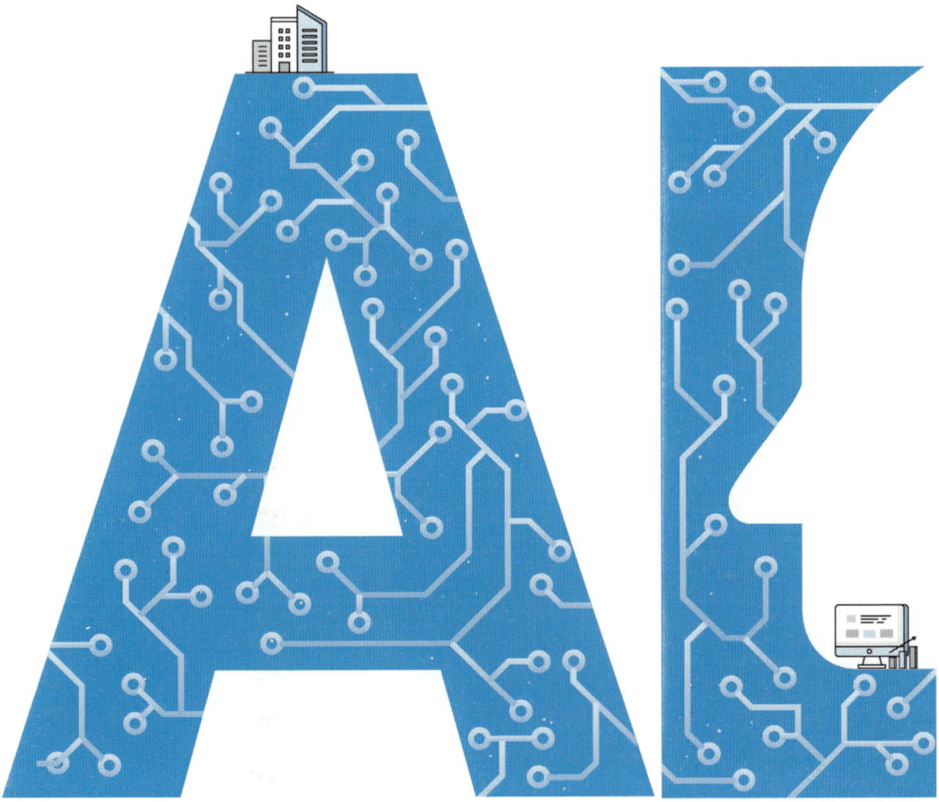

도서출판 청람

_머리말

우리 한국인들에게 2016년도 3월달은 잊지 못할 사건이 있었던 달이다. 서울 광화문 사거리에 있는 5성급 호텔에서 우리나라 바둑을 대표하는 이세돌 프로기사와 당시로서는 이름도 생소한 인공지능 바둑 소프트웨어인 알파고와의 대결이 있었기 때문이다. 하루 한 차례씩 대결을 하였고 결과는 5전 1승 4패로 이세돌 프로바둑기사의 완패로 끝났다. 벌써 7년이 넘은 이벤트임에도 불구하고, 지금도 세계 인공지능 역사에서 이 이벤트는 인간지능과 인공지능이 제대로 대결을 벌인 세기적인 대결로 간주되고 있다. 그 이유는 여러 가지가 있지만 우선 가장 큰 이유는 역시 바둑이라는 게임이 갖는 상상을 초월하는 수준의 어려움과 복잡함 때문일 것이다.

우주 전체 원자의 개수는 알려지기로는 대략 10의 80승 정도로 추정이 된다고 한다. 반면 19×19개의 격자로 구성된 바둑판에서 사람이 생각할 수 있는 배치 가능한 수의 개수는 10의 171승에 달한다고 한다. 그만큼 바둑은 가능한 경우의 수가 인간의 상상을 초월하는 수준으로 많기 때문에 인공지능이 바둑만큼은 사람을 이기기가 어려울 것이라고 오랫동안 생각을 해왔다. 그러나 이러한 순진한 우리들의 믿음이 알파고와 이세돌 프로바둑기사와의 대결에서 여지없이 깨지면서 인공지능의 발전과 가능성에 대해 우리 모두가 화들짝 놀랐던 것이다. 그 이후 우리나라는 정부, 학계, 산업계 모두가 나서서 인공지능에 대한 대대적인 투자와 전략수립에 매진하여 왔다.

알파고의 경이적인 성능에 놀란 가슴이 어느 정도 진정되어 가던 즈음에 2023년도 2월달은 또 다시 챗지피티라는 획기적인 수준의 인공지능 기술이 공개되면서 또 한번 수많은 사람들에게 충격과 놀라움을 선사하였다. 이제는 인공지능이 선택이 아니라 필수라는 것은 알고 있었기 때문에 이미 우리나라 주요 대학에서는 인공지능 관련 코딩 및 기본수업을 필수과목으로 지정하는 등 발빠르게 움직여 왔는데, 오픈AI가 발표한 챗지피티는 우리로 하여금 인공지능의 세계에서는 아직도 무궁무진한 발전의 가능성이 남아 있다는 것을 또다시 일깨운 사건이었다.

본서는 이같은 최근의 일련의 인공지능 흐름에 기반하여 기존에 수십년간 경영학계에서 연구되고 강의된 경영정보시스템을 재조명하기 위하여 저술되었다. 본서가 갖는 특징을 정리하면 다음과 같다.

첫째, 복잡한 용어와 딱딱한 문체를 되도록 지양하고 읽기 쉽고 이해하기 쉽도록 쉬운 용어와 용례를 많이 넣어서 기술하였다. 인공지능의 용어는 간단하고 쉽게 이해될 것 같아도 막상 그 기술적인 측면을 하나하나 짚어서 설명하려면 어쩔 수 없이 어렵고 딱딱한 기술적인 내용을 사용할 수밖에 없는 경우가 많다. 그럼에도 불구하고 일반인들이 최대한 이해하기 쉽도록 기술하려고 노력하였다.

둘째, 최근 매스컴이 주로 다루는 인공지능에서는 해당 인공지능이 구동되는 컴퓨터를 머신이라고 부른다. 그러나 인공지능의 역사를 비추어볼 때 지금의 머신은 뉴머신이다. 생각하는 머신, 즉 Thinking Machine이라는 주제는 영국 출신의 세계적인 암호해독 전문가이자 수학자이기도 한 앨런 튜링에 의하여 지속적으로 제기된 연구주제였다. 영국 옥스포드대학교 출판사가 발행하는 마인드(Mind)라는 오래된 철학분야 저널이 있다. 이 저널은 1876년도에 시작된 철학분야의 저명한 저널인데, 이 저널은 찰스 다윈, 노암 촘스키, 루이스 캐롤, 버트란드 러셀 등 세계적인 저술가와 학자들이 자신의 대표작을 출간한 저널로도 유명하다. 이 마인드 저널에 인공지능의 선구자인 앨런 튜링이 "Computing Machinery and Intelligence"라는 논문을 출간하였는데 이 논문에서 앨런 튜링은 머신이 과연 지능적인 생각을 할 수 있는가라는 주제를 고민하면서 그것을 확인할 수 있는 대안으로 오늘날 잘 알려진 튜링 테스트 방법을 설명하였다. 이러한 배경을 토대로 뉴머신이 등장하게 된 배경과 그로 인한 기업 비즈니스 프로세스의 획기적인 변화인 디지털 변혁을 본서의 첫 번째 주제로 설명하였다(1장. 뉴머신 시대의 등장과 디지털 변혁).

셋째, 최근에서야 인공지능이 대중들의 관심을 많이 끌고 있지만 역사적으로 보면 인공지능의 원형은 오래전 그리스 로마 신화시대의 신화 속에서도 발견될 정도로 인공지능은 오래된 분야이다. 그리스 신화에 등장하는 대표적인 로봇이 하나 있는데 '탈로스'라고 하는 청동로봇이다. 이 로봇은 다이달로스라고 하는 신이 만들어낸 것인데(혹자는 헤파이스토스라는 신이 만들었다고도 함) 청동으로 만들어졌고 지중해에 떠 있는 꽤 큰 섬인 크레타 섬을 빠른 속도로 하루 세 번을 돌면서 섬에 몰래 들어오는 침략자를 물리치는 역할로 잘 알려진 로봇이다. 크레타 섬의 실제 크기를 생각해볼 때 탈로스 로봇이 하루에 세 번 크레타 섬을 돌려면 무려 시속 240 킬로미터로 달려야 한다. 신화는 신화로만 보아야 하겠지만 지금 기술로도 이 정도의 성능을 가진 로봇제작은 결코 쉽지 않다. 인류의 꿈은 이미 그리스 신화의 시대 때에도 뛰어난 인공지능 기계를 생각해 왔던 것이다. 이러한 관점에서 최근 전 세계 매스컴에 등장하는 인공지능을 현재의 시점이 아니라 오래전부터 인류가 그려온 꿈을 전제로 인공지능의 역사를 흥미있게 기술하도록 노력하였다(2장. 인공지능을 향한 인류의 오랜 염원).

넷째, 챗지피티와 알파고의 사례에서처럼 현재 인공지능이 오늘날 보여주는 놀라운 성과의 근간을 알기 쉽게 설명하기 위하여 노력하였다. 이를 위하여 현대 인공지능 힘의 원천인 인공신경망의 생성배경과 작동 메커니즘을 상세히 설명하였다(3장. 인공신경망 : 인공지능이 갖는 힘의 원천).

다섯째, 과거 경영정보시스템 관련 서적에서는 시스템 분석 및 설계 기법을 딱딱한 소프트웨어 공학적인 측면에서만 기술하였다. 그러나 본서에서는 시스템 분석 및 설계에 대한 시각을 인공지능의 학습데이터 준비와 그 추출에 초점을 맞추어 다시 기술하였고, 아울러 시스템 역시 스마트폰에서 구동되는 앱을 전제로 그러한 앱을 효과적으로 개발하기 위하여 필요한 분석 및 설계라는 관점으로 기술하였다(4장. 인공지능시스템 구축을 위한 체계적 분석과 설계, 5장. 인공지능 학습데이터베이스 구축을 위한 데이터 모델링). 본서 4장, 5장, 그리고 6장은 필자가 2009년에 출간한 "최신 경영정보시스템"(무역경영사. 절판됨. ISBN 89-468-0278-2) 개정판에 수록된 "2장 시스템 분석 및 설계, 3장 데이터베이스, 7장 전문가시스템"의 내용을 본서의 집필 취지와 관점에 맞추어서 다시 수정하여 저술한 것임을 밝힌다.

여섯째, 인공지능을 아무리 쉽게 설명한다고 하여도 경영의사결정 문제해결에 인공지능이 어떻게 적용되는지를 쉽게 알 수 있도록 보여주는 것보다 더 효과적이지는 않을 것이다. 이러한 관점에서 본서는 전문가 의사결정지원, 주가방향예측, 그리고 오피니언마이닝 문제를 해결하기 위하여 실제 학습데이터를 토대로 인공지능 기법이 어떻게 적용되는지를 상세히 설명하였다(6장. 전문가시스템과 의사결정지원, 7장. 머신러닝을 이용한 주가방향예측, 8장. 딥러닝과 비즈니스 오피니언마이닝).

일곱째, 인공지능이 갖는 한계와 윤리적인 이슈에 대해서도 언급하기 위하여 인공지능과 미래사회라는 제목으로 인공지능이 가져다 줄 미래사회에 대해서도 관련 이슈를 서술하였다(9장. 인공지능과 미래사회).

본서는 필자가 오래전부터 생각해온 경영정보시스템 분야는 이렇게 설명되어지고 기술되어야 한다라는 주제에 대한 아주 미미한 첫걸음에 해당된다.

따라서 아직도 곳곳에 개선되어야 할 부분이 매우 많다. 그러나 아무리 미흡하고 흠이 많더라도 더 늦기 전에 본서를 세상에 선을 보일 필요가 있다는 생각에 용기를 내어 출간하기로 하였다.

부디 강호제현의 너그러운 양해와 건설적인 제언을 기대합니다.

2023년 4월초 봄꽃이 흐드러지게 피어나는 아름다운 명륜동 캠퍼스에서

저자 올림

_차례

4장 인공지능시스템 구축을 위한 체계적 분석과 설계

5장 인공지능 학습데이터베이스 구축을 위한 데이터 모델링

6장 전문가시스템과 의사결정지원

7장 머신러닝을 이용한 주가방향예측

8장
딥러닝과 비즈니스 오피니언마이닝

9장
인공지능과 미래사회

AI와 경영정보

1장

뉴머신 시대의 등장과 디지털 변혁

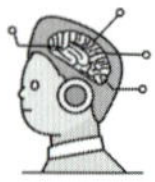

산업혁명에 대한 재해석

우리는 산업혁명이라는 말을 들으면서 자랐다. 어릴 때부터 학교에서 받은 교육에서 산업혁명은 우리의 삶을 문명화시켰고 현대문명의 초석을 이룬다는 말을 선생님을 통해서 그리고 교과서를 통해서 무수히 들어왔다. 그러다 보니 산업혁명을 얘기하노라면 다 아는 얘기를 왜 하느냐라는 시큰둥한 반응과 종종 마주친다. 새로울 것이 없는 주제로 여겨지기 때문이다. 그러나 과연 그럴까? 우선 산업혁명에 대한 자세한 얘기를 하기 전에 산업혁명이라는 단어를 유심히 들여다보자. 무엇이 보이나? 산업? 아니면 혁명? 아니면 산업혁명이라는 전체 단어?

산업에 관심을 두게 되면 거대 공장에서 쉼없이 가동되는 정교한 기계가 떠오를 것이다. 그리고 그 기계에서 쏟아져 나오는 각양각색의 제품들도 또한 생각날 것이다. 우리가 손안에 늘 들고 다니는 스마트폰 또한 공장에서 대량생산 과정으로 만들어진 물건이다. 필자가 지금 사용하고 있는 노트북 컴퓨터와 관련 전자기기 또한 대량생산 체제하에서 어느 나라 어떤 공장에서 대량생산 과정을 통하여 만들어진 것이다. 산업혁명이라는 전체 단어에 관심을 두면 산업 전반에 혁명적인 변화가 일어난 자체를 상기하게 된다. 산업에 방점을 찍어도 맞고, 산업혁명 전체에 방점을 찍어도 맞다. 그러나 산업혁명이라는 단어에서 우리가 간과해서는 안 되는 단어는 '혁명'이라는 단어이다.

혁명, 영어로는 Revolution, 한자로는 革命.[1] 이 단어를 유심히 보면 한 가지 사실이 분명해진다. 기존 질서를 대신하여 신질서가 자리 잡는 것이 혁명이라는 사실이다. 기존 질서는 이미 오래전부터 산업 곳곳에 하나의 시장질서로 자리 잡은지 오래이다. 그런데 어느날 어떤 이유에서든지 신질서, 즉 신기술, 신기업이 등장하면서 기존에 자리 잡은 기존 시장질서를 대체하기 시작한다. 그 대체속도가 대개는 생각보다 빨리 일어난다. 즉, 혁명적 변화가 시작된 것이다. 전기자동차를 생각해보라. 전기자동차는 더이상 몇몇 학자, 기술자, 기업가만 언급하는 말이 아닌지 오래이다. 전기자동차라는 말이 등장한 것은 백년이 넘었다. 왜냐하면 전기자동차는 가솔린자동차가 등장하기 훨씬 전인 1827년도에 헝가리 출신의 발명가이자 물리학자, 그리고 교회 사제였던 아뇨스 예들릭(Anyos Jedlik)이 처음으로 만들어서 시험운전한 기록이 있기 때문이다.[2]

불과 몇 년 전만 하더라도 자동차 하면 당연히 가솔린이나 디젤로 움직이는 것으로만 생각하였다. 그러나 지금은 시내 곳곳에서 전기자동차를 보는 것이 어렵지 않고 그 누구도 전기자동차가 향후 자동차 시장의 주역으로 자리매김할 것이라는 것에 대해 의심하지 않는다. 화석연료로 달리는 자동차가 당연하게만 여겨지던 시장질서가 우리가 인지하지 못하는 사이에 전기자동차라는 새로운 질서로 대체되고 있는 것이다.

---

1) 혁명(革命)이라는 한자어의 출전은 주역의 다음 구절이다.
天地革而四時成 湯武 革命 順乎天而應乎人
이 구절의 뜻은 '천지가 사계절을 따라 크게 변하듯, 탕, 무의 혁명 역시 하늘의 뜻을 따라 사람들의 부름에 응한 것이다'라는 뜻이다. 시대의 변화는 곧 많은 사람들의 바람이요, 혁명 역시 이러한 시대의 변화와 유사하다는 의미를 담고 있다.

2) https://en.wikipedia.org/wiki/%C3%81nyos_Jedlik

이것은 역사에서 일어난 혁명과 그 성격이 정확히 일치한다. 즉, 혁명은 기존 질서가 무너지고 그 자리에 새로운 신질서가 들어서는 것을 말한다. 프랑스혁명, 볼셰비키혁명, 멕시코혁명 등등 수많은 혁명이 역사에 등장하였고 그로 말미암아 역사의 줄기가 변화되었던 것을 우리는 잘 안다. 혁명이 일어났을 때 역사에서 증명된 사실이 하나 있다. 혁명의 승자는 새로운 질서의 수혜자로 남는 반면에 혁명에서의 패자는 잊혀진 존재로 사라진다는 점이다. 말로 움직이는 마차는 한때는 인류의 역사에서 없어서는 안될 중요한 이동수단으로 여겨졌지만 자동차가 등장한 이후 육상에서의 이동수단으로서의 가치는 사실상 없어졌다. 그에 따라 말을 잘 다루고 이를 전쟁터에서 전격작전의 도구로 이용하여 전 세계 질서를 재편하였던 돌궐, 흉노, 몽골 등 유목민들이 역사의 전면에 등장할 수 있는 기회는 사라져 버렸다.

이것이 혁명의 의미이다. 산업혁명이라는 단어에서 우리가 발견하여야 할 것은 바로 이 혁명이라는 단어가 갖는 의미이다. 산업혁명은 늘 승자와 패자를 낳았다. 왜냐하면 산업혁명은 단순하고 막연한 그저 그런 혁신이 아니라 바로 혁명이기 때문이다. 그래서 산업혁명의 승자로 남은 기업은 엄청난 이익을 누리면서 시장질서를 좌우한다. 고객들에게 없어서는 안될 제품과 서비스를 제공한다. 지금의 애플, 아마존, 구글은 4차 산업혁명의 승자에 속하는 기업들이다. 테슬라 역시 전기자동차라는 혁명적 제품의 수혜자가 되어 앞으로 상당기간 그 혜택을 톡톡히 누릴 것이다. 산업혁명이 이같이 혁명의 성격을 가지고 있다면 4차 산업혁명이 한참 진행되고 있는 현시점을 아무런 감흥 없이 덤덤하게 쳐다볼 수는 없다. 우리는 4차 산업혁명이 갖는 의미를 철저하게 파헤치고 승자의 대열에 참여할 필요가 있다.

우리가 산업혁명에 대해서 학교에서 배울 때에 안타까운 것은 산업혁명을 혁명이라는 관점이 아니라 순서에 입각하여 배운다는 점이다. 즉, 1차, 2차, 3차, 4차 산업혁명 이런 식으로 배운다. 산업혁명을 순서에 입각하여 배우게 되면 혁명이라는 사실은 간과되고 오로지 산업혁명 간 무슨 차이가 있는지에만 몰두하게 된다. 물론 그 자체로도 산업의 발전을 알아볼 수는 있다. 예를 들어, 1차 산업혁명은 18세기 무렵에 시작되었다. 수공업 시대가 끝나고 기계화 시대가 시작된 시대가 1차 산업혁명 시대이다. 그러므로 1차 산업혁명의 승자는 기계를 이용하여 빠르고 상대적으로 대량생산을 시도한 기업과 자본가들이고 패자는 전통적인 수공업에 의지하여 생산을 하던 사람들이었다.

2차 산업혁명은 19세기에서 20세기 초반까지 이루어지던 산업의 대변혁기인데 이때에는 생산의 주요 동력원으로 전기를 사용하면서 거대한 대량생산 체제를 갖추게 되었다. 이로써 현대 산업사회의 근간을 이루는 전기발전 및 송전시스템, 그리고 대규모 조립공정에 입각한 대량생산 공장체제가 이때에 이루어졌고 비약적인 생산성 증대를 이루게 되었다. 2차 산업혁명을 일찍이 이루었던 서구의 열강들은 이러한 대량생산 체제의 효율성에 의거하여 더 많은 원자재와 에너지원을 찾아서 전 세계를 다니며 식민지를 개척하는 폐단을 낳게 되었다. 그래서 급기야 열강들의 이해관계가 서로 충돌하면서 1, 2차 세계대전이 발발하여 세계대전 발발 이전의 구세계 지정학적인 질서가 전면적으로 재편되어 오늘날에 이르게 되었다. 이렇게 하여 두 번의 끔찍한 세계대전이 끝난 뒤에 전 세계 산업질서는 또 한 번의 변혁기를 맞게 되는데 3차 산업혁명이 그것이다. 기존의 대량생산에만 몰두하던 2차 산업혁명의 프레임을 깨고 컴퓨터와 인터넷을 기반으로 디지털 혁명이 활짝 열리게 된 것이다. 3차 산업혁명 초반 컴퓨터의 빠르고 정확한 계산능력에 의존하여 발전하던 세계 산업계는 1995년부터 인터넷과 맞물리면서 폭발적인 성장을 이룬다. 정보기술과 정보시스템이 촉매제 역할을 하면서 끊임없는 기술혁신과 그에 따른 생산성 향상이 극단적으로 이루어지는 디지털 메가혁명이 일어난 것이다. 3차 산업혁명 후반기로 알려진 2000년 전후에는 이같은 디지털 메가혁명에 또 한 번의 거대한 대도약이 이루어지는데, 그것은 빅데이터, 인공지능(AI), 사물인터넷, 로봇이 서로 결합이 되는 또 하나의 디지털 신세계가 열린 것이다. 4차 산업혁명이 드디어 우리 앞에 그 실체를 드러낸 것이다. 4차 산업혁명은 기존 산업혁명과 달리 매우 빠른 속도로 기존 산업체계의 근간을 바꾸어 가고 있다. 분야에 따라서는 심지어 전문가의 지능을 능가하는 수준의 수퍼지능을 보여주고 있다. 이로써 4차 산업혁명 시대는 기존의 산업혁명에서는 볼 수 없던 초연결·초지능의 시대로 우리를 인도하고 있다.

4차 산업혁명이 우리들에게 안긴 과제 중의 하나는 휴먼 노동자가 인공지능 노동자와 함께 일하는 시대를 어떻게 받아들여야 하느냐이다. 이 주제는 사회, 경제, 정치, 심지어 법률적인 의미에서 심대한 영향을 주기 때문에 매우 심도 있는 고민과 사회적 합의를 이루어야 한다.

뉴머신 시대의 등장

뉴머신, 즉 새로운 기계라는 이 말은 4차 산업혁명의 특징을 나타내는 단어의 하나로 자리 잡았다. 뉴머신이란 지능을 갖춘 컴퓨터를 말한다. 사람과 필적할 만한 지능을 갖춘 AI로 무장한 뉴머신이 실제로 우리들이 일하는 작업환경에 적극적으로 도입된다면 어떠한 일이 일어날까? 2011년 2월, 미국 컴퓨터 업계의 거인인 IBM이 왓슨이라고 명명된 AI컴퓨터를 만들었다. 그리고 상금을 타가는 제퍼디라고 하는 인기퀴즈프로의 최고 스타인 켄 제닝스와 브래드 러터와 게임을 하였다. 그 결과 왓슨이 승리를 거두었는데 별것 아닌 것으로 보이는 이 이벤트는 그후 뉴머신의 등장을 우리들 머릿속에 확실히 각인시켰다. 일반적인 잡다한 지식에 기반한 퀴즈문제에 대해 직접 벨을 눌러서 음성으로 답을 얘기하는 제퍼디의 게임 진행방식은 사람에게는 익숙한 방법이지만 컴퓨터에게는 익숙치 않은 방식이었다. 컴퓨터가 제퍼디에게 이기려면 사회자가 음성으로 얘기하는 문제를 정확히 알아들어야 한다. 즉, 자연어처리가 사람 정도의 수준에서 이루어지지 않으면 사회자가 얘기하는 문제를 인식할 수 없다. 그리고 두 번째 극복하여야 할 기능은 자기가 알고 있는 답을 재빨리 벨을 눌러서(다른 경쟁자가 벨을 누르기 전에 눌러야 함) 음성으로 답을 얘기해야 한다. 따라서 정확한 발음과 어휘력이 필요하다. 우리가 일상적으로 일하는 사무실 환경 또는 작업환경에서 우리는 동료 또는 고객들과 음성을 통하여 상호소통을 한다. 왓슨 컴퓨터의 등장은 지능을 갖춘 컴퓨터라면 이제는 자연스럽게 사람들과 음성으로 의견을 교환하고 심지어 사람보다 더 뛰어난 전문지식을 발휘할 수도 있음을 보여주었다. 더이상 사람들끼리만 모여서 일하지 않고 뉴머신이라는 새로운 직장 동료와 함께 회의하고 공동으로 작업도 할 수 있는 새로운 시대를 왓슨이 보여준 것이다.

사람과 뉴머신이 함께 일을 하게 된다면 우리는 무엇을 어떻게 준비해야 할까? 막연한 상상 속에서만 가능하다고 여긴 사람-뉴머신 간 협동은 더이상 공상과학 속 얘기가 아니라 우리가 지금부터 사회적, 법률적, 경제적, 그리고 정치적으로 준비하고 대비하여야 할 심각한 주제가 되었다. 우리의 이야기를 효과적으로 하기 위하여 용어부터 정리하자. '사람-뉴머신 간 협동'을 '휴먼-뉴머신 콜라보'라고 표현하면 어떨까? 영어로 한다면 Human-New Machine Collaboration이라고 표기하면 되지만 우리들에게 보다 친근감 있는 용어로 표기하기로 하면 휴먼-뉴머신 콜라보가 더 적절한 용어가 된다. 휴먼-뉴머신 콜라보에서 우선적으로 고려해야 할 사항들을 하나하나 짚어보자.[3)]

첫째, 휴먼-뉴머신 콜라보가 이루어지는 형태가 다양할 것이다. 즉, AI가 반영된 뉴머신과 콜라보를 하지만 해당 뉴머신은 휴먼 근로자와 음성으로

---

3) Razmerita, L., Brun, A., & Nabeth, T. (2022). Collaboration in the Machine Age: Trustworthy Human-AI Collaboration. In Advances in Selected Artificial Intelligence Areas (pp. 333-356). Springer, Cham.

대화는 할 수 없는 형태의 콜라보가 있을 수 있다. 이는 현재 작업환경에서도 쉽게 볼 수 있는 형태의 휴먼-뉴머신 콜라보인데 AI가 깔려 있는 기계를 작동시켜 작업을 하는 휴먼 근로자들이 이같은 형태의 콜라보를 할 것이다. 또 다른 형태의 휴먼-뉴머신 콜라보에는 이른바 대화형 AI로 구동되는 뉴머신과 휴먼 근로자가 함께 콜라보를 할 때이다. 대화형 뉴머신이야말로 사람들이 선호하는 휴먼-뉴머신 콜라보인데 사람과 뉴머신이 서로 대화를 하면서 콜라보를 하기 때문에 훨씬 더 편하고 자연스러운 인간과 뉴머신 간 콜라보가 가능하다.

둘째, 상호신뢰의 문제가 있을 수 있다. 상호신뢰란 사람 간에만 필요한 것이 아니다. 사람과 기계 간에도 상호신뢰는 필요하다. 오랫동안 몰고 다니던 자동차가 있다고 하자. 그 자동차를 몰던 차주 입장에서 해당 자동차는 자동차 이상의 의미가 있다. 워낙이 오랫동안 몰고 다니던 자동차이기 때문에 마치 신체의 일부분이라도 된 것 같은 애착이 생겼을 것이다. 이와 같이 사람과 뉴머신 간 상호신뢰의 문제는 4차 산업혁명 시대에서 중요한 주제로 등장하고 있다.

휴먼-뉴머신 콜라보가 활성화되면서 생각해볼 수 있는 주제는 이외에도 여러 가지가 있을 수 있다.
첫째는 크로스 개념이다. 사실 크로스는 그동안 그와 유사한 용어로 자리잡은 융복합, 통섭, 결합과는 그 결이 조금 다르다. 예를 들어, 융합 또는 결합은 서로 다른 두 사물을 합하는 과정에 초점을 둔다. 서로 다른 두 학문체계 또는 개념이 합해가는 과정이 어떠하느냐에 관심을 둔다는 것이다. 그러다 보니 두 상이한 개념이 합해지는 과정 속에서 발생되는 뜻밖의 산출물이 있으면 좋고 없어도 그만이다. 요즘 유행하는 융합, 결합의 속을 면밀히 들여다보면 사실 그 결과가 얼마나 창의적이냐보다도 합해가는 과정에 더 의미를 두는 경우가 많음을 알 수 있다. 물론 융합, 결합은 여전히 그 자체로 의미가 있다. 그러나 결과도 좋아야 한다. 따라서 크로스, 즉 Cross

는 과정과 결과 모두 중요하게 생각한다. 두 개의 상이한 개념 또는 원칙이 합하는 것이 의미가 있으려면 그 결과 지금까지 못 풀었던 문제를 해결할 수가 있어야 한다. 그렇기 때문에 합해지는 과정과 그 결과 모두가 다 의미가 있어야 하는 것이 크로스다. 그렇다면 복합과 크로스는 어떻게 다른가? 복합이란 복수 개의 사물 또는 개념이 합해질 때 과정보다는 결과가 원하는 결과이냐에 더 관심을 둔다. 그렇기 때문에 두 개의 서로 다른 개념이 합해질 때에 과정에 더 많은 의미를 부여하는 융합, 결합과는 사뭇 그 결이 다르다. 반면에 크로스는 합해지는 과정과 결과 모두에 의미를 부여한다는 측면에서 복합과는 그 궤를 달리한다. 크로스와 개념이 유사한 것으로는 컨버전스도 빠뜨릴 수 없다. 컨버전스란 만약 서로 다른 어떤 것을 서로 합해봤는데 그 과정이 서로 다름에도 결과가 유사하다면 컨버전스라는 측면에서는 의미가 있다고 본다. 우리 속담에 모로 가도 서울로만 가면 된다라는 속담이 있는데 이 속담의 의미가 과정과 관계없이 목적을 달성하면 된다는 의미여서 컨버전스 개념과 맥을 같이한다. 한편, 크로스는 통섭과는 어떻게 다를까? 통섭이란 복수 개의 서로 다른 학문적 원칙이 동일한 문제해결에 동시에 적용이 되다면 이를 통섭이라 한다. 여기에서의 핵심 포인트는 서로 다른 학문적 원칙이 '동시에 적용'된다는 점이다. 그렇기 때문에 이를 통섭이라는 말로 부른다.

크로스는 과정과 결과를 모두 중요시한다. 그렇기 때문에 A와 B를 합한다고 할 때에 A+B와 B+A를 달리 본다. 왜냐하면 전자는 A에다가 B를 더하는 것이지만 후자는 B에다가 A를 합하는 것이기 때문이다. 결과만 보는 관점에서는 A+B나 B+A나 동일할 수 있지만, 과정과 결과 모두를 중시하는 크로스 관점에서는 A+B와 B+A는 서로 다른 것으로 본다. 그리고 A와 B를 더한다고 할 때에 A+B의 결과가 B+A의 결과보다 더 좋다면 크로스 관점에서는 A+B를 더 좋게 본다. 이같이 크로스 관점에서는 과정과 결과 모두를 보고 나서 평가해야 한다.

디지털 변혁

디지털 기술로 인한 대변환을 디지털 변혁, 영어로는 Digital Transformation이라고 한다. 약자로는 DX로 표기함으로써 단순히 DT로 표기시 디지털 기술인 Digital Technology와 유사하게 오해될 수 있음을 피하고 있다. DX는 쉽게 말해서 기업 내 어떠한 비즈니스 프로세스이든지 해당 프로세스가 디지털 기술로 변환되었을 때에 성과가 향상되고 좋아진다면 그러한 디지털 기술 기반의 비즈니스 전략행위는 통틀어서 DX로 불리울 수 있다. 그러다 보니 기존에 이미 유행처럼 등장하였던 비즈니스 리엔지니어링, 디지털화, 균형성과표(Balanced Score Card)에 이은 또 하나의 유행어로 간주되기도 한다. 그러나 DX에서 우리가 눈여겨 볼 사항은 디지털 기술을 적용하여 기존 비즈니스 프로세스를 향상시키거나 또는 새로운 비즈니스 프로세스를 생성할 때에 그에 따른 고객경험, 즉 CX(Customer eXperience)가 드라마틱하게 향상되고 그로 말미암아 기업성과가 크게 향상될 수 있다는 점이다.

CX는 그 자체가 주관성을 가지고 있다. 데스크톱에서 일처리 하는 것을 선호하는 사람의 CX는 데스크톱이 주는 넓은 화면과 마우스 또는 터치 스크린으로 운용이 가능한 사용자 인터페이스에 만족한다. 반면 스마트폰이나 태블릿 등 이동성이 강한 스마트기기를 능숙하게 사용하는 사용자들의 CX는 오히려 스마트기기에서 더 향상된 CX를 느낀다. 예를 들어, 요즘 호텔을 예약할 때에 전화로 예약을 하는 고객은 많지 않다. 스마트기기상에서 예약을 하고 결제까지 마치는 고객들이 훨씬 많다. 따라서 호텔업을 하는 비즈니스에서는 DX를 스마트기기상에서의 고객경험, 즉 CX를 극대화하는 데 전략적으로 활용할 수 있어야만 치열한 경쟁에서 살아남을 수 있다.

기존에 사용하던 어떤 디지털 기술로는 만족스러운 성과를 내지 못하는 기업이 있다고 가정하자. 그래서 변화하는 고객의 니즈와 선호에 부응하기 위하여 기존에 사용하던 레거시 디지털 기술을 버리고 새로운 디지털 기술인 클라우드 기반의 AI 기법을 적용하기로 했다고 가정하자. 이 경우 기존 레거시 디지털 기술에 이미 익숙해져 있고 거기에서 어느 정도 기업 내에서 입지를 다진 경영진이 있을 때에 과연 지금까지 익숙해진 레거시 디지털 기술을 쉽게 포기하고 새로운 디지털 기술을 적극적으로 수용할까? 세상만사가 그렇게 돌아가지는 않는다. 아무리 더디고 비효율적이라고 하더라도 한번 손에 익은 기법과 기술을 쉽게 포기하지는 않는 법이다. 그렇기 때문에 DX를 논할 때에 반드시 함께 고민하여야 할 주제는 기업 내 문화변혁이다. 기업문화는 오랜 세월에 걸쳐서 서서히 이루어진 것이기 때문에 기업문화가 획기적으로 변화하려면 상당한 고통과 노력이 요구된다. 그렇기 때문에 DX를 성공적으로 기업 내에 정착시키는 것이 말처럼 쉬운 작업이 아니다. 조직적인 저항과 지연이 공공연히 이루어지기 때문이다. 새로운 디지털 기술에 대한 기업문화도 같이 변화되어야만 DX에서 기대하는 소기의 성과를 얻을 수 있다.[4)]

그렇기 때문에 DX를 본격적으로 추진하기 전에 해당 기업은 DX 추진 노력이 실패할 수도 있음을 미리 준비할 필요가 있다. 즉, '작은 실패'(Small Failure)를 받아들일 수 있는 넉넉한 기준과 분위기를 미리 만들어 나가면서 DX를 추진해야 한다. 그렇기 때문에 DX를 처음부터 기업 전체에 대대적으로 적용하여 직원들로 하여금 당연히 성공하여야 한다는 부담을 주기보다는 작은 실패를 전제로 하여 DX를 서서히 확산을 시키는 것이 현실적인 대안이 된다. 새로운 DX가 기업 내에 적용되면 기존 디지털 기술로 이미 만들어져 있는 기존 업무처리 생태계가 흔들린다. 이는 기업 내 직원들에게 상당한 업무 스트레스를 야기시킬 수가 있기 때문에 그로 인한 작은 실패를 넉넉한 시각으로 받아들이는 것이 유리하다. 그렇게 일정시간 흐르다 보면 자연스럽게 기존 레거시 디지털 기술에 기반한 업무 프로세스는 서서히

4) https://enterprisersproject.com/what-is-digital-transformation

신 디지털 기술에 의한 DX로 대체되기 마련이다. 결국 DX는 변화수용이라는 단어로 집약된다. 아무리 기가 막히게 뛰어난 성과를 보이는 첨단 AI 디지털 기술에 기반한 DX라 할지라도 이미 기존 레거시 디지털 기술에 익숙한 직원들이 수용하지 않으면 성공적으로 기업 내 비즈니스 프로세스로 안착될 수 없다.

따라서 DX는 기업이 변화하는 시장 내 경쟁환경에서 살아남기 위하여 적용하고자 하는 모든 종류의 신 디지털 기술을 의미하는 포괄적 용어이다. 즉, DX는 AI, 빅데이터 분석, 퀀텀 컴퓨팅, 클라우드 컴퓨팅, 블록체인, 사물인터넷, 로봇, SaaS(서비스형 소프트웨어, 즉 Software-as-a- Service), 디지털 트윈 등의 디지털 신기술을 망라하는 개념으로 보면 된다.[5]

DX에 대해 이같이 설명하고 나면 아마도 독자들은 다음과 같은 두 가지 질문이 생각날 것이다. 첫 번째 질문은

"그래서 DX를 구성하는 요소가 뭐지요?"

로 요약이 되고, 두 번째 질문은

"DX를 얘기하면서 기업문화 변화도 얘기하고 디지털 신기술도 얘기하고 거기에다 작은 실패까지 얘기하니까 DX가 마치 경영전략의 철학적 개념으로 들리는데 맞나요?"

로 정리될 수 있을 것이다.

우선 첫 번째 질문부터 생각하자. DX는 디지털 기술 그 자체만 생각해서는 성공할 수 없다. 시장은 변한다. 그에 따라 새로운 경쟁자가 끊임없이 등장

---

5) https://pdf.co/blog/a-z-tutorial-about-digital-transformation-for-beginners

한다. 신규 기업이 제시하는 뉴 비즈니스 모델은 기존 업체의 그것보다 더 참신하고 새로운 디지털 기술에 기반하여 시장파괴자로서의 역할을 하려고 한다. 우리가 지금까지 충성고객으로 분류하여 양질의 고객관계를 유지해 오던 고객들의 니즈, 즉 요구사항도 변화한다. 여기에 대해 적절한 대응과 조처를 안하면 기업은 시장의 변화에 뒤처지고 경쟁기업들에게 고객을 빼앗길 수밖에 없다. 이같은 상황에 처했을 때 기업이 할 수 있는 적절한 전략적 대응은 상당한 시간과 투자가 요구된다.

따라서 **DX의 첫 번째 구성요소는 리더십이 될 수밖에 없다.** 시장변화를 잘 파악하고 적절한 전략적 마인드와 시각을 갖춘 리더십의 중요성은 아무리 강조해도 지나치지 않는다. 그러다 보니 DX 성공요인 중 넘버원은 훌륭한 리더십이다. 리더는 DX를 추진하기 위하여 필요한 전략적 투자와 추진방법, 그리고 그에 따른 DX의 기대효과까지 염두에 두어야 한다. 그래서 대개 C-클라스에 속하는 경영진, 즉 CEO 또는 CIO나 CTO가 DX의 시작부터 과정, 그리고 최종 결과물 산출까지를 책임지는 것이 바람직하다.

DX의 두 번째 구성요소는 전략이다. 이미 언급한 바와 같이 DX는 사전에 철저한 계획과 실행 및 점검이 요구된다. 따라서 상당한 전략적 투자와 시간이 요구된다. 작은 실패를 용인하는 기업문화까지 필요하다. DX의 원활한 수행과 그에 따른 경영성과를 얻기 위하여 DX를 위한 전략적 프레임워크를 미리 만들어 놓아야 한다. 그리고 DX의 성과가 예상대로 나오는지를 점검하기 위한 성과측정 방법도 준비해 놓아야 한다. 이때 주의할 점은 DX의 성과측정이 너무 단기적인 측정치에 함몰되지 않도록 주의할 필요가 있다. 전사적인 차원으로 DX가 확산이 되고 그리고 나서도 또 일정시간이 경과되어야만 비로소 원하는 수준의 성과가 나올 수가 있기 때문이다. 그리고 성과 역시 정량적 성과뿐만이 아니라 기업문화와 비즈니스 프로세스에 대한 내부직원의 만족도까지 염두에 둘 필요가 있다. 그래서 DX 성과측정시 정성지표와 정량지표 간 적정 가중치를 미리 결정해 둘 필요가 있다. 대개는 DX 추진 후 1~2년 동안에는 6 대 4, 또는 7 대 3 정도의 비중조정이 적절하다. 그리고 2년이 넘어서면서부터는 이를 서서히 정량지표 위주로 가중치를 조정한다.

DX의 세 번째 구성요소는 디스럽션(Disruption), 즉 파괴이다. 파괴란 기존의 비즈니스 프로세스를 무력화시키는 것을 의미한다. 한마디로 기존 비즈니스 프로세스의 가치사슬 체계가 완전히 새로운 체계로 변화하는 것을 말한다. 예를 들어, 전화나 단순 수작업으로 하던 비즈니스 프로세스가 디지털 신기술로 변경되는 것을 말한다. 우리가 택시를 부를 때 그간 오랫동안 전화로 부르던 콜택시 호출방법이 앱으로 변화하였다. 카카오택시와 같은 앱 기반의 택시호출 방법은 전화를 해서 택시를 부르던 앱 이전 콜택시 호출 비즈니스 프로세스를 완전히 파괴하였다. 카카오택시처럼 DX를 적용한 영업방식은 오랫동안 택시업계의 기본 비즈니스 프로세스를 이루던 전화호출 방식을 완전히 디스럽션, 즉 파괴시켰다. 어떤 기업이 DX 기반의 새로운 비즈니스 모델을 가지고 시장에 등장하면 그로 인하여 일반 고객들의 행동양식이 획기적으로 변화하면서 파괴가 시작된다. 지하철에서 종종 보던 구걸행위나 상품판매행위를 보자. 왜 갑자기 어느날부터 지하철 내 구걸행위와 상품판매행위가 사라졌을까? 이는 승객들이 스마트폰의 문자발송 기능을 이용하여 해당 구걸행위와 상품판매행위가 일어날 때마다 조용히 지하철 운영당국에 신고를 하기 때문이다. 따라서 누구들으라고 일일이 전화로 고발하거나 하는 번거로움 없이 문자로 소리소문 없이 신고를 하기 때문에 지하철 내에서 쾌적한 환경이 보장되었다. 이러한 우리 생활환경의 작은 개선 역시 DX의 한 긍정적 효과를 보여준다.

DX의 네 번째 구성요소는 기술이다. DX는 디지털 기술을 적용하기 때문에 기술은 DX의 요소가 되어야 한다. DX에서 사용되는 특정 디지털 기술이 갖는 특성은 해당 DX가 가져다 주는 파괴의 범위와 효과에도 영향을 미친다. 미국 국방부는 향후 벌어질 전시상황의 특성을 감안하여 이른바

JWCC(Joint Warfighting Cloud Capability), 즉 '연합 전쟁수행 클라우드 능력'이라 불리우는 대규모 프로젝트를 수행하기로 하고 마이크로소프트사의 애저(Azure), 아마존의 아마존웹서비스(AWS), 그리고 오라클과 구글과도 협의하고 있는 것으로 알려져 있다. 해당 JWCC는 무려 90억 달러에 이르는 대규모 프로젝트로서 향후 벌어질 새로운 유형의 전쟁상황에서 미국이 확실한 주도권을 유지하기 위하여 미국 국방부의 업무환경 및 일선부대 관리지휘 등의 모든 전쟁수행 체계를 차제에 클라우드 컴퓨팅 기반으로 바꾸고자 하는 과제이다. JWCC는 앞으로 미국 국방력에 DX가 미칠 영향이 더욱 심대해질 것임을 보여주고 있다.[6)]

DX의 다섯 번째 구성요소는 이른바 고객경험이다. CX라고도 표기되는 고객경험은 Customer eXperience의 약자이다. 사실 DX의 궁극적인 목표는 해당 기업에 대한 CX의 수준을 획기적으로 올리는 데에 있다. 그렇게 되면 고객충성도는 알아서 증대되고 타겟시장 내에서 해당 기업의 경쟁력은 향상된다.

DX에 대한 두 번째 질문으로 돌아가보자. 즉,

"DX를 얘기하면서 기업문화 변화도 얘기하고 디지털 신기술도 얘기하고 거기에다 작은 실패까지 얘기하니까 DX가 마치 경영전략의 철학적 개념으로 들리는데 맞나요?"

지금까지 설명한 대로 DX는 수학공식처럼 클리어하게 설명될 수 있는 것이 아니다. 그것은 CX를 향상시켜서 기업의 경쟁력을 크게 향상시키고자 하는 디지털 기술 기반의 기업의 전략적 노력을 총체적으로 의미한다. 그렇기 때문에 리더십도 얘기하고, 기업문화도 얘기하고, 작은 실패까지도 얘기

---

6) https://fcw.com/defense/2022/05/pentagon-wants-take-time-get-major-cloud-wards-right-cio-says/367184/

하게 된 것이다. 특히 작은 실패는 진화론적으로 설명하면 환경변화에 끊임없이 적응하면서 살아남고자 하는 자연생태계 내의 모든 생명들이 항상 감내해야 하는 것이다. 실패 없이 성공적인 진화가 없듯이 기업생태계 내에서도 이같은 작은 실패는 DX를 성공적으로 추진하는 과정에서 기업이 반드시 감내하고 인내하여야 하는 부분이다. 작은 실패야말로 DX 추진과정을 보다 안정적이고 합리적인 방향으로 수정해가는 나침반 역할을 한다. 그리고 DX 추진과정에서 요구되는 자원, 즉 돈, 시간, 인력 사용을 정당화할 수 있는 근거가 되기도 한다. DX를 설명할 때 우리가 기억하여야 할 것은 DX가 기업 내에 디지털 생태계를 어떻게 만들어가느냐와 그 결과 고객들이 느끼는 CX에 기업이 원하는 효과가 기대되느냐이다. DX를 수행하려면 상당한 수준의 비용이 소요된다. 그리고 기업이 원하는 수준의 CX에 긍정적 변화가 있으려면 상당한 시간을 인내심을 갖고 기다릴 줄 알아야 한다. 조급하게 서둔다고 고객이 느끼는 우리 기업에 대한 CX가 쉽게 변화될 리 없다. 그렇기 때문에 비용과 시간을 들이고, 인내심을 갖고 기다려야만 비로소 DX에 대한 소기의 성과를 거둘 수 있다.

이와 같이 DX는 특정 디지털화를 위한 소프트웨어나 하드웨어를 의미하지 않는다. 그리고 AI, 블록체인, 디지털 트윈, 딥러닝, 로봇 등 요즘 유행처럼 미디어에서 다루는 그러한 디지털 기술만을 의미하는 것도 아니다. DX를 성공적으로 수행하려면 시장과 고객에 대하여 안목과 식견이 있는 리더가 필요하고 잘 준비된 전략적 로드맵, 그리고 적정한 수준의 예산과 원하는 결과가 나올 때까지 기다리는 인내심 모두가 필요하다. 그리고 나서 DX의 성공적 수행을 위한 적정 소프트웨어와 하드웨어를 논의해도 늦지 않다.

AI와 경영정보

2장

인공지능을 향한 인류의 오랜 염원

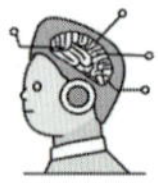

자크 드 보캉송의 자동 기계모형 로봇

우리가 컴퓨터를 열고 오늘의 세계뉴스, 국내뉴스 등을 보다 보면 자주 맞닥뜨리는 단어가 인공지능이다. 그중에서도 요즈음 인공지능 분야에서 가장 핫한 단어라면 단연코 오픈 AI사가 만든 인공지능 개방형 챗봇인 ChatGPT[1]일 것이다. 발음은 원문 그대로 '챗지피티'라고 한다.

아래 주석에 표기된 링크를 클릭하면 여러분들은 이 인공지능 기반의 챗봇과 다양한 주제로 대화를 나눌 수가 있다. 여기서 챗이라는 말은 채팅이라는 의미이므로 새로울 것은 없다. 문제는 그 뒤의 단어이다. 지피티가 무슨 의미일까? 이는 Generative Pre-Trained Tranformer의 약자이다. 제너레이티브란 그 다음 단어를 추정하여 생성한다는 의미이고, 프리트레인드는 방대한 학습자료로 미리 학습을 했다는 의미이다. 트랜스포머는 2017년도에 구글이 만든 딥러닝의 일종으로서 텍스트마이닝에 널리 사용되는 인공지능 알고리즘이다. 따라서 이를 다 연결하여 해석하면 방대한 학습자료를 이용하여 미리 학습을 시켜놓고 사람들과 끊임없이 대화를 해나가면서 다양한 주제를 토의해 나가면서 학습을 계속해 나가겠다는 의미를 담고 있다. 그 자세한 내용은 차치하고, 도대체 이 챗지피티가 무슨 목적으로 만들어진 챗

1) https://openai.com/blog/chatgpt/

봇일까? 쉽게 이야기하면 챗지피티라는 인공지능 존재는 누구하고도 다양한 주제로 대화를 나눌 수 있고 그러한 와중에 스스로 학습을 해나갈 수 있는 지적 존재이다. 따라서 오픈 AI라는 이 스타트업이 인공지능으로 무장한 뛰어난 지적 존재를 만들어낸 것으로 보면 된다. 챗지피티는 지금 이순간도 전 세계 수많은 사람들과 다양한 주제로 대화를 나누면서 스스로의 지능을 끊임없이 업그레이드하고 있다. 사람으로 말하면 하루 종일 일년 내내 학습에 학습을 거듭하고 있다고 보면 된다. 챗지피티에 대해서 우려하는 매스컴 얘기를 요약하면, 아직 그 지능수준이 분야별로 틀린 경우가 많다는 점을 지적하고 있다. 그러나 이는 자연스러운 현상이다. 문제는 스스로 쉬지 않고 지금 이순간에도 학습을 계속하고 있다는 점이다. 사람들로서는 도저히 해낼 수 없는 상상을 초월하는 분량의 학습자료를 매순간 공부를 하고 있는 셈이다.

윈도우즈 운영체제, 오피스라고 하는 기업 및 개인업무의 핵심 소프트웨어, 애저라고 하는 클라우드 컴퓨팅 서비스로 세계 IT 산업을 이끄는 거대기업 마이크로소프트사가 이 오픈 AI사에 수십억 달러를 투자하고 자사의 검색 엔진인 빙(Bing), 애저 클라우드 컴퓨팅, 그리고 심지어 오피스 내에도 오픈 AI의 인공지능 기능을 넣을려고 하는 야심찬 포부를 드러내고 있는 것도 챗지피티가 지닌 잠재력을 정확히 인식하고 있기 때문이다.

이와 같이 인공지능이라는 신기술에 대해서 많은 사람들이 관심을 가지고 있다. 그 관심의 정도가 단지 호기심의 정도를 넘어서 이제는 스타트업을 꿈꾸는 초보기업가, 그리고 기업을 운영하면서 시장점유율 확대 및 신제품/신서비스 개발에 여념이 없는 기업가들도 적극적으로 수용하고 이를 적용하는 기술이 되었다. 전 세계 수많은 국가의 정책입안자들도 자국의 인공지능을 발전시키고 이 분야에서 우위를 차지하기 위한 노력을 하고 있다.

인공지능의 무엇이 이토록 전 세계적인 관심을 끌고 있는 것일까? 이를 알기 위해서 산업혁명이 유럽대륙에서 꿈틀대기 시작하던 1737년도로 거슬러 올라가보자. 장소는 프랑스 남부의 중심도시 리용. 당시 불과 28세에 불과한 젊고 의욕에 넘치는 똑똑한 젊은 기술자가 있었다. 그의 이름은 자크 드 보캉송. 그는 자기를 후원하는 귀족의 허락을 받아 이른바 자동으로 움직이는 오토마타, 오늘날로 말하자면 자동으로 움직이는 자동 기계모형 로봇을 만들기 시작하였다. 그가 만든 자동 기계모형 로봇 중 가장 유명한 것은 플루트 연주자(The Flute Player), 먹이를 소화하는 오리(The Digesting Duck, 일명 '똥 싸는 오리')가 있다. 그의 작품 중 플루트 연주자 로봇을 보자. 그의 로봇이 유별난 것은 단순히 자동으로 제한된 형태의 움직임을 반복적으로 보여주던 당시 유행하던 싸구려 자동 기계모형과 달리 실제로 플루트 연주자가 플루트를 연주할 때 하는 모습과 움직임 그대로, 입술을 통하여 공기를 뿜어내고 음정박자를 맞추기 위하여 음표대로 플루트의 공기구멍을 손가락으로 정교하게 움직이는 등 실제 플루트 연주자가 하듯이 매우 정교한 입술, 손가락 움직임을 생생하게 보여주고 있다는 점이다. 더욱 놀라운 것은 대개 싸구려 자동 플루트 연주 기계라면 하나의 곡만 연주하도록 설계가 되어 있는 반면, 자크 드 보캉송이 만든 플루트 연주 기계모형은 무려 12개의 노래를 연주할 수 있었다.[2] 여러 가지 면에서 당시로서는 매우 획기적인 자동 기계모형임에 틀림없다. 그의 또 다른 걸작품인 먹이를 소화하는 오리 기계모형 로봇을 살펴보자. 이 기계 오리는 실제 살아 있는 오리가 하는 일련의 날개 퍼덕임, 물 먹기, 먹이 활동, 배설 활동 등을 놀라울 정도로 정교하게 할 수 있었다. 인터넷상에서 그가 만든 먹이를 소화하는 오리 기계모형을 찾아보면[3] 실제 오리 사이즈에 정교하게 설계된 오리 주둥이, 내부 소화기관, 날개, 그리고 발과 배설기관 등을 볼 수 있다.

자크 드 보캉송이 만든 자동 기계모형은 당시 폭발적이고도 열렬한 대중적

2) https://www.theguardian.com/books/2002/feb/16/extract.gabywood
3) https://en.wikipedia.org/wiki/Digesting_Duck#/media/File:Digesting_Duck.jpg

반응을 끌어내었다. 그러나 지금 그 누구도 자크 드 보캉송의 자동 기계모형을 그리워 하거나 모방하려는 기업이나 사람들은 없다. 그의 작품이 문제가 있어서가 아니라 지금의 인공지능 기술은 자크 드 보캉송이 보여주던 초기 수준의 기계 자동화 수준을 훨씬 뛰어넘는 수준이기 때문이다. 그럼에도 불구하고 우리가 자크 드 보캉송의 초기 오토마타 로봇 제작기법에서 얻는 교훈이 한두 가지가 아니다. 우선 우리가 자크 드 보캉송의 자동 기계모형 로봇에서 얻어야 할 교훈은 모든 신기술이 처음 소개될 때에는 조악스럽고 결점 투성이라는 점이다. 자크 드 보캉송의 플루트 연주자, 먹이를 소화하는 오리 역시 지금의 시각으로 보면 엉성하고 조악하지만 그러한 노력이 있었기에 오늘날 인공지능 딥러닝으로 무장한 보다 세련되고 고도로 지능적인 자율자동차 및 각종 지능형 로봇의 등장이 가능하였다. 문제 많고 엉성하다는 이유로 그러한 신기술이 갖는 게임 체인저로서의 가능성을 간과한다면 해당 신기술을 토대로 우리가 획기적으로 시장을 변화시킬 수 있는 제품과 서비스는 등장할 수 없다. 두 번째 우리가 얻어야 할 교훈은 오픈소스의 중요성이다. 자크 드 보캉송은 자기가 사용한 기술을 투명하게 대중에게 공개하였다. 그것이 자의이든 타의이든, 그의 이러한 투명한 공개는[4] 오늘날로 말하면 자기가 애써 만든 컴퓨터 프로그램 소스코드를 깃허브[5] 오픈소스 플랫폼에 올려놓고 전 세계 연구자나 실무자들이 무상으로 공유할 수 있도록 하여 더 좋은 인공지능 신기술을 만들어 가는 최근의 오픈소스 트렌드와 유사하다.

---

4) 사실 당시 교조적인 가톨릭 교회는 자크 드 보캉송이 만든 자동 기계모형의 뛰어난 성능에 화들짝 놀랐다. 그리고 신앙적인 시각으로 이 기계의 작동원리에 대하여 의심하기 시작하였다. 왜냐하면 그 당시 과학적인 상식으로 볼 때에 그 정도로 정교하게 움직이는 기계는 인간이 만들 수 없는 것이라 생각하였기 때문이다. 그 정도로 정교하게 움직이는 기계는 마술의 힘에 의하여 작동한다고 밖에는 믿을 수가 없었기 때문이다. 이는 기독교 신앙에 크게 위협이 되는 것이므로 당시 가톨릭 교회에서는 자크 드 보캉송이 만든 기계가 마술의 힘에 의하여 움직이는 것이 아니라는 것을 입증하라는 압력을 넣었다고 한다.

5) https://github.com/

오늘날 매스컴에서 화려하게 다루어지는 성공적인 인공지능의 속사정 역시 자크 드 보캉송의 자동 기계모형 로봇과 유사하다. 오픈소스를 통하여 인공지능의 핵심 논리와 그 과정을 상세히 이해한다면 우리는 보다 빠르고 정확하게 인공지능의 깊숙한 내면의 세계를 알 수 있을 것이다.

인공지능 이해하기

인공지능을 제대로 이해하려면 파이썬 또는 R과 같은 인공지능 관련 프로그래밍을 알아야 하고, 관련 컴퓨터 하드웨어 작동법을 알아야만 할까? 만약 그래야만 인공지능을 알 수 있다면 아마도 어지간한 전문가가 아니라면 인공지능은 그냥 머나먼 남의 나라 이야기로만 남을 것이다. 인공지능은 그러한 대상이 아니다. 인공지능이 실제로 어떻게 구현되고 이를 내가 가지고 있는 컴퓨터상에서 어떻게 구동을 시키는지는 다음 단계에서의 이야기이다. 현재로서는 인공지능을 그냥 있는 그대로 쳐다보고 그 원리만 이해하면 충분하다. 그래야 그 다음 단계로 넘어갈 수가 있기 때문이다. 인공지능을 쉽게 설명하면 다음과 같다.

첫째, 인공지능은 강한 인공지능과 약한 인공지능으로 나누어진다. 강한 인공지능이라 함은 영어로 표기하면 Strong AI이고 약한 인공지능은 Weak AI로 표기된다. 강한 인공지능은 사람이 하는 행동과 업무처리 방식을 모방하고 심지어 사람보다 더 나은 성과를 보이는 인공지능을 말한다. 도입부에서 소개한 오픈 AI사의 챗지피티 사례 역시 강한 인공지능 사례에 속한다. 또한 할리우드에서 제작된 수많은 공상과학 영화 내에 등장하는 사이보그, 로봇 등등이 다 강한 인공지능 사례에 해당된다. 거의 사람과 같이 농담도 하고 대화도 나누고 감성까지도 공유하기 때문이다. 반면, 약한 인공지능은 비교 대상을 사람 그 자체에 두지를 않고 주어진 대상 업무에 초점을 맞춘다. 따라서 약한 인공지능은 특정 대상 업무에 국한하여 그 성과가 해당 업무를 관장하는 실무자에게 도움이 되는지가 관심대상이다. 따라서 강한 인공지능과 같이 화려한 공상과학적인 요소는 없다. 그러나 창고관리, 대형 유통매장에서의 매대 상품진열관리, 신규채용을 위한 AI 면접 등 구체적인 대상 업무에서의 성과에 초점을 맞춘다.

둘째, 인공지능은 학습하는 머신이다. 즉, 데이터가 주어지면 해당 데이터를 학습하여 해당 데이터 안에 숨겨져 있는 입력과 출력 간의 미지의 함수를 추출해내는 것이 인공지능이 갖는 일반적인 기능이다. 인공지능에게 학습용으로 제시된 데이터를 일컬어 학습자료, 즉 트레이닝 데이터라고 한다. 학습용으로 사용되는 자료라는 의미이다. 그런데 문제는 여기에서부터 시작된다. 인공지능이 학습할 자료의 개수가 얼마 안된다면 사람이 앉아서 쉬엄쉬엄 시간을 써서 입력 대비 출력되는 출력값을 미리 알려줄 수 있다. 이러한 작업을 레이블링, 영어로 Labeling이라고 하는데 출력값을 정확히 알려주는 작업을 통칭하는 것이다.

예를 들어보자. 4개의 샘플로 구성된 간단한 학습자료가 있다고 하자. 첫 번째 샘플의 경우 입력값 1은 0, 입력값 2는 0, 이때 출력값은 0이라고 하자. 같은 요령으로 두 번째 샘플의 입력값 1은 0, 입력값 2는 1, 이때 출력값은 1이다. 세 번째 샘플의 경우 입력값 1은 1, 입력값 2는 0, 출력값은 1이다. 네 번째 샘플의 경우 입력값 1은 1, 입력값 2는 1, 출력값은 0이다. 입력값은 센서장치를 통하여 자동으로 획득이 가능하다. 그런데 문제는 출력값이다. 인공지능으로 하여금 출력값을 학습시키려면 사람이 일일이 모든 입력샘플에 대해서 하나하나 출력값을 알려줘야 한다. 그것도 정확히 알려줘야 한다. 말하자면 학습자료의 모든 샘플에 대해서 레이블링을 일일이 수작업으로 사람이 해줘야 한다는 것이다. 학습자료를 구성하는 전체 샘플에 대해서 입력값 대비 정확한 출력값을 지정해주는 이른바 '레이블링 작업'을 사람이 일일이 해줘야 한다는 사실이 얼마나 어머어마한 작업이 될런지는 빅데이터를 생각해보면 금방 이해가 된다.

요즈음 기업에서는 자사의 제품과 서비스에 대해서 시장 내에서 고객들이 어떻게 평가를 하는지에 대해서 아주 민감하다. 시장 내에서 고객들의 평판이 좋아야 물건이 잘 팔리기 때문이다. 해당 고객의 평판에 영향을 주는 것은 사용자들이 올린 사용후기이다. 사용후기는 온라인상에서 쉽게 조회가 가능하지만 문제는 그 양이 엄청나다는 것이다. 더욱이 삼성전자나 현대기아자동차와 같이 글로벌 시장에서 제품과 서비스를 판매하는 경우 특정 제품과 서비스에 대한 사용후기의 숫자는 작게는 수천 개에서 많게는 수십만, 수백만 개에 달하는 경우가 비일비재하다. 그것도 출시된지 몇년이 지난 경우라면 온라인 사용후기 리뷰 숫자는 기하급수적으로 늘어난다. 그렇다면 수백만 개에 해당되는 온라인 사용후기 리뷰 데이터를 학습자료로 이용할 수밖에 없는데 그럴려면 누군가가 해당 수백만 개에 달하는 온라인 사용후기 입력자료 하나하나에 대해서 일일이 출력값을 손으로 입력해주어야 한다는 얘기가 된다. 예를 들어 출력값을 긍정, 부정, 중립 정도로 간단하게 세 개로 제한한다고 하더라도 수백만 개에 달하는 그 많은 온라인 사용후기 입력자료를 하나하나 열어서 읽고 그 결과를 토대로 리뷰의 전체 큰 흐름이 긍정인지 부정인지 아니면 중립적인지를 판단하여 출력값을 주는 것이 얼마나 고통스러울 정도로 힘들고 시간을 요하는 작업인지 상상이 갈 것이다. 이것이 바로 '레이블링 작업'이 갖는 심각성이다.

특히 이같은 레이블링 작업을 많이 요하는 인공지능 학습방법이 감독학습 방법이다. 영어로는 이를 Supervised Learning이라고 하는데 수퍼바이즈드라는 첫 단어가 의미하는 바는 사람이 일일이 손으로 출력값을 지정해야 한다는 의미이다. 그렇다면 인공지능이 스스로 알아서 학습자료의 각 샘플의 입력값 대비 적정한 출력값을 찾아내도록 하면 어떨까? 시간이 오래 걸리고 전형적으로 재미없고 따분한 작업인 레이블링 작업을 인공지능이 스스로 알아서 척척 해주면 얼마나 편하고 좋을까? 이러한 인공지능 학습방법을 비감독학습이라고 하는데 영어로는 Unsupervised Learning이라고 한다. 언수퍼바이즈드라는 첫 단어가 의미하는 바는 사람 손을 타지 않고 인공지능이 스스로 레이블링 작업을 한다는 의미로 해석하면 된다. 한 가지 주의해야 할 사항은 비감독학습의 경우 사람이 편한 것은 맞지만 그만큼 출력값의 정확도가 떨어질 수 있기 때문에 어쩔 수 없이 어느 정도 사람의 개입이 필요하다. 예를 들어, 인공지능이 자동으로 레이블링을 한 출력값의 정확도를 확인하기 위하여 학습자료에서 임의로 샘플링을 하여 실제 출력값과 크로스 체크를 하여 정확도를 확인할 필요가 있다.

본장의 도입부에서 언급한 오픈 AI의 챗지피티로 다시 돌아가보자. 챗지피티가 사람들이 물어보는 엄청난 규모의 다양한 주제를 일일이 알고 답하려면 그것도 사람들이 깜짝 놀랄만한 수준의 전문성과 뛰어난 추론력을 가지고 답을 하려면 어느 정도 수준의 학습을 하여야 할까? 알려진 바로는 챗지피티가 답변한 내용을 레이블러라는 직함을 갖는 사람들이 일일이 답변 내용의 퀄리티를 분석하고 그 퀄리티 수준을 랭킹을 매겼다고 한다. 그렇게 하여 레이블러라는 사람들이 매겨놓은 퀄리티 랭킹에 따라 퀄리티가 높은 답안은 더욱 더 그러한 수준의 답변이 나오는 방향으로 챗지피티를 강화학습을 하도록 하였다. 그리고 레이블러가 퀄리티가 낮다고 평가한 답변의 내용은 되도록 회피하도록 하게 함으로써 챗지피티의 학습 수준이 시간이 지날수록 점점 더 좋은 방향으로 학습하도록 하였다고 한다. 쉽게 말하여 오픈 AI사는 챗지피티를 지금의 수준으로 학습하도록 하기 위하여 어마어마한 수준의 인적 리소스를 투입한 것이다. 그것은 곧 수억 달러에 달하는 투자비를 투자하여야 가능한 감독학습과 비감독학습을 동시에 적용한 것이다.

초창기 체스로봇 메케니컬 투르크의 등장

때는 1783년 5월 28일이었다. 당시 신생국 미국과 우호적인 관계에 있었던 프랑스에는 당시에도 꽤나 유명인사였던 벤자민 프랭클린이 프랑스 주재 미국대사로 근무하고 있었다. 그러던 그에게 1783년 5월 28일 한 통의 편지가 배달되었다. 발신자는 볼프강 폰 캠펠렌. 그는 헝가리 출신의 발명가인데 편지에 의하면 그가 로봇, 즉 자동으로 움직이는 오토마타를 하나 제작을 하였는데 체스를 아주 놀라운 실력으로 둘 줄 안다는 것이다. 그리고 실제로 그 체스로봇은 당대에 어지간히 유명한 인사들과 체스시합을 가져서 거의 진 적이 없다는 것이었다. 이에 흥미를 느낀 벤자민 프랭클린은 그의 초대에 응하였고 캠펠렌이 만든 체스로봇과 시험삼아 체스를 두고 나서는 그 로봇의 놀라운 체스실력에 감탄을 하였다. 그리고 캠펠렌이야말로 진정 천재라고 선언하기에 이르렀다. 이 체스로봇에는 당시 이름이 하나 있었는데 '기계 터키인', 즉 '메케니컬 투르크'라는 독특한 이름이었다. 영어로 표기하면 Mechanical Turk였다.[6] 캠펠렌의 체스로봇은 상반신은 사람 모습을 하고 하반신은 책상으로 구성되었다. 그리고 머리에는 당시 터키인들이 즐겨 쓰던 터번을 쓰고 있었고 콧수염이 있었으며 왼손에는 기다란 담뱃대를 쥐고 있고 오른손으로는 기계장치로 움직이면서 체스판 위의 말을 천천히 움직였다. 이같이 캠펠렌이 만든 체스로봇은 누가 봐도 터번을 머리에 두른 터키인의 모습을 하고 있었기에 그 로봇이 기계 터키인이라는 뜻의 메케니컬 투르크로 불리우게 되었다.

그런데 놀라운 것은 이 체스로봇의 실력이었다. 당대에 정치적 실력자였던 오스트리아의 절대적 군주 마리아 테레사에게 헌정되었던 이 체스로봇은 이미 오스트리아 궁정에서는 유명한 로봇이었고 마리아 테레사 여왕도 이 체스로봇의 뛰어난 체스실력에 매우 흡족해 하였다. 그 유명세로 인하여 이

6) https://en.wikipedia.org/wiki/Mechanical_Turk

메케니컬 투르크 로봇은 유럽 각국을 순회하면서 유명한 정치인 및 유명인사들과 친선 체스게임을 두면서 실력을 뽐내게 되었다. 벤자민 프랭클린도 그러한 차원에서 초대되었던 것이다. 이 체스로봇이 상대한 유명인사의 면면을 보면 당대 유럽 최고의 유명 정치인이자 군인인 보나파르트 나폴레옹, 미국 출신의 유명 소설가이자 시인인 에드가 앨런 포우 등도 포함된다. 알려진 바에 따르면 유명인사들과의 친선 체스게임에서 대부분 이 메케니컬 투르크가 승리를 거두었다고 한다. 당시 유럽 체스 챔피언이었던 프랑수아-앙드레 다니캉 필리도르에게는 패배하였지만 그 챔피언조차도 이 체스로봇을 겨우 이겼을 정도로 메케니컬 투르크는 빼어난 체스실력을 갖춘 것으로 유명하였다.

캠펠렌의 메케니컬 투르크 체스로봇은 당시에는 매우 획기적인 발명품으로 받아들여졌다. 아직 컴퓨터라는 개념조차 공식적으로 등장하지 않았던 당시에 그의 체스로봇은 수많은 젊은이들에게 강렬한 인상을 남겼고 그러한 영향으로 말미암아 현대적 컴퓨터 개념이 탄생되는데 크게 일조를 하였다. 캠펠렌이 만든 메케니컬 투르크라는 이 체스로봇은 그후 유럽 전역에서 수십 년간 전시되면서 많은 사람들에게 영감을 선사하였다. 현대적 의미의 프로그래밍에 의한 컴퓨터 구동이라는 개념을 처음 제시함으로써 현대 컴퓨터과학의 선구자로 알려진 영국의 찰스 바베지도 이 체스로봇에 대해서 크게 감명을 받았다. 그후 그는 애널리티컬 엔진이라고 하는 현대적 의미의 컴퓨터를 설계하고 이를 사람들에게 설명였는데, 이때 그는 애널리티컬 엔진을 이용하여 언젠가 캠펠렌의 메케니컬 투르크처럼 체스를 자동으로 두는 기계를 만들어서 실제 체스 챔피언을 이기고 싶다고 하는 꿈을 드러내었다. 참고로 찰스 바베지는 1791년생이고 그가 한창 애널리티컬 엔진의 개념을 설계하고 이를 토대로 실제로 제작에 들어가려고 노력하던 시점이 대략 1847년도부터이므로 그의 나이 50대 후반으로 접어들던 때였다. 그때에도 여전히 캠펠렌의 체스로봇은 찰스 바베지와 같이 수많은 창의적 생각을 지닌 사람들에게 인공지능으로 무장한 생각하는 기계, 지능적인 기계를 만들고자 하는 로망을 뜨겁게 불태우게 만든 훌륭한 소재가 되었다. 찰스 바베지의 진지한 과학자로서의 소박하면서도 진지한 인공지능 기계에 대한 열정은 그후 150년이 훌쩍 흐른 뒤인 1997년이 되어서야 IBM이 제작한 인공지능 체스기계인 딥블루(Deep Blue)에 의하여 비로소 완성되기에 이르렀다.

인공지능으로 무장한 체스머신 딥블루의 등장

IBM은 1990년대만 하더라도 아직 대형 컴퓨터 제작사로서의 명맥을 유지하고 있었다. 물론 당시에도 미니 컴퓨터인 컴팩, 그리고 개인용 컴퓨터인 애플 등의 강력한 경쟁자들이 한창 주가를 날리고 있을 때이지만 여전히 IBM은 미국의 막강한 산업경쟁력을 보여주는 대표적인 기업으로서의 위상을 가지고 있었다.

그럼에도 불구하고 예전만 못한 위상에 초조해 하던 IBM은 이러한 불리한 상황을 강력한 카운터 펀치 하나로 날릴만한 획기적인 이벤트를 기획하였는데 그것이 바로 1996년과 1997년 2차례에 걸쳐서 이루어진 당대 최고의 체스 세계 챔피언 개리 카스파로프와의 대결이었다. 실제 체스 챔피언을 이길 정도로 지능이 뛰어나고 생각할 줄 아는 인공지능 기계를 개발하려면 엄청난 노력과 시간이 요구되었다. 2020년 이후 오픈 AI사가 챗지피티라고 하는 뛰어나 인공지능 챗봇을 만들기 위하여 투자한 돈의 규모가 수억 달러에 달한다는 것을 상기한다면 1990년대에도 역시 어마어마한 규모의 투자가 이루어졌음을 알 수 있다. 그리고 당시 IBM이 만드는 딥블루라는 인공지능 컴퓨터는 150년 전에 불완전하나마 초창기 인공지능 체스로봇으로 잘 알려진 메케니컬 투르크보다 훨씬 뛰어나야 했다.

훗날 밝혀진 것이지만 메케니컬 투르크 체스로봇은 완전자동으로 움직이는 인공지능 로봇이 아니었다. 실제로는 체스 전문가가 책상 안에 숨어서 기계장치로 움직이는 팔을 조정하여 메케니컬 투르크를 작동하여 체스를 둔 것이었다. 그럼에도 불구하고 가짜 인공지능 기계에 불과한 메케니컬 투르크가 수십 년간을 수많은 사람들을 열광시킨 배경은 스스로 생각하고 문제를 해결하는 인공지능 기계를 만들고 싶어하는 인류의 소망이 그 정도로 깊고 두터웠기 때문이었다. IBM의 인공지능 체스 컴퓨터인 딥블루도 인류가 오랫동안 꿈꿔온 인공지능으로 움직이는 생각하는 기계에 대한 열망으로 시작되었다.

딥블루의 제작과정과 배경을 알면 인류가 왜 그토록 생각할 수 있는 기계를 만들기 위하여 노력하는지를 조금이나마 이해할 수 있다. 우선 딥블루가 타겟으로 한 체스게임의 특성을 보자. 체스의 게임규칙은 분명하다. 그 규칙의 숫자 또한 바둑과는 비교가 되지 않을 정도로 작다. 딥블루는 일반적인 문제해결을 위한 범용성 컴퓨터가 아니다. 처음부터 체스를 목표로 체스를 두는 인공지능 로봇으로 개발된 컴퓨터였다. 그래서 딥블루의 풀네임은 '딥블루 체스엔진'이다. 그리고 딥블루 설계의 기초는 1985년 카네기멜론대학교에서부터 시작되었다. IBM은 딥블루의 성공적인 설계와 제작을 위하여 당시 미국 뉴욕 브루클린 출신의 젊고 뛰어난 체스실력을 지닌 조엘 벤자민을 고용하였다. 실제로 조엘 벤자민은 딥블루가 개리 카스파로프와의 1996년 1차전 패배 이후 1997년 2차전 때에 개리 카스파로프를 이길 수 있도록 딥블루의 성능을 크게 개선하는 데 큰 기여를 한 것으로 알려져 있다. 그리고 그는 그 공로로 그 이듬해인 1998년 미국 체스협회로부터 체스 그랜드마스터라는 영예로운 칭호를 받았다.

체스경기는 상대방이 두는 수에 따라서 내가 선택할 수 있는 경우의 수가 매우 많기 때문에 여하히 주어진 짧은 시간 내에 최적의 수를 선택하느냐가 게임의 승패를 결정한다. 1996년 개리 카스파로프와의 1차전 당시 딥블루의 연산능력은 초당 1억 개의 수를 계산할 수 있었다. 그러나 1차전 패배 이후 딥블루 설계팀은 딥블루의 연산능력을 두 배로 늘려서 초당 2억 개의 경우의 수를 계산하도록 개선하였다. 당시 이 정도 연산능력은 세계에서 259번째로 빠른 수퍼컴퓨터급이었다.

1996년 1차전의 결과는 개리 카스파로프가 4 대 2로 딥블루로부터 승리를 따냈다. 이렇게만 본다면 결국 체스게임에서 사람과 인공지능 간 대결은 사람이 이긴 것으로 볼 수 있지만 중요한 것은 세계 체스 챔피언이 인공지능에게 2번이나 패배하였다는 점이다. 말하자면 특정 분야에서 전문가 중의 전문가를 인공지능이 이길 수가 있음을 처음으로 입증했다는 것이다. 이러한 결과는 자크 드 보캉송, 볼프강 폰 캠펠렌, 찰스 바베지, 앨런 튜링, 허버트 사이먼과 같은 인공지능의 선구자들이 꿈꾸어 왔던 인간과 버금가는 생각하는 인공지능 기계가 인류 역사상 처음으로 이 세상에 등장하였음을 만방에 선포한 것이었다. 딥블루 입장에서 볼 때 1차전의 결과는 아직 2%가 부족한 미완의 승리였다. 결국 체스 챔피언에게 4 대 2로 패배하였기 때문이다. 그래서 2차전은 사람에게나 인공지능 기계에게나 결코 물러설 수 없는 승부였다. 이 게임에서 이긴 자가 진정한 승자가 될 것이기 때문이다. 2차전은 딥블루가 개리 카스파로프에게서 3 대 2의 승리를 거둔 것으로 끝났다. 한판은 무승부로 선언되었기 때문에 2차전은 결국 딥블루의 신승으로 끝난 것이다. 개리 카스파로프로서는 충격적인 결과였고, 이를 지켜본 전 세계 체스 전문가, 컴퓨터과학 연구자와 학생, 컴퓨터 산업에 종사하는 모든 사람은 물론이고 정치·경제인들에게도 딥블루의 승리는 경이적인 소식이었다. 당시로서는 이름도 아직 생소하기 짝이 없는 인공지능이 세계 챔피언을 이길 것이라고는 그 누구도 상상할 수 없었기 때문이었다.

이는 주어진 단순작업만 열심히 할 줄 아는 그저 똑똑한 기계 정도로 치부하였던 컴퓨터라는 물건이 인공지능으로 무장하였을 때에 특정 분야의 전문가를 능가하는 지능과 실력을 갖출 수가 있음을 생생하게 보여준 첫 번째 사례였다. 인류 역사 이래 이러한 일은 들어본 적이 없는 초유의 사건이었다. 인공지능이 인간 전문가와 필적할 만한 것도 놀라운 일인데 심지어 인간 전문가를 능가할 수 있음을 확인한 것은 앞으로 다가올 새로운 인공지능 시대를 전 인류에게 예고한 것이었다. 그리고 그 시대는 분명 지금까지와는 전혀 다른 신세계일 것임을 암시하였다.

딥블루는 그후 어떻게 되었을까? 1997년 개리 카스파로프와의 2차전에서 눈부신 승리를 거머쥔 이후 딥블루에 대한 찬사가 쏟아졌다. 그리고 딥블루를 이용한 다양한 산업적 응용의 기회에 대해서도 매스컴에서는 열심히 소개하기에 바빴다. 그러나 딥블루의 제작사인 IBM은 1997년 2차전 종료 후 조용히 딥블루를 은퇴시켰다. 하긴 IBM 입장에서는 딥블루와 개리 카스파로프와의 1, 2차전은 흥행효과와 광고효과가 만점이었기에 잃은 것이 전혀 없었다. 더욱이 딥블루를 섣불리 산업화했을 때 발생될 수 있는 예측 불가능한 리스크를 감당하느니 체스 세계 챔피언을 이긴 최초의 인공지능 기계라는 명성을 그대로 지닌 채 조용히 스포트라이트에서 사라지도록 하는 것이 IBM으로서는 더 유리한 결정이었다.

그러나 오늘날 체스시장에서는 다양한 종류의 체스엔진이 유통된다. 즉, 후디니, 이겔, 루지체스, 팻 프릿츠, 코모도 드래곤, 스톡피시가 그것이다.[7] 마음만 먹으면 언제든지 컴퓨터 체스 고수와 오랫동안 체스를 둘 수가 있게 된 것이다. 이제 체스는 더이상 인공지능이 이겨야 할 대상이 아니다. 인공지능은 체스보다 더 어렵고 더 높은 목표를 향하여 나아가고 있다. 그렇다면 이제 우리가 생각하여야 할 주제는 어떻게 인공지능은 학습능력과 추론능력이 사람과 필적할 만한 수준으로 발전되는 것일까이다. 다음 장에서 이 주제를 생각하자.

7) https://www.chessjournal.com/deep-blue/

AI와 경영정보

3장

인공신경망 : 인공지능이 갖는 힘의 원천

인공신경망의 탄생과 작동원리

미국의 미래학자인 레이 커즈와일(Ray Kurzweil)은 "인공지능은 2029년이면 인간의 지능과 필적할 만한 수준에 도달할 것이다"라고 예측한 바 있다. 그리고 그는 또 예측하기를 "2045년에는 인간의 지능을 뛰어넘는 이른바 특이점, 즉 싱귤레리티(Singularity) 시점을 맞이할 것이다"라고 추정하였다. 그러나 이같은 인공지능의 발전이 꼭 인류에게 유리하기만 할까? 만약 인공지능이 너무 발전하여 전문가보다 일을 더 잘한다면 그때에는 우리들의 일자리는 어떻게 될까? 인공지능의 발전을 무조건 찬양하고 좋아할 수만 없는 것이 우리들 대부분의 솔직한 심정이다.

인공지능의 비전에 대해 우려를 표명한 석학 또는 유명인들은 한둘이 아니다. 물리학자 스티븐 호킹(Stephen Hawking) 박사 역시 인공지능 발전에 대해 우려를 말한 바 있는데 그는 말하기를 "완벽한 인공지능의 개발은 오히려 인류멸망의 시계를 더욱 빨리 가도록 할 것이다"라고 경고하였다. 그러나 우리가 기술발전에 대하여 견지하여야 할 건강한 자세는 무조건적으로 기술발전을 찬양만 하거나 또는 터부시할 것이 아니라, 기술발전 이면을 냉정한 시각으로 고찰해보고 그 장점을 최대한 살리는 것이다. 의사결정의 질을 높이고 우리들의 생산성과 업무효율성 증대에 대해 사용을 하되, 문제점을 보완하여 기술발전이 우리들의 통제권하에 놓여 있도록 할 필요가 있다.

이러한 시각에서 인공지능의 역사를 축약하여 다시 한번 살펴볼 필요가 있다. 현대적 의미에서의 인공지능의 시작은 컴퓨터 과학자이자 2차 세계대전 시 나치독일의 암호생성기인 에니그마를 해독하는데 결정적인 기여를 한 앨런 튜링(Alan Turing)의 유명한 명제인 "Can Machine Think?"라는 물음에서부터 시작되었다. 말하자면 기계도 사람처럼 사고를 할 수 있을까?라는 질문이다. 기계가 스스로 생각할 수 있을까?라는 이같은 명제는 인공지능에 대한 호기심으로 자연스럽게 확대발전하였다. 인공지능은 사람의 지능을 흉내낼 수 있는 기계를 만들어보자라는 욕구로부터 시작되었다. 인공지능이 휴먼지능과 다른 점은 컴퓨터 로직으로 학습과정과 추론과정이 설계가 되었다는 점이다. 따라서 인공지능의 학습과정을 머신러닝 또는 기계학습이라고도 한다. 인공지능의 지능의 원천에 해당되는 머신러닝은 문제의 성격에 따라 학습하는 방식들이 많이 있다. 그런데 이 다양한 방식들 중 인간의 두뇌작용을 모방한 대표적인 머신러닝 방식이 인공신경망이다. 인공신경망은 Artificial Neural Network 또는 Neural Network라는 영어단어를 한글로 부르는 것인데, 이미 학계와 업계, 그리고 일반에서 널리 알려져 있는 용어이기 때문에 본서에서도 그대로 사용한다.

인공지능의 머신러닝 역사에서 인공신경망처럼 드라마틱한 부침을 겪은 머신러닝 기법은 없다. 시작은 화려했다. 1956년도에 미국 뉴욕주의 명문대학인 코넬대학교에서 인지과학 분야로 박사학위를 받은 프랑크 로젠블라트 박사가 있었다. 1928년생이니까 당시 약관 28세의 나이에 박사학위를 받은 젊고 전도가 양양한 의욕 넘치는 인지과학자였다. 그는 인간의 두뇌가 어떻게 사물을 인지하고 학습하는지에 대해 알고자 하는 뜨거운 열정이 있었다. 지금 우리가 알고 있는 인공신경망이라는 인공지능의 근간을 이루는 머신러닝 기법이 본격적으로 인공지능 분야로 그 첫 발자국을 떼는 순간이었다. 그는 자기가 생각하는 인간 두뇌의 인지과정과 학습과정을 퍼셉트론이라는 이름으로 불렀는데, 영어로는 Perceptron이라고 표기한다. 그는 단순히 이론만 제시하는 데 만족하지 않고 당시 본격적으로 등장하기 시작한 컴퓨터 시스템을 이용하여 본인이 생각하는 퍼셉트론을 직접 구현하고 시뮬레이션하였다. 그때 사용한 컴퓨터가 '마크 I 퍼셉트론'(Mark I Perceptron)이다. 지금 이 컴퓨터는 미국 워싱턴 DC에 있는 스미소니언 연구소에 보관되어 있다. 그가 퍼셉트론 개념을 본격적으로 제시하고 이를 컴퓨터상으로 시뮬레이션을 시도한 시점은 박사학위를 받고 난 1년 뒤인 1957년이었다. 그는 이러한 노력의 결과물을 그 다음 연도인 1958년도에 하나의 논문으로 출간하고[1)] 그리고 여기에 더 내용을 추가하여 1961년에 한 권의 책으로[2)] 출간하였다. 그가 집필한 논문과 책의 제목에 퍼셉트론이라는 이름을 사용함으로써 인간 두뇌의 메커니즘을 연구하고자 하는 본인의 의도를 분명히 드러내었다.

로젠블라트 교수의 퍼셉트론은 당시 뉴욕타임스와 뉴요커라는 명망 있는 매스컴에서 획기적인 기술발전의 예로써 대서특필되면서 그는 일약 유명인사가 되었다. 당시 인공지능 분야에서 가장 유명한 인사가 된 것이다. 그러다 보니 그의 퍼셉트론의 작동원리와 그것이 가져올 수 있는 효과에 대해서 과도한 기대감이 있었다. 그러나 1969년 MIT 출신의 젊은 연구자들이었던 마빈 민스키와 세이무어 페이퍼트 두 사람이 퍼셉트론이 갖는 학습능력의 한계를 수리적으로 증명하는 책을 발간하면서[3)] 로젠블라트 교수가 꿈꾸었던 퍼셉트론에 대한 보다 심층적인 연구는 더 이상 진전도 해보지도 못한 채 관련 연구가 순식간에 사그라져 버리는 일이 발생하였다. 민스키와 페이퍼트가 의도한 바는 인공신경망을 더 이상 연구할 필요가 없다는 것이

---

1) Rosenblatt, F. (1958). "The perceptron: A probabilistic model for information storage and organization in the brain". *Psychological Review*. 65 (6): 386-408.

2) Rosenblatt, F. (1961). *Principles of Neurodynamics: Perceptrons and the Theory of Brain Mechanisms*, Spartan. Washington DC.

3) Marvin Minsky and Seymour Papert (1969). *Perceptrons. An Introduction to Computational Geometry*. M.I.T. Press, Cambridge, Mass.

아니었다. 당시 퍼셉트론의 수준만으로는 더 복잡하고 실제적인 학습과 추론이 어렵기 때문에 후속연구가 더 필요하다는 의미였다. 그러한 의도가 제대로 받아들여지지 않은 채 당시 퍼셉트론에 의하여 한껏 부풀었던 인공신경망에 대한 연구비 지원과 후원만 끊기는 사태가 초래되고 말았던 것이다. 더더욱 안타까운 것은 마빈 민스키와 세이무어 페이퍼트 교수의 책이 발간된 지 겨우 2년 뒤인 1971년 7월 로젠블라트 교수는 여름휴가를 보내러 체사피크만에 놀러갔는데, 그곳에서 불의의 보트 사고로 사망하면서 인공신경망은 더 이상 인공지능의 연구분야로 인정받지도 못하고 세인들의 기억 속에서 사라지는 비운을 겪어야 했다. 이때가 그의 나이 겨우 43세 때의 일이었다. 인공지능 연구차원에서 볼 때 로젠블라트 교수의 이같은 갑작스런 사망은 너무나도 아까운 손실이었다.

위에서 설명한 대로 로젠블라트 교수는 퍼셉트론을 제시하여 인공신경망에 대한 초석을 놓았다. 그러나 그의 퍼셉트론 연구의 근원을 찬찬히 뜯어보면 1943년 매컬럭과 피츠의 연구에서 그 기원을 찾을 수 있다.[4] 매컬럭과 피츠는 인간두뇌는 뉴런의 집합으로 이루어져 있고 이들 뉴런들이 서로 그물망의 형태로 연결이 되어 있다고 생각하였다. 그리고 이같은 수많은 뉴런간의 연결이 어떻게 작동되는지에 대한 간단한 수리적 모형을 제시하였다. 즉, 인간의 두뇌를 수많은 신경세포가 서로 연결된 하나의 디지털 네트워크 모형으로 간주한 것이다. 그리고 뉴런 신경세포의 신호처리과정을 모형화하여 단순한 패턴분류가 가능한 모형을 개발하였다. 매컬럭과 피츠의 이같은 생각은 오늘날 인공지능의 획기적인 성장을 가지고 온 딥러닝의 기반이 되었고, 딥러닝의 초석 역할을 하고 있는 인공신경망의 기본적인 구조를 설명하고 있기에 큰 의미가 있다. 그리고 또 한 명의 걸출한 뉴로 심리학자가 등장하였는데 그의 이름은 도날드 헵(Donald Hebb)이었다. 그는 인간 두뇌의

---

4) McCulloh, W. S., & Pitts, W. (1943). *A logical calculus of the ideas imminent in neural nets*. Bull Math. Biophys, 5, 133–137.

기본요소를 이루는 신경세포(뉴런, 또는 Neuron) 사이의 연결강도(Weight)를 조정하는 학습규칙을 생각하였다.[5] 이 학습규칙이 그의 이름을 따온 헤비안 학습규칙이다. 여기서 헤비안, 즉 Hebbian은 그의 이름인 Hebb을 기리기 위한 것이다.

그럼 여기서 인공지능 얘기를 더 자세히 하기 전에 마빈 민스키와 세이무어 페이퍼트가 로젠블라트의 퍼셉트론에 대해서 무슨 문제점을 지적하였길래 인공신경망에 대한 뜨거웠던 관심이 갑자기 식은 것일까를 하나하나 따져보자. 그래야만 오늘날 인공지능의 머신러닝, 딥러닝의 눈부신 성공의 근간을 정확히 이해할 수가 있기 때문이다. 그뿐 아니라 인공신경망의 근본 작동원리를 정확히 이해할 수가 있어서 인공지능에 대해 보다 확실한 개념을 가질 수가 있다. 민스키와 페이퍼트가 퍼셉트론의 문제점을 지적한 방법은 이른바 카운터 예제를 제시한 방식이다. 말하자면 퍼셉트론이 제대로 풀지 못하는 확실한 예제를 제시함으로써 퍼셉트론의 한계를 보여주고 관련 후속연구의 필요성을 강조한 방식이다. 그들이 제시한 카운터 예제는 명료하면서도 요점을 정확히 지적하였다. 이른바 배타적 OR 문제였다. 배타적이라는 말은 영어로 Exclusive라는 말인데 약자로 X라는 말로 표기한다. 따라서 Exclusive OR란 곧 XOR 문제로 표기된다. 그렇다면 XOR 문제가 무엇일까? 이는 두 개의 문으로(또는 변수로) 입력값이 한 개씩 들어갈 때 두 입력값이 서로 다르면 그 출력값은 1이고, 동일하면 출력값은 0이 되는 간단한 문제이다. 여기서의 요점은 두 개의 입력값이 동일하냐 아니냐이다. 동일하면 출력값은 0이지만 서로 다르면 출력값은 1이 되기 때문이다. 그래서 이야기를 쉽고 분명하게 하기 위하여 두 개의 문, 즉 입력값을 각각 X1, X2라고 표기하자. 그리고 출력값은 Y로 표기하자. 첫 번째 입력샘플의 두 입력값은 X1=1, X2=1이라고 하자. 그러면 출력값 Y는 0이다. 두 번째 입력

5) Hebb, D. O. (1949). *The organization of behavior: A neuropsychological theory*. Wiley, New York.

샘플의 두 입력값은 각각 X1=1, X2=0이었고 따라서 출력값 Y는 1이다. 세 번째 입력샘플의 두 입력값은 각각 X1=0, X2=0이고 출력값 Y는 0, 그리고 마지막 네 번째 입력샘플의 입력값은 각각 X1=0, X2=1이고 출력값 Y는 1이다. XOR 문제에서 사용된 네 개의 입력샘플을 정리하면 다음과 같다.

X1	X2	Y
1	1	0
1	0	1
0	0	0
0	1	1

그런데 이같이 간단한 배타적 OR 문제, 즉 XOR 문제를 민스키와 페이퍼트가 퍼셉트론의 문제점을 밝히기 위하여 제시한 이유는 무엇일까? 다음 그림을 보면 분명해진다.

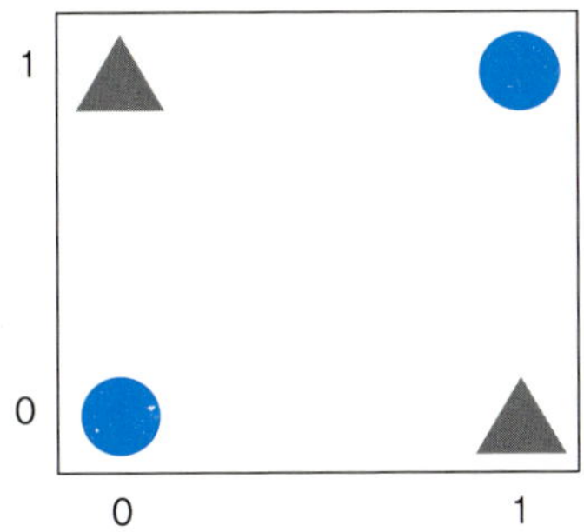

X1과 X2 두 개의 축으로 이루어진 이 그림에서(가로축을 X1, 세로축을 X2라고 보면 됨) 파란색 원은 XOR 입력샘플 중 출력값 Y가 0인 경우를 나타낸다. 반면 회색 세모꼴은 출력값 Y가 1인 경우이다. 민스키와 페이퍼트가 퍼셉트론의 문제점으로 지적한 것은 이같이 간단한 XOR 문제의 4가지 경우의 수를 퍼셉트론은 한 개의 선형직선으로 구분하고자 한다는 점이다. 독자들도

한 개의 선만 그어서 파란색 원과 회색 세모꼴을 구분하도록 해보라. 아무리 선을 그어도 결국 파란색 원과 회색 세모꼴이 섞이게 됨을 알 수 있을 것이다. 아래 그림에서 (a), (b), (c), (d) 4가지 경우 모두 직선 하나를 사용하여 파란색 원과 회색 세모꼴을 서로 섞이지 않도록 분류하는 방법은 없다. (a)를 보면 직선 오른쪽 윗 공간에는 파란색 원 하나만 있지만, 그 아랫 공간에는 파란색 원과 회색 세모꼴이 서로 섞인 채로 있는 것을 볼 수 있다. 마찬가지로 (b), (c), (d) 모두 같은 현상을 보여주고 있다.

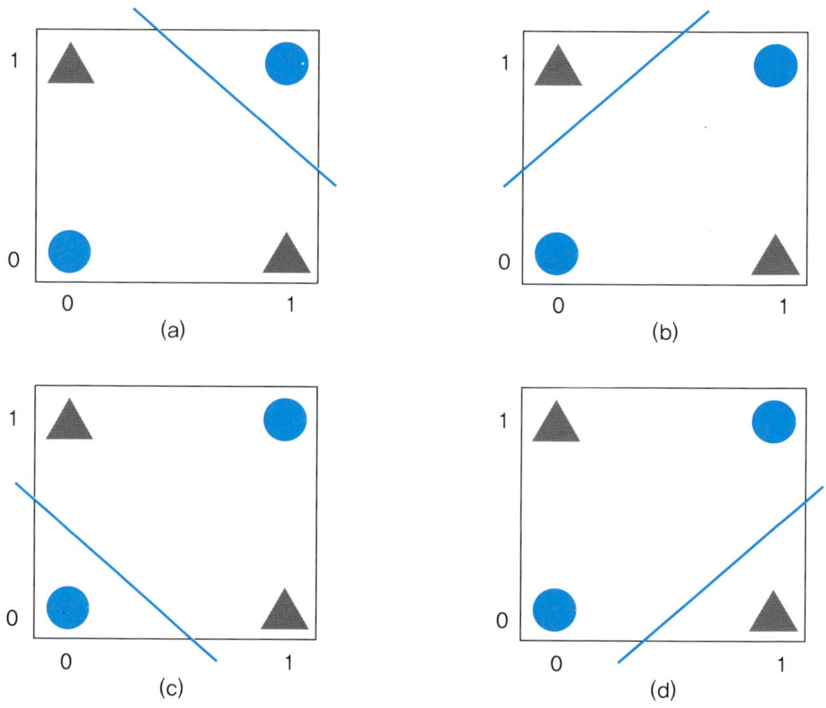

즉, XOR 문제가 보여준 것은 퍼셉트론이 선형직선으로 주어진 입력샘플을 출력값에 따라 서로 다르게 분류하고자 아무리 학습을 해도 원하는 분류가 이루어지지 않는다는 점이다. 따라서 파란색 원과 회색 세모꼴을 서로 깔끔하게 분류하려면 원래의 퍼셉트론 학습방법에 새로운 알고리즘을 추가하여

야 한다. 다음 그림을 보자. 이 그림은 원래의 XOR 문제를 퍼셉트론의 단순구조로 나타낸 것이다. 이 그림에서 알 수 있듯이 퍼셉트론은 XOR 문제를 두 개의 입력값 X1과 X2를 출력값 Y로 그대로 연결하는 것을 보여준다. 인간 두뇌의 기본요소를 구성하는 뉴런(또는 노드) 개념을 사용하여 설명해보자. X1, X2를 각각 입력뉴런1, 입력뉴런2라고 하고 Y를 출력뉴런이라고 생각해보자. 그러면 결국 퍼셉트론은 두 개의 입력뉴런으로 구성된 입력층에서 한 개의 출력뉴런으로 구성된 출력층으로 연결된 전방향(Feedforward) 구조를 갖는 것으로 설명된다.

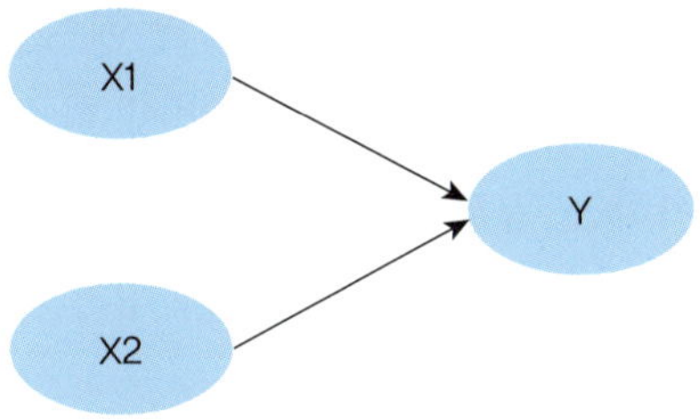

마빈 민스키와 세이무어 페이퍼트가 알리고자 한 것은 위의 그림과 같이 입력층과 출력층으로만 구성된 단순한 구조의 퍼셉트론으로는 실제상황에서 맞닥뜨릴 수 있는 어지간한 문제를 제대로 해결하지 못할 것임을 알려준 것이었다. 그리고 퍼셉트론이 갖는 이같은 치명적인 약점을 하루빨리 극복하기 위한 후속연구가 신속히 이루어져야만 비로소 온전한 인공지능 발전이 가능함을 관련 연구자들에게 상기시키고자 함이었다.

그러나 그들의 이같은 바람은 그로부터 약 20년이 흐른 뒤에서야 비로소 이루어질 수 있었다. 즉, 인공신경망이 다계층 퍼셉트론으로 확장되고 역전파학습 규칙이라는 새로운 학습 알고리즘으로 한층 업그레이드된 모습으로 화려하게 복귀할 수 있었다. 그때가 1986년이었다.

네이처지는 세계적으로 가장 유명하고 최고의 명성을 자랑하는 학술지이다. 사이언스지와 함께 네이처지는 모든 연구자들이 평생에 걸쳐 한 번은 자신의 연구결과를 게재하고 싶어하는 1순위 학술지이다. 노벨상 수상자들 상당수가 네이처지와 사이언스지에 관련 핵심 연구 결과를 게재한 사람들이라는 점이 해당 학술지의 위상을 단적으로 증명한다. 1986년도 네이처지에 한 편의 논문이 게재되었다.[6] 그 제목은 "Learning representations by back-propagating errors." 저자는 루멜하트, 힌튼, 윌리엄스였다. 이 논문의 제목에서 특히 우리가 주목하여야 할 단어가 Learning이라는 말과 back-propagating errors라는 말이다. 앞의 '러닝'이라고 하는 단어는 주어진 대상을 학습한다는 것이니까 해석상 어려울 것이 없는 단어이다. 문제는 뒤의 단어인 back-propagating errors이다. 이를 해석하면 오류를 역방향으로 내려가면서 어떤 대상에 하나하나 뿌려가면서 학습을 한다는 의미이다. 그래서 앞의 Learning이라는 말과 뒤의 back-propagating errors를 합해보면 이 논문의 핵심 내용에 대해 어렴풋이나마 유추가 가능하다.

바로 이 back-propagation 알고리즘이 오늘날 인공신경망을 인공지능의 핵심 중의 핵심으로 만든 역전파학습 알고리즘이다. 해당 논문은 과거 퍼셉트론 기반의 인공신경망이 갖고 있는 학습과정상의 한계를 극복하기 위하여 입력층과 출력층 사이에 중간층, 말하자면 은닉층을 감안할 필요가 있음을 강조하였다. 그리고 은닉층 안에 있는 은닉뉴런이 인공신경망의 학습과정에서 어떠한 역할을 하는지를 직관적인 수학식으로 설명하였다. 이같은 이해를 바탕으로 해당 논문에 기술되어 있는 역전파학습 알고리즘의 내용을 정리하면 다음과 같다.

첫째, 주어진 학습자료의 참값과 컴퓨터가 추론한 계산값 간 차이, 즉 오류가 발생되었을 때에 해당 오류를 줄여나가는 방법을 제안
둘째, 과거 퍼셉트론의 한계를 극복하기 위하여 입력뉴런과 출력뉴런 외에

---

6) Rumelhart, D. E., Hinton, G. E., & Williams, R. J. (1986). Learning representations by back-propagating errors. *Nature*, 323(6088), 533–536.

중간뉴런, 즉 은닉뉴런을 넣어야 하고 이같은 은닉뉴런으로 구성된 은닉층 개념을 넣은 확장된 구조의 다계층 인공신경망을 제안
셋째, 출력층에서 확인된 참값과 실제추론값 간의 차이인 오류를 출력층에서 은닉층, 은닉층에서 입력층의 방향으로 거꾸로 내려가면서 뉴런과 뉴런 사이의 연결가중치를 조정하고(여기에서 '역전파'라는 개념이 나옴) 오류를 단계적으로 줄여가는 방법을 제안
넷째, 궁극적으로 역전파학습 방법으로 학습을 하면 인공신경망의 오랜 숙원이던 퍼셉트론의 학습기능 증대를 획기적으로 이룰 수 있음을 보여줌.

이 논문의 교신저자인 힌튼 교수는 당시 카네기멜론대학교에서 컴퓨터 공학을 연구하고 있었다. 그리고 1저자인 루멜하트와 3저자인 윌리엄스는 미국 캘리포니아 샌디에이고대학교에서 인지과학을 연구하고 있었다. 그들의 1986년 네이처지 논문발표는 로젠블라트 교수가 제안한 퍼셉트론 학습과정이 갖는 한계를 극복하는 획기적인 순간이었다. 이 한편의 논문으로 인하여 그동안 인공지능 학습의 이론적 한계가 순식간에 해결되면서 오늘날 눈부신 인공지능 성공시대의 서막이 활짝 열렸다. 이들의 기여를 정리하면 다음과 같다.

첫째, 역전파학습 알고리즘은 주어진 입력값에 대한 출력값을 사전에 미리 알려주어야 한다. 이를 감독학습(Supervised Learning)이라고 하는데 따라서 역전파학습 알고리즘에서는 실제 출력값과 인공신경망의 출력값 간의 오차를 최소화하는 방향으로 학습한다. 이러한 작동원리는 오늘날 머신러닝의 기초를 이루는 감독학습 방법의 근간을 이룬다.
둘째, 은닉층과 은닉뉴런의 개념을 인공신경망의 학습과정에 도입함으로써 인공신경망의 신세계를 활짝 열어 젖혔다. 이는 마치 수학에서 0이라고 하는 개념을 찾아낸 것과 유사할 정도의 획기적인 생각이었다. 다음의 그림은 한 개의 은닉층과 두 개의 은닉뉴런 H1, H2를 포함하고 있는 간단한 인공신경망의 구조를 보여준다.

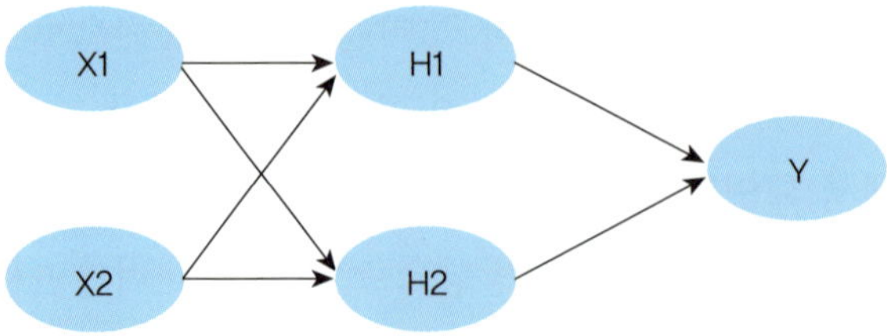

일견 보기에는 아무것도 아닌 것처럼 보이는 은닉층의 존재는 인공지능의 학습기능과 추론기능을 획기적으로 개선하였다. 오늘날 우리가 수리적 계산시 0이라는 개념을 사용하지 않고서는 아무런 계산을 할 수 없듯이 오늘날 인공지능의 눈부신 발전을 이루는 머신러닝, 딥러닝의 모든 근간에는 바로 이같은 은닉층이라는 개념이 있다.

셋째, 은닉층이 도입됨으로써 입력층부터 은닉충, 그리고 출력층의 순서로 계산하여(전방향 계산) 인공신경망의 출력값을 계산한다. 그런 다음 이 값을 실제의 출력값과 비교하여 오류를 구한 후에 이 오류를 출력층, 은닉층 그리고 입력층의 순서(역방향 계산)로 내려오면서 해당 연결가중치의 값을 조정한다. 이러한 과정을 반복하여 모든 학습자료에 대해 계산을 하여 오류 수준이 일정값 이하에 도달할 때까지 학습을 계속한다.

넷째, 연결가중치의 조정을 위하여 전이함수, 즉 뉴런이 갖는 출력함수인 Transfer Function의 미분값을 사용하기 때문에 역전파학습 알고리즘에서는 반드시 미분가능한 전이함수를 사용하여야 한다. 전이함수는 뉴런으로 들어오는 입력가중치를 연결된 다른 뉴런으로 전이, 즉 트랜스퍼시키는 뉴런의 출력함수이다. 가장 널리 알려진 전이함수로는 시그모이드 함수와 ReLU가 있다. 딥러닝의 세계에서 널리 사용되는 전이함수는 ReLU(발음을 '렐루'로 한다)이지만, 일반적인 인공신경망에서의 뉴런 출력함수로는 시그모이드 함수가 주로 사용된다. 렐루는 렉티파이드 선형유닛의 약자이며, 이른바 수정된 선형함수라는 의미이다. 렐루는 들어오는 입력값이 음수이면 0을 내보내고, 양수이면 그값 그대로를 내보낸다. 식으로 쓰면 간단하게 다음과 같이 표기된다.

$$f(x)=\max(0,\ x)\ \text{단, } x\text{는 양수}$$

은닉층 개수가 많아지고, 즉 인공신경망의 계층수가 많아지고 뉴런수가 매우 커지게 되면 렐루가 갖는 효과는 확실히 나타난다. 이러한 주제는 딥러닝을 논의할 때 더 자세하게 다루도록 하자. 시그모이드 함수의 경우는 출력값이 양수이되 1보다 작도록 하고, S자곡선을 그리도록 설계되어 있어서 식으로 표현하면 다음과 같다. 이때 x는 음수이거나 양수이거나 하는 제약이 없다는 점에 유의해야 한다.

$$f(x)=\frac{1}{1+e^{-x}}$$

따라서 x가 0이면 내보내는 $f(x)$ 값은 0.5, x가 양수로 매우 크게 되면 $f(x)$가 점점 1로 수렴하게 되고, x가 음수로 매우 작아지게 되면 $f(x)$가 점점 0으로 수렴하게 된다.

다계층 인공신경망하에서 뉴런의 기능

인공신경망의 구조는 여러 가지 형태가 있으나 가장 널리 사용되는 인공신경망 구조는 입력층, 은닉층, 출력층이 서로 연결된 다계층구조이다. 인공신경망의 각 층에는 뉴런 또는 노드가 있으며, 이들은 서로 연결되어 있다. 그리고 뉴런 간 연결선에는 가중치가 주어진다. 바로 이 가중치가 인공신경망으로 하여금 강력한 학습능력과 추론능력을 부여한다. 그리고 가중치는 인공신경망이 학습하는 대상인 학습데이터 또는 트레이닝 데이터의 특성에 따라 자동적으로 조정이 된다. 학습데이터를 교과서라고 생각하고, 인공신경망을 수험생이라고 생각하면 인공신경망의 학습과정과 그 결과가 쉽게 이해가 된다. 수험생은 다가오는 시험을 대비하여 공부를 한다. 공부하는 교과서를 열심히 공부하면 할수록 해당 시험범위에 해당되는 교과서의 핵심 내용을 이해하게 되고 그 이해의 정도에 따라 시험당일 시험성적이 좌우될 것이다. 여기서 수험생을 인공신경망으로, 교과서를 학습데이터로, 공부를 학습으로, 시험성적을 학습성과 또는 추론능력으로 바꾸어서 생각하면 된다.

그렇다면 인공신경망이 주어진 학습데이터를 학습하면 인공신경망 안에 있는 뉴런 간 가중치에는 어떠한 변화가 어떻게 생기는 걸까? 가중치란 연결강도를 말한다. 그리고 뉴런 간 연결선은 방향이 있다. 즉, 입력층에서 은닉층으로, 은닉층에서 출력층으로 방향이 결정되어 있다. 그렇다면 입력뉴런과 은닉뉴런 간 연결선의 연결가중치는 다음과 같이 계산된다.

첫째, 입력뉴런에서 나오는 출력값이 있다.
둘째, 해당 입력뉴런의 출력값은 해당 입력뉴런과 연결되어 있는 연결선을 따라 연결된 은닉뉴런의 입력값으로 들어간다. 이렇게 되면 결국 특정 입력뉴런과 특정 은닉뉴런을 연결하는 연결선의 연결가중치는 연결된 두 개의 뉴런 간 상호작용에 의하여 그 크기가 결정될 것이다. 구체적으로는 역전파 학습 알고리즘에서 사전에 정의된 함수식에 의하여 두 뉴런 간 연결선의 연결가중치가 조정이 된다.
셋째, 각 계층에는 여러 뉴런이 존재하고 이들 뉴런이 서로 연결되어 주어진 문제를 학습하고 추론기능을 수행한다. 결국 인공신경망의 핵심은 뉴런 간의 연결과 연결가중치, 그리고 이에 따른 다계층구조에 달려 있다. 각각의 뉴런은 주어진 학습자료를 학습하는 학습기능과 상호연결된 또 다른 뉴런에 그 처리결과를 보내는 전달기능이 있다. 전달기능을 위하여 사용되는 전이함수(Transfer Function)는 일반적으로 'S'자형 함수인 시그모이드(Sigmoid) 함수를 사용한다. 그 이유는 다음과 같다.

첫째, 우선 시그모이드 함수의 출력값은 0과 1 사이의 값으로 나오는 것 외에 미분이 가능하기 때문에 역전파학습 알고리즘의 특성에 잘 맞는다.
둘째, 출력값이 S자곡선과 같이 비선형함수를 그리기 때문에 복잡한 유형의 의사결정문제에 별 무리없이 효과적으로 적용될 수 있다.
셋째, 아무리 입력값이 양수 또는 음수로 크다고 하더라도 출력값이 급격히 변화하는 것을 방지하고 미세한 값의 입력도 간과하지 않는다. 그렇기 때문에 입력값의 어떠한 형태의 변화도 출력값으로 반영할 수 있다.

이와 같이 시그모이드 함수는 어지간한 상황하에서는 인공신경망의 추론능력을 일정수준 이상 유지시켜 준다는 점에서 오랫동안 인공신경망에서 실무자들과 학자들에게 사랑을 받아왔다. 그러나 주의할 점이 있다. 입력값 x가 양수로 매우 커지게 되면 시그모이드 함수의 출력값은 1이 되는 것이 아니라 1로 수렴이 되기 때문에 아무리 기다려도 학습 프로세스가 멈추지 않고 시간만 걸리면서 추론성능은 개선되지 않는 현상이 발생한다. 이는 입력값 x가 음수로 매우 작아지게 될 때도 똑같이 발생한다. 따라서 이 경우에는 시그모이드 함수의 출력값이 0.9 이상이면 그냥 0.9로 잘라버리고 학습과정을 종료하는 것이 유리하다. 마찬가지로 0.1 이하로 출력값이 내려갈 때에도 그냥 0.1로 잘라버리고 학습과정을 종료하는 것이 현실적인 대응방법이 된다. 이같이 중간에 잘라주지 않으면 추론성과는 증대되지 않으면서 학습시간만 무의미하게 길어지는 오버러닝, 즉 과잉학습이 발생한다.

지금부터는 시그모이드 전이함수의 특성을 토대로 앞에서 언급한 XOR 문제, 즉 배타적 OR 자료를 가지고 다계층 인공신경망 구조하에서 간단한 추론을 하나 해보자.

첫째, 인공신경망에 포함되어 있는 임의의 i번째 뉴런의 구조는 크게 두 가지 파트로 구성되는데 그중 하나는 학습기능을 담당하고 있는 부분이고, 또 다른 하나는 다음 번 연결된 뉴런으로 출력값을 넘기는 전달기능을 담당하는 부분으로 나누어져 있다. 이때 학습기능 부분에서는, 예를 들어 x_1, x_2 두 개의 입력으로부터 들어오는 입력값을 해당 연결가중치인 w_1, w_2와 곱한 후에 이 값들을 모두 더하여 최종적인 가중합을 만들고 이것을 net_i로 표시한다. 그리고 전이함수 $f(x)$는 학습기능 부분에서 계산된 net_i를 입력으로 받아서 뉴런의 출력값을 계산하는 역할을 한다.

둘째, 이미 위에서 설명한 바와 같이 다계층 인공신경망에서 보편적으로 사용되는 전이함수 형태는 시그모이드 함수이다. 시그모이드 함수는 주어진 입력값 x에 따라서 0과 1 사이의 값을 출력하고, 이 출력값은 완만한 S자곡선을 보인다. 간단한 예를 들어보자. XOR 문제에서는 두 개의 입력값 x_1, x_2가 (0,0), (0,1), (1,0), (1,1)과 같이 주어질 때 출력값은 각각 0, 1, 1, 0으로 갖는다. 말하자면 두 개의 입력값 x_1, x_2가 인공신경망에 입력되었을 때 해당 인공신경망은 1 또는 0이라는 출력값을 산출해내야 한다. 예를 들어, 두 개의 입력값 x_1, x_2가 각각 0, 1이라고 하자. 이같은 입력값이 시그모이드 전이함수에 의하여 뉴런 안에서 어떻게 처리되는지 보자.

- **단계 1** : 입력값 두 개를 각각 $x_1=0$, $x_2=1$이라고 놓고, 이들을 뉴런의 입력값으로 보낸다. 이때 연결가중치는 각각 $w_1=0.5$, $w_2=4$라고 가정하자.
- **단계 2** : 뉴런은 다음과 같이 연결가중치에 의한 가중합을 net_1로 계산한다.

$$\begin{aligned}\mathrm{net}_1 &= x_1 \times w_1 + x_2 \times w_2 \\ &= 0 \times 0.5 + 1 \times 4 \\ &= 4\end{aligned}$$

- **단계 3** : 단계 2에서 구한 net_1 값 4는 시그모이드 전이함수 $f(x)$에 의하여 다음과 같이 출력값을 계산한다.

$$f(\mathrm{net}_1) = 1/(1+e^{-4}) = 0.98$$

이렇게 해서 뉴런은 두 개의 입력값 $x_1=0$, $x_2=1$에 대해서 최종적으로 0.98이라는 출력값을 출력한다. 그리고 이 값은 1이라는 참값과 거의 일치한다. 0과 1이라는 입력에 대해 XOR 문제에서는 1이라는 출력값이 나와야 하는데 시그모이드 전이함수를 사용하는 인공신경망에서는 1과 거의 유사한 0.98이라는 출력값이 추론되었으므로 최종적으로 참값 1과 근사하게 추론한 것으로 간주한다.

다계층 인공신경망이 갖는 문제해결 능력

입력층, 은닉층, 출력층으로 구성되는 다계층 인공신경망은 다음 그림과 같이 표현된다. 여기에 퍼셉트론 기능을 확장한 역전파학습 알고리즘이 적용되면 이것을 다계층 퍼셉트론 인공신경망이라고 부른다. 영어로는 Multi-Layered Perceptron으로 표기하며, 약자로는 MLP라고도 표기한다. MLP는 다계층 인공신경망 자체를 나타내고, 다계층 인공신경망을 그냥 편하게 인공신경망으로 말하기 때문에 MLP가 곧 인공신경망을 나타낸다고 보면 된다. 그래서 인공신경망이라는 말 자체에 '다계층'이라는 핵심 개념과 '퍼셉트론 기반 역전파학습 알고리즘'이라고 하는 핵심 개념이 동시에 포함되어 있다는 점을 기억할 필요가 있다. 다계층은 아래 그림에서와 같이 입력층-은닉층-출력층으로 구성되어 있음을 말하고, 퍼셉트론과 이를 확장한 역전파학습 알고리즘 기초개념은 앞에서 설명한 바와 같다. 따라서 이제는 굳이 설명하지 않아도 인공신경망 하면 이는 곧 다계층이요, 퍼셉트론 기반 역전파학습 알고리즘이 기본적으로 탑재된 인공지능 머신러닝 기법이구나라고 생각하면 된다.

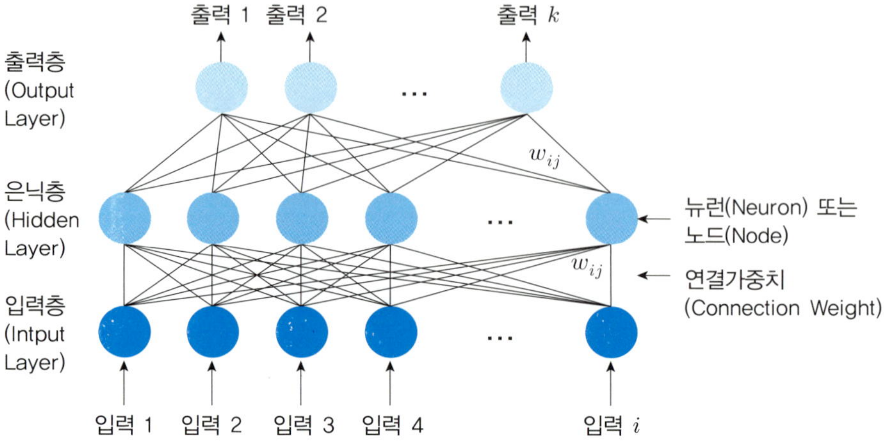

그림 3-1 ▌다계층 인공신경망 구조

한편 다계층 인공신경망하에서는 입력층에서 은닉층, 은닉층에서 출력층으로 각 뉴런이 서로 연결되어 있기는 하지만, 같은 계층 안에 있는 뉴런끼리는 연결이 되어 있지 않다. 각각의 계층에서 이루어지는 작업을 간략히 살펴보면 다음과 같다.

첫째, 입력층은 외부환경과 상호반응하며 입력을 받아 인공신경망에 전달하는 역할을 한다.
둘째, 출력층은 주어진 입력에 대한 적절한 출력을 내보내는 역할을 한다.
셋째, 은닉층은 입력층과 출력층 사이에 존재하며 입력층으로부터 주어진 입력값들로부터 주요 특성들을 추출하여 이를 출력층으로 보내는 역할을 한다.

은닉층의 수와 은닉뉴런의 개수는 문제영역에 따라 달라질 수 있다. 따라서 그 타당성은 실험을 통해서 확인하여야 한다. 대개 일반적인 단순한 문제를 대상으로 할 경우 다계층 인공신경망에서는 은닉층의 수를 대략 2~3개까지로 정하고 사용한다. 그러나 딥러닝의 세계에서는 인공신경망 안에 들어가는 은닉층의 숫자는 사실 제한이 없을 정도로 많이 들어간다. 딥러닝 내용은 다른 장에서 심도 있게 설명할 예정이다.

한편, 이와 함께 인공신경망에서 중요한 것이 있는데 그것은 바로 연결가중치이다. 연결가중치의 값에 따라 인공신경망의 전체적인 학습능력 및 추론능력이 결정되기 때문이다. 일반적으로 인공신경망에서 연결가중치의 조정은 역전파학습 알고리즘을 통하여 계산된다. 특히, 역전파학습 알고리즘은 인공신경망 관련 응용에 있어서 가장 많이 이용되고 있는데, 그 이유는 역전파학습 알고리즘이 갖는 넓은 응용력과 높은 일반화 능력[7] 때문이다. 특히 일반화 능력이 기업현장에서 중요한 것은 처음 부딪치는 현실문제를 얼마나 효과적으로 해결하느냐를 가늠하는 주요 기능이 되기 때문이다.

인공신경망 계층수	출력영역의 형태	XOR 문제	출력형태가 폐곡선인 경우
단층 인공신경망 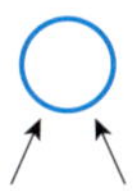	평면에 의해 나누어지는 반평면 (Half Plane)	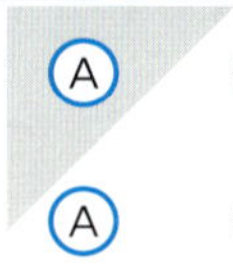	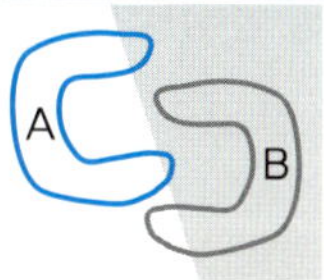
2계층 인공신경망 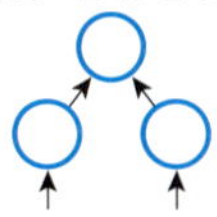	개구간 및 폐구간 (Typically Convex)	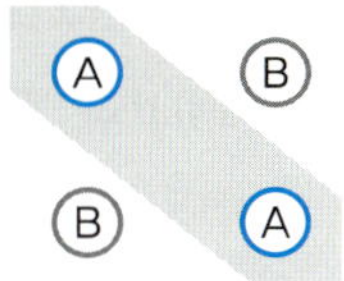	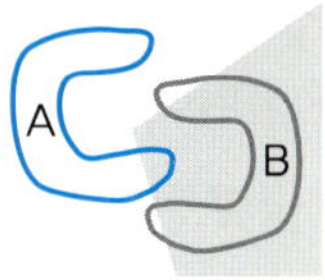
3계층 인공신경망 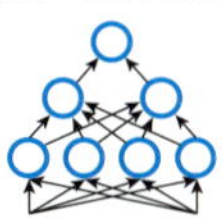	임의의 영역 (Arbitrary)	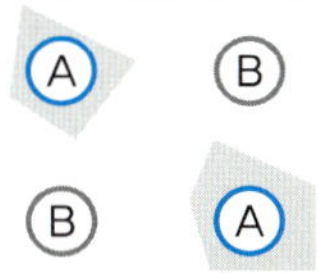	

그림 3-2 ▌인공신경망에 의한 출력영역의 형태(회색으로 표시되는 부분)

---

7) 일반화 능력을 영어로는 Generalization Capability라고 한다. 일반화 능력이란 학습하지 않은 입력자료에 대하여 얼마나 그럴듯하게, 즉 근사하게 추론할 수 있느냐를 의미하는데, 이를 근사추론 기능이라고 하며 영어로는 Approximate Reasoning이라고 한다. 이는 처음 대하는 입력자료에 대하여 올바른 결과를 낼 수 있는 추론능력을 의미한다. 어떤 전문가가 그분이 일하는 영역에서 일 잘한다고 평가가 좋다는 것은 그 사람이 현실에서 맞닥뜨리는 각양각색의 문제들을 합리적이고 아주 높은 정확성을 가지고 일을 하는 일반화 능력, 즉 근사추론 능력이 좋다는 것을 말한다.

[그림 3-2]를 보면, 인공신경망이 은닉층을 포함한 다계층으로 될 때에 인공신경망이 해결할 수 있는 문제의 폭이 얼마나 크게 확대될 수 있는지를 보여준다. 다계층 인공신경망, 즉 MLP 안에 은닉층이 포함되어 있으면 인공신경망의 일반화 능력이 드라마틱하게 증가되는 것을 잘 보여준다. 하나씩 짚어보자.

첫째, 인공신경망이 다계층화되면 출력형태가 다양한 형태로 구성되기 때문에 복잡한 현실문제도 효과적으로 풀 수 있다. 특히 출력형태가 폐곡선인 경우에도 계층이 늘어나면 구불구불한 폐곡선도 인공신경망이 정확하게 구분하는 것을 볼 수 있다. 그렇기 때문에 인공지능이 갖는 힘의 원천이 바로 인공신경망인 것이다. [그림 3-2]에서 말하는 3계층 인공신경망이 곧 다계층 인공신경망이다. 이는 입력층, 은닉층, 출력층으로 구성되는 전형적인 인공신경망이며 이러한 전형적인 인공신경망이 퍼셉트론 기반의 역전파학습 알고리즘으로 무장하게 되면 다양한 현실문제를 해결할 수 있다.

둘째, 그렇기 때문에 요즈음 매스컴을 달구는 눈부신 인공지능의 성공 스토리 이면에는 기본적으로 MLP와 같은 다계층 인공신경망이 어떠한 형태로든지 포함되어 있다. 딥러닝 또한 예외가 아니다. 딥러닝의 기본개념 또한 다계층 인공신경망을 다양한 방법으로 확장한 것이다. 그렇기 때문에 다계층 인공신경망이 인공지능 힘의 원천이다.

셋째, 인공신경망이 단층, 2계층, 3계층으로 확장될 때에 출력영역의 형태가 유연하게 변하는 것을 주목할 필요가 있다. 그 의미를 이해하기 위하여 다음 순서대로 핵심 개념을 확인할 필요가 있다.

- 2계층 인공신경망이 로젠블라트 교수가 제안한 오리지널 퍼셉트론이고
- 해당 2계층 인공신경망이 왜 XOR 문제를 해결하지 못하였는지
- 그로 말미암아 약 20년에 걸친 인공지능의 암흑기를 맞이하게 되었는지
- 그리고 2계층 인공신경망에 은닉층 하나가 추가된 3계층 인공신경망, 즉

다계층 인공신경망에 가서야 비로소 XOR 문제가 해결될 수 있는지를 이해할 수가 있을 것이다.

넷째, 은닉층이 없는 단순 퍼셉트론 인공신경망인 2계층 인공신경망을 보자. 이 경우 XOR 문제에 대해서 출력영역의 형태가 A와 B를 깔끔하게 구분하지 못하고 있음을 알 수 있다. 그러나 은닉층이 추가된 3계층 인공신경망인 다계층 인공신경망 구조에서는 출력영역의 형태가 A와 B를 클리어하게 구분하고 있다. 은닉층의 추가가 인공신경망의 성능에 지대한 영향을 주고 있음을 알 수 있다. 딥러닝 또한 이같은 문제인식하에 은닉층을 충분히 추가한 인공신경망을 사용하고 있다.

다섯째, 다계층 인공신경망을 사용하게 될 때에 사용자가 기대할 수 있는 효과는 다음과 같다.

- 우선 견고성이다. 이는 오류극복성(Fault Tolerance)을 의미한다. 몇몇 뉴런에 오류가 발생하여도 인공신경망의 전체적인 기능이 크게 영향을 받지 않는다. 이러한 특성은 급격히 변화하는 환경이나 예측치 못했던 환경에서 인공신경망이 안정적으로 기능을 유지하는 데 크게 이바지한다. 이러한 견고성이야말로 빠르게 변화하고 복잡한 요인들이 서로 뒤엉키어 있는 어려운 경영의사결정 문제를 해결하는 데 인공신경망이 효과적으로 적용될 수 있도록 하는 중요한 특징이 된다.
- 학습성이다. 인공신경망은 주어진 학습자료로부터 숨겨진 규칙성을 찾아낼 수 있다. 이러한 규칙성은 인공신경망 내에 수많은 뉴런에 분산된 연결가중치 상태로 각각 저장되며, 이는 주어진 문제를 해결하는 지식베이스 역할을 한다. 이와 같은 인공신경망의 지식은 수리적 가중치로 표현되고 학습기법에 의하여 어느 정도 자동적으로 얻을 수 있다는 점이 기존의 전문가시스템 지식과 다른 점이다.

지금까지 설명한 다계층 인공신경망 알고리즘을 현실세계에 대입해보자. 예를 들어, 주식시장 내에서 특정 기업의 주가의 흐름을 예측하는 인공신경망을 구현하려면 어떻게 하면 될까? 간단하게 말하면 해당 기업의 주가를 출력뉴런으로 놓고, 주가에 영향을 주는 입력변수를 입력뉴런으로 넣으면 된다. 예를 들어, 입력변수를 해당 기업의 매출과 영업이익 그리고 기업에 대한 뉴스건수 세 개라고 가정해보자. 그렇다면 인공신경망은 세 개의 입력뉴런(매출, 영업이익, 뉴스건수)과 출력뉴런(주가)을 연결한 후에 주어진 기업관련 학습데이터로 학습하여 각 뉴런 간 연결가중치를 계산한 후에, 해당기업의 주가를 예측하는 모델이 된다. 그리고 은닉층의 개수는 최소 1개에서 학습자료의 복잡성 등을 감안하여 2개 내지는 3개 정도로 만들어서 다계층 인공신경망을 만들어서 해당 문제를 풀면 된다.

인공신경망 실제작동 체험

지금까지 인공신경망의 기본개념 및 정의, 그리고 적용사례에 대해 알아보았다. 그런데 이러한 인공신경망의 개념이 기업의 경영정보시스템에서 사용되기 위해서는 소프트웨어가 필요하다. 물론 인공신경망의 논리를 완전히 이해하고 파이썬이나 R과 같은 프로그램의 코딩을 자유롭게 할 수 있다면 다양한 방법으로 직접 구현할 수 있겠지만, 현실적으로 그렇게 하기에는 많은 부담이 있는 것이 사실이다. 따라서 본절에서는 인공신경망을 시각적으로 쉽게 모델링하고 이를 실제로 돌려볼 수 있는 사이트를 소개하고, 소프트웨어 프로그램 중에서 사용하기 쉬운 쉐어웨어(Shareware)로 공개된 프로그램을 소개한다.

우선 인공신경망의 작동원리를 시각적으로 이해하도록 하는 데 도움을 주는 사이트부터 보자. https://www.tensorflow.org/에 접속하면 텐서플로우

초기화면을 볼 수 있다.

텐서플로우는 2011년도에 구글이 인공지능 분야에 집중투자를 하면서 개발한 오픈소스형 머신러닝 라이브러리이다. 텐서플로우에서는 머신러닝과 딥러닝 분야를 일반인들도 사용하기 쉽도록 다양한 기능들을 제공한다. 현재 인공지능 분야에서 거의 표준언어로 자리잡은 파이썬(Python)을 주로 지원한다. 그리고 인공신경망이 어떻게 구동되는지를 보기 위해서는 다음과 같은 순서로 메뉴를 클릭한다.

[상단메뉴] – [Resources] – [Tools] – [TensorFlow Playground]를 클릭한다. 화면은 다음과 같다.

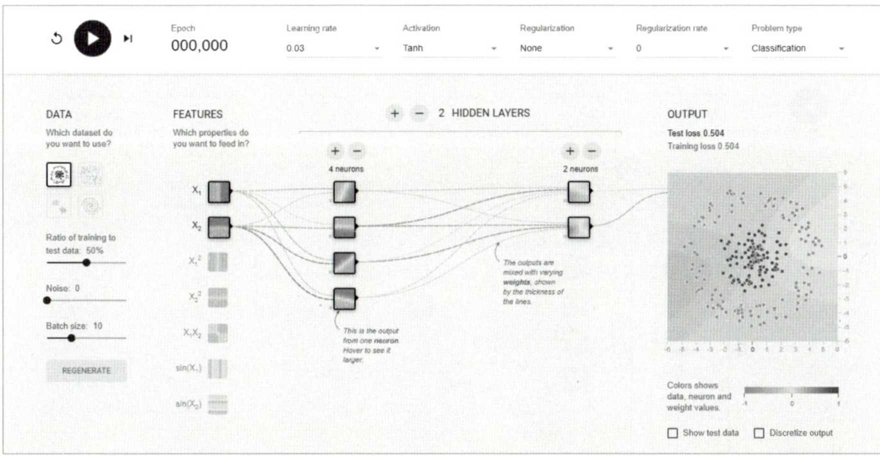

❶ 좌측 [DATA] 영역에서 데이터의 종류를 선택할 수 있다.

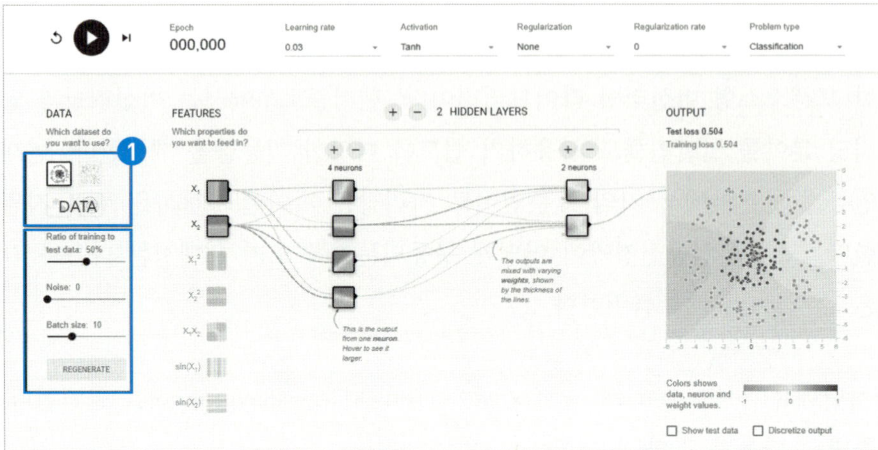

❷ [FEATURES]에서 입력되는 데이터의 유형을 설정할 수 있다.

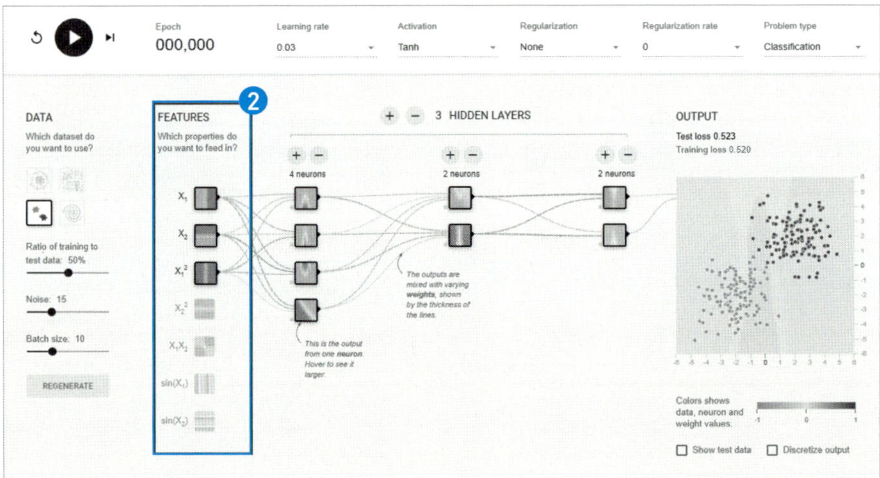

❸ 다음과 같은 영영에서 [Hidden Layers]의 수를 조정할 수 있다. 그 외에도 다른 영역을 설정하여 분석에 필요한 요건들 조정이 가능하다.

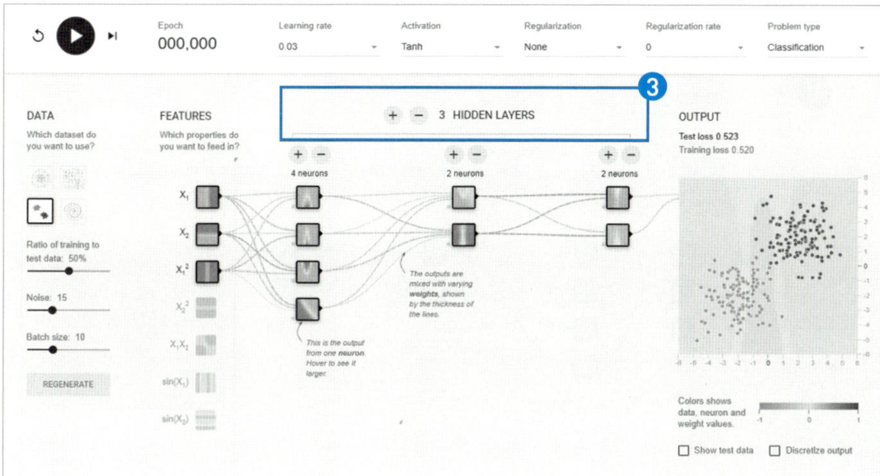

❹ [Play]를 누르면 인공신경망 알고리즘의 은닉층이 어떻게 유기적으로 움직이는지 알 수 있다.

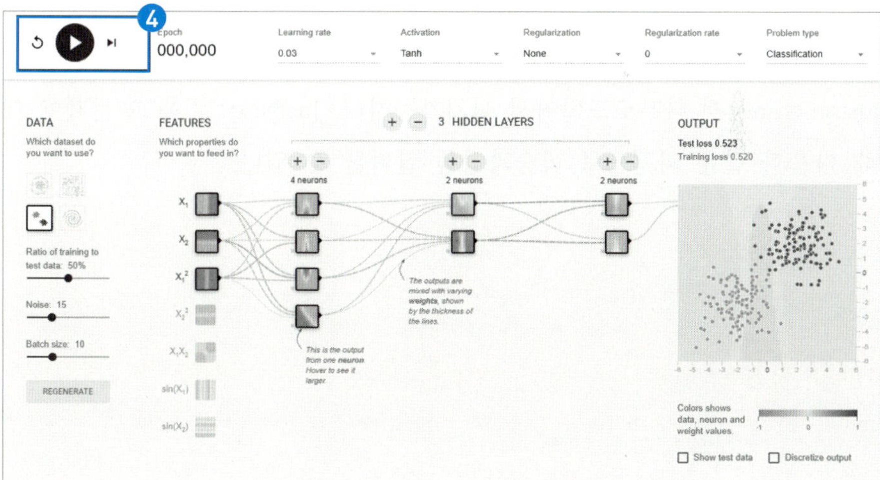

❺ [Output]에서 데이터의 분류 또는 예측에 대한 시각적 변화와 결과를 확인할 수 있다. 해당 과정을 지금까지 설명한 인공신경망의 원리와 분석 과정을 토대로 더 쉽게 이해할 수 있을 것이다.

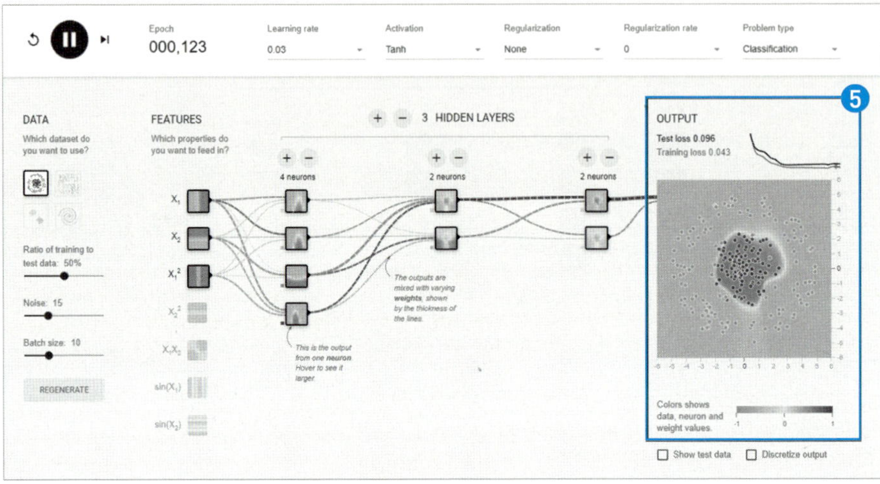

인공신경망을 적용하여 분석하는 방법으로는 다양한 프로그램이 있다. 많은 프로그램들 중에 간편하고 쉬운 'Just NN'으로 인공신경망을 실제로 체험해 볼 수 있다. 'Just NN'은 무료로 제공하는 소프트웨어로 http://www.justnn.com에서 다운로드받아서 설치가능하다. JustNN으로 XOR 문제에 대해 다음과 같은 과정으로 학습과정을 살펴볼 수 있다.

❶ 우선 [File] – [Open] – [Sample]에서 'xor.tvq' 파일을 열면 다음과 같은 데이터 시트를 볼 수 있다.

Row Column

Query	Input A	Input B	Output XOR
	false	false	false
T : 1	false	false	false
T : 1	false	true	true
T : 1	true	false	true
T : 1	true	true	false

Cell Value

❷ [Action] – [Start Learning]로 실행하면 다음과 같은 결과를 볼 수 있다. 해당 결과에서 알아보고자 하는 노드를 클릭하면 해당 노드에 대한 값을 확인할 수 있다.

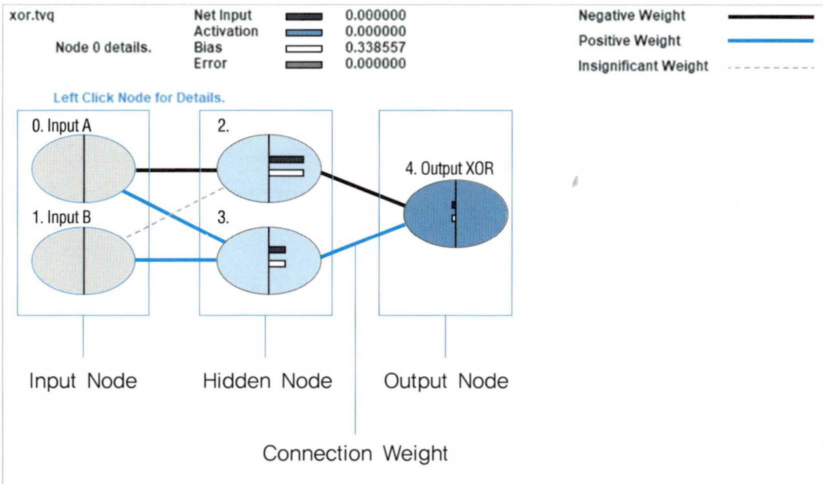

❸ 입력 중요도보기는 각 입력 열의 중요도와 상대적 중요도를 보여준다.

xor.tvq 0 cycles

The first 2 of 2 Inputs in descending order.

Column	Input Name	Importance	Relative Importance
0	Input A	0.5558	
1	Input B	0.2601	

❹ 학습 진행 상황은 다음과 같은 형태로 나오는데, 검정색 선은 학습과정에서 나오는 최대 오류이고, 파란색 선은 최소 오류이다. 회색 선은 평균 오류이다.

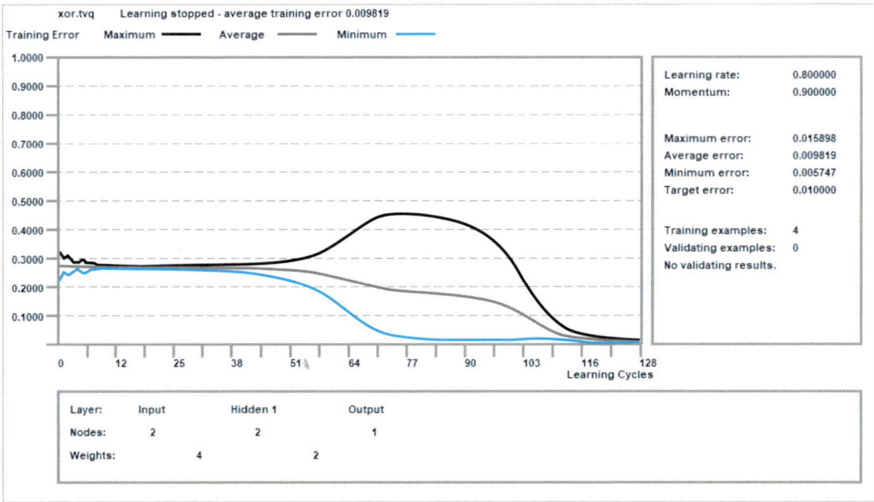

❺ [Action] – [New Network]를 통해 해당 인공신경망에 들어가는 Node를 재설정할 수 있고, 아울러 분석에 필요한 설정들을 변경할 수 있다.

AI와 경영정보

4장

인공지능시스템 구축을 위한 체계적 분석과 설계

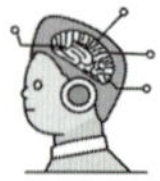

스마트폰 어플과 시스템 분석과 설계, 그리고 구현

하루에도 우리가 셀 수 없이 열어보고 확인하고 손가락으로 스크린을 올렸다 내렸다 하는 물건이 하나 있다. 스마트폰이다. 그리고 그 스마트폰은 이제 일상생활에서 사용하는 전자기기 정도가 아니라 우리 손에서 잠시도 떼어놓을 수 없는 소중한 존재가 되었다. 자기 얼굴보다 스마트폰 스크린을 더 많이 보고 살아가는 것이 우리들의 현실이다.

그렇다고 우리가 지금 겪고 있는 이같은 스마트폰 중독현상을 비관적으로만 볼려고 하는 것은 아니다. 우리로 하여금 스마트폰을 손에서 떼어놓지 못하게 만드는 것이 스마트폰에 있기 때문에 그것을 얘기하려고 한다. 앱이다. 앱이란 어플리케이션(Application)이라고 하는 영어를 의미한다. 이미 다 알고 있는 얘기다. 앱이란 말 대신 어플이라는 말로도 사용하기도 하는데 그것 역시 편한 대로 부르면 된다. 앱으로 부르거나, 어플로 부르거나 다 같은 시스템을 의미하기 때문이다. 앱 또는 어플이라는 시스템도 결국은 스마트폰이라고 하는 별도의 운영체제를 갖춘 손에 들고 다니는 모바일 컴퓨팅 디바이스상에서 구동되는 소프트웨어이다.

사실 스마트폰이 이 세상에 처음 등장하던 2000년대 초반만 하더라도 그때까지 사람들이 알고 있던 컴퓨터상에서 구동되는 각종 소프트웨어시스템은 일반 사람들이 선뜻 다가서기 부담되는 것들이 대부분이었다. 물론 게임 프로그램은 태생부터가 즐기기 위하여 개발된 소프트웨어이므로 예외에 속한다. 스마트폰이 등장하기 전 시대에서의 컴퓨터 하드웨어란 대형 메인 프레임, 중형 컴퓨터, 그리고 개인용 PC로 구분되었다. 그리고 각 컴퓨터 하드웨어에는 제조사가 개발하거나 채용한 각각의 운영체제가 존재하고 그 운영체제 위에서 기업별로 각자 응용시스템을 개발하여 기업 경쟁력 제고에 사용하는 것이 일반적인 트렌드였다. 개인용 컴퓨터인 PC의 경우 마이크로소프트사가 판매하는 도스 운영체제, 그 이후 윈도우즈 운영체제 위에서 돌아가는 수많은 종류의 응용 프로그램들이 있다.

그런데 이들 응용 프로그램은 지금의 앱 또는 어플과는 달리 관련 분야에 종사하는 사람들을 위한 전문적인 시스템들이 대부분이었다. 뚜렷한 사용 목적과 진지함을 갖춘 실무자, 학자, 학생 등 특정한 부류의 사람들이 그 효과성과 유용성을 즐길 수 있었다. 더욱이 이러한 기존 시스템을 사용하려면 해당 하드웨어 컴퓨터를 구동하고 그 작동법을 제대로 익혀야만 했다.

이렇게 일반 사용자들로부터 경원시 되었던 소프트웨어 응용 프로그램이 앱 또는 어플이라는 이름으로 스마트폰상에 장착이 되자, 이제는 소프트웨어 응용 프로그램에 대한 우리들의 인식이 완전히 달라졌다. 일반 사용자들은 앱이 어떻게 설계되고 구현되는지는 잘 모르지만 이를 어떡하든지 사용하고 실생활 곳곳에 효과적으로 사용하기 시작했다. 늘 손에 들고 다니는 스마트폰에 설치된 응용 프로그램이다 보니 더욱더 그 사용빈도와 사용충성도 또한 높다. 앱은 일반 사용자들에게 큰 환영을 받았고, 앱이 제공하는 손쉬운 사용자 인터페이스와 유용성은 사람들의 일상생활 깊이 자리 잡게 되었다.

컴퓨터상에서 돌아가는 모든 소프트웨어시스템은 개발 전에 철저한 분석과정과 설계과정을 거쳐 구현된다. 소프트웨어시스템 분석 및 설계, 그리고 구현과정은 명료하고 논리적인 프로세스로 정해져 있다. 이러한 과정을 다루는 학문분야가 소프트웨어 공학이다. 소프트웨어 공학은 시스템을 어떻게 분석하고 설계하고, 그리고 구현하는지를 다루는 학문분야이다. 그리고 시스템 분석 및 설계기법은 SADT라고 하는 약자로 불리웠다. System Analysis & Design Technique의 앞글자를 따서 부르는 말이다. 그런데 스마트폰상에서 돌아가는 수많은 앱(또는 어플)은 어떻게 분석하고 설계되고 그리고 구현될까? 비행기표를 예약할 때 사용하는 항공사 앱, 호텔을 예약할 때 사용하는 호텔 앱, 한국철도공사가 제작하여 배포한 코레일 앱 역시 우리가 KTX로 여행갈 때 사용하는 앱 중의 하나이다. 셀 수 없이 다양한 유형의 앱도 그 제작과정은 SADT로 설명이 가능하다. 앱도 소프트웨어시스템이기 때문이다.

2000년대 중반부터 인공지능 시대가 성큼 우리들 생활 속에 그 존재감을 드러내기 시작하였다. 그저 할리우드 영화나 아니면 첨단 빅테크 기업이 회사 홍보차원에서 만들어낸 공상과학 영화와 같이 그저 경이롭기만 한 인공지능의 첨단사례들이 하루가 멀다 하고 매스컴을 통하여 소개되고 있다. 인공지능으로 인하여 시장의 변화가 시작되고 인공지능이 가져다 줄 어마어마한 기회를 기업들이 인지하기 시작한 것이다. 인공지능이 가져다 주는 기회의 창을 재빨리 활짝 열어젖힌 회사는 전통적으로 IT 산업계의 거인으로 군림해온 IBM이었다. 2011년 2월 14일에서 16일까지 3일간 차가운 동장군이 한참 맹위를 떨치던 미국 뉴욕에서 IBM 왓슨 컴퓨터는 미국 최고의 인기 퀴즈 프로그램인 제퍼디의 전설적인 플레이어인 켄 제닝스, 그리고 브래드 러터와 세기의 대결을 벌였다.[1] 사회는 제퍼디의 유명 사회자인 알렉스 트레벡이 제퍼디의 오리지널 포맷대로 진행하였다. 장소만 IBM의 왓슨 컴

---

1) https://www.theguardian.com/technology/2011/feb/17/ibm-computer-watson-wins-jeopardy

퓨터 설비가 위치한 뉴욕일뿐 나머지 모든 포맷은 제퍼디 운영팀이 운영하던 형태 그대로였다. 제퍼디 스페셜 이벤트인 셈이다. 이날 왓슨 컴퓨터와 대결을 벌인 두 명의 제퍼디 경쟁자는 미국 내에서 꽤 유명한 사람들이다. 그중 한 명은 전무후무한 74연승을 기록한 켄 제닝스, 그리고 또 한 명은 제퍼디에서 가장 많은 상금인 330만 달러 우승상금을 획득한 브래드 러터였다. 결과는 왓슨의 완승이었다. 왓슨과 그날 참가한 두 명의 제퍼디 경쟁자가 받은 상금액수를 비교하면 당일 왓슨이 거둔 승리가 갖는 의미를 짐작할 수 있다. 켄 제닝스는 24,000달러, 브래드 러터는 21,400달러 그리고 왓슨은 77,147달러였다.[2] 왓슨이 다른 두 경쟁자를 3배 이상 앞선 결과이며 이는 일반적인 전문가의 예측을 완전히 뒤엎는 결과였다.[3]

그때까지만 하더라도 인공지능이라는 것은 일정한 규칙이 존재하는 게임 정도에서만 전문가를 능가하는 조금 똑똑한 정도의 시스템 정도로만 여겨졌다. 대표적으로 1997년도 IBM사의 인공지능 프로그램인 딥블루와 당시 세계 체스 챔피언이던 개리 카스파로프 간의 대결이 대표적인 사례였다. 당시 딥블루는 1초당 2억 개 정도의 체스 경우의 수를 연산할 수 있었는데, 1997년에 벌어진 개리 카스파로프와의 대결에서 첫 1차전은 지고, 2차전은 이기고, 이후 3, 4, 5차전은 무승부였으며, 마지막 6차전에서 승리를 거둠으로써 총전적 2승 3무 1패로 승리를 거두었다.[4] 결과를 승복할 수 없었던 자존심 강한 개리 카스파로프는 재대결을 요청하였으나 IBM은 이를 거절하고 딥블루를 해체하고 컴퓨터 박물관에 전시함으로써 딥블루를 역사적 상징으로 남도록 하였다.[5]

---

2) https://www.theguardian.com/technology/2011/feb/17/ibm-computer-watson-wins-jeopardy

3) https://spectrum.ieee.org/ibm-watson-jeopardy-computer-shuts-down-humans

4) https://spectrum.ieee.org/how-ibms-deep-blue-beat-world-champion-chess-player-garry-kasparov

5) https://en.wikipedia.org/wiki/Deep_Blue_(chess_computer)

이와 같이 1997년 벌어진 대결에서 당시 세계 체스 챔피언이던 개리 카스파로프는 딥블루에게 역전패를 당하였고 이때부터 인공지능이 게임 전문가를 능가할 수도 있는 프로그램으로 인식되기 시작하였다. 그러나 2011년도 벌어진 제퍼디 게임에서 왓슨이 두 명의 전설적인 제퍼디 우승자들에게서 거둔 승리는 그 의미가 사뭇 다르다. 딥블루 케이스만 하더라도 그것은 일정한 규칙과 경우의 수가 존재하는 체스라는 상당히 정형화되어 있는 게임이 그 대상이었다. 물론 체스 역시 경우의 수가 굉장히 많기는 하지만 그렇다고 해서 인공지능이 처리하기 불가능할 정도로 경우의 수가 많은 것은 아니다. 당시 딥블루의 하드웨어 용량, 계산속도로도 체스의 모든 경우의 수를 사전에 프로그래밍하여 체스판에서 상대방의 움직임을 능가할 수 있는 경우의 수를 얼마든지 찾아낼 수가 있었기 때문이다. 그러나 제퍼디라고 하는 게임은 그 유형과 진행방식이 체스와는 차원이 달랐다. 우선 제퍼디는 한정된 주제와 규칙이 존재하는 특정 영역에서의 지식을 요구하는 게임이 아니다. 그 분야와 종류가 헤아리기 어려울 정도로 다양하고 일반적인 분야의 폭넓은 지식을 꿰뚫고 있어야 했다.

제퍼디가 다루는 분야는 역사, 문화, 과학, 예술, 정치, 경제, 천체물리 등 다양한 분야를 망라하는 다양한 지식을 체계적으로 알고 있어야만 답을 할 수 있는 일반지식의 영역이다. 특정 분야 교과서 몇 권 읽는다고 해결될 지식이 아니다. 제퍼디가 인공지능이 범접하기 어려운 또 다른 점은, 사회자가 문제와 힌트를 말로 우선 알려주고, 그것을 알아듣고 이해한 뒤에, 답을 낼 수 있다고 판단하면 경쟁자보다 앞서서 부저를 눌러서 답을 말하겠다는 의사표시를 하고 사회자가 승인하면 그때 사람의 음성으로 답을 질문의 형태로 말해야 한다. 따라서 제퍼디를 준비하는 인공지능은 단순히 잡다한 일반 지식만을 쌓는다고 되는 것이 아니라 사람의 말을 알아듣고 이를 이해한 다음, 답을 알고 있다고 확신이 들면(즉, 답이 맞다고 확신할 수 있는 확률이 일정수준 이상일 경우임) 그때 부저를 눌러서 의사표시를 하고 사회자의 승인을 받은 후에, 비로소 사람의 음성으로 답을 정확하고 알아듣기 쉽도록 말로써 표현을 해야 한다.

제퍼디라는 TV 방송진행 프로세스는 쉽게 말하면 인간세상에서 사람들 간에 주거니 받거니 하는 대화의 틀에 기초한다. 사람들 간 대화를 나눌 때에는 대화 속에 들어가 있는 미묘한 뉘앙스와 맥락을 정확하게 파악을 해야만 대화가 물 흐르듯이 흘러간다. 그렇기 때문에 제퍼디라고 하는 게임 프로그램에 참여하는 왓슨은 기존 딥블루와는 다르게 인간세상의 돌아가는 맥락을 이해를 하고 있어야 한다. 만약 왓슨이 제퍼디에서 전설적인 두 명의 플레이어를 이긴다면 그것은 인공지능이 이제는 본격적으로 우리가 사는 실제 생활 속에 뿌리를 내리고 그 존재감을 드러낼 수 있는 준비가 되었다는 의미이다.

당시 왓슨과의 대결에 참여한 전설적인 제퍼디 우승자인 켄 제닝스는 한국과도 인연이 있는 인물이다. 주한미군을 아버지로 둔 관계로 서울 연희동 외국인 학교를 다니면서 한국에서 어린 시절을 보낸 인물이기 때문이다. 켄 제닝스는 왓슨의 승리가 확정되는 순간 자기 스크린에 또렷한 글씨로 인공지능의 시대가 도래하였음을 선언하였다. 여기 그가 당시 왓슨의 승리가 확정되는 순간 쓴 글을 소개한다.[6)]

I, for one, welcome our new computer overlords!

참고로 여기서 overlord라는 단어는 '지배자'라는 뜻을 갖는다.

6) https://www.youtube.com/watch?v=Skfw282fJak

SADT는 컴퓨터에서 가동되는 시스템, 즉 프로그램 또는 소프트웨어를 분석하고 설계하고 이를 구현하는 일련의 기법을 말한다. 그렇다면 우리는 다음과 같이 조금은 답하기 어려운 질문들에 대해서 그 대답이 무엇인지를 진지하게 생각해볼 필요가 있다.

- **첫째 질문** : 인공지능이 우리들 실생활에 깊이 파고드는 현 시점에서도 이 같은 전통적인 시스템 분석 및 설계기법은 유효한 것일까?
- **두 번째 질문** : 인공지능이 머신러닝, 즉 기계학습을 통하여 인간과 필적할 정도의 성과를 보여주는 시스템이라고 편하게 정의를 한다면 결국 소프트웨어 개발자를 대신하여 인공지능이 알아서 우리가 원하는 시스템을 자유자재로 분석하고 설계하고 구현까지 할 수 있지 않을까?
- **세 번째 질문** : 인공지능이 시간이 갈수록 머신러닝을 통하여 스스로 자가 학습을 하면서 인간의 통제를 벗어나 스스로의 성능을 지속적으로 확대 발전을 하게 되면 이는 곧 우리가 알고 있는 전통적인 시스템의 시대는 끝나고 새로운 기계의 시대, 즉 뉴머신 시대가 도래하는 것은 아닐까? 마치 켄 제닝스가 왓슨과의 대결에서 패배가 확정되는 순간 스크린에 크게 썼듯이 인공지능이라는 새로운 현대세계의 주인이 등장한 것은 아닐까?

이러한 질문에 답을 하려면 우선 전통적인 SADT가 어떻게 구성되어 있는지부터 면밀히 살펴볼 필요가 있다. 결론부터 얘기하면 머신러닝이 지배하는 인공지능 시대에서도 여전히 SADT는 시스템 분석 및 설계의 핵심 로직으로서의 의미를 잃지 않고 있다. 지금 현시대를 살고 있는 우리들에게 있어서 앱이라고 하는 스마트폰상의 수많은 프로그램[7]이 우리들 실제생활에

7) 여기에서 프로그램은 곧 소프트웨어이자, 아울러 시스템이라고 하는 말로도 사용된다. 따라서 여기에서는 프로그램이 곧 소프트웨어이고 시스템을 의미한다.

서 그 영향력을 크게 떨치고 있기 때문이다. 예를 들어, 여행을 떠날 때 비행기표 예약, 렌터카, 호텔 예약, 그리고 레스토랑 예약 등을 할 때 스마트폰상에서 앱을 사용하여 예약을 하는 것이 일상생활의 한 부분으로 자리를 잡았다. 따라서 SADT가 갖는 그 의미와 효용성은 전혀 달라지지 않았다. 지금부터 그 이유를 하나하나 알아보자. 이를 위하여 우선 SADT의 핵심 과정을 살펴본다.

구조적 SADT 방법

영어에서 구조적이란 Structured라는 말이다. SADT에서 구조적이라는 단어는 의미있게 사용된다. SADT 과정을 구조적으로 진행한다는 말은 곧 체계적인 순서와 절차를 따라서 SADT 과정을 진행한다는 말이다. 따라서 구조적 분석 및 설계기법은 다음과 같은 단계를 밟아서 구조적으로 SADT 과정을 수행하는 것을 말한다.

- **분석단계** : 대상이 되는 시스템에 대해서 분석을 하여서 어떠한 목적으로 설계가 되어야 하는지 사용자들은 누구이며 사용자들이 원하는 것이 무엇인지를 확인하는 과정이다.
- **설계단계** : 분석단계에서 확인된 사용자 요구사항과 반영하여야 할 주요 특성들을 망라한 뒤에 시스템의 로직흐름 등을 세부적으로 설계하는 단계이다. 분석단계가 부실하면 설계의 품질도 낮아질 수밖에 없고 이는 곧 나중에 유지보수 등으로 엄청난 비용을 초래하기 때문에 분석에 만전을 기할 필요가 있다. 따라서 설계는 분석이 철저하게 되었다는 전제하에서 진행을 하여야 한다. 설계가 분석을 앞서거나 심지어 분석의 주요 핵심 포인트를 무시하는 일들이 있어서는 안된다. 설계단계의 아웃풋은 설계자가 일일이 구두로 설명을 하지 않아도 개발자들이 거의 기계적으로 프로그래밍을 할 수 있을 정도로 세밀하게 기술되어야 한다. 타겟시스템을 실제 컴퓨터 프로그래밍 언어로 구현하는 사람들을 디벨로퍼(Developer), 또

는 코더(Coder), 즉 개발자라고 한다. 자바, C++, 그리고 요즘 인공지능의 대표 프로그래밍 언어로 각광받고 있는 파이썬 등의 컴퓨터 프로그래밍 언어로 해당 설계단계의 아웃풋을 그대로 따라가면서 프로그래밍, 즉 코딩이 가능해야 한다. 그 정도로 설계단계의 아웃풋은 상세 설계도처럼 섬세하게 나와야만 개발자들이 쉽게 이해할 수 있고 거의 기계적으로 설계단계에서 표기된 세부 로직의 흐름을 코딩할 수 있다.

- **구현단계** : 설계단계의 아웃풋은 개발자들에게 넘어가서 코딩의 기초가 된다. 그렇기 때문에 설계단계에서 타겟시스템을 구성하는 수많은 세부 모듈 프로그램 자체 구동 로직과 필요한 데이터, 그리고 이들 세부 모듈 프로그램 간 주고받는 입력-출력 등의 관계를 꼼꼼하게 설계하여야 한다. 시스템을 구성하는 세부 모듈 프로그램 간의 연결 로직, 필요한 데이터에 대한 설명은 나중에 목표시스템이 필요로 하는 데이터베이스를 설계하는 또 다른 기초자료가 된다. 그리고 그 데이터베이스야말로 인공지능의 핵심 성공요인인 머신러닝의 성패를 좌우하는 핵심이 된다. 이 정도 설명이 되면 이제 머릿속에 다음과 같은 큰 그림이 그려질 차례다. 즉 분석, 설계, 구현단계의 핵심 내용을 서로 연결하면 다음과 같은 선순환 사이클이 자연스럽게 그려진다.

- 분석이 잘되어야 설계의 품질이 좋아진다.
- 설계의 품질은 그 아웃풋이 얼마나 섬세하고 꼼꼼하게 되어 있느냐로 평가받는다.
- 해당 설계단계의 최종 아웃풋에는 타겟시스템을 이루는 수많은 세부 모듈 프로그램의 구동 로직, 모듈 프로그램 간 입력-출력의 복잡한 관계, 세부 모듈 프로그램이 필요로 하는 데이터에 대한 설명이 포함되어야 한다.
- 설계단계의 아웃풋이 개발자들에게 넘겨져서 구체적인 프로그래밍 언어로 구현된다.

- 설계단계의 아웃풋에 기재된 세부 모듈 프로그램이 필요로 하는 수많은 유형의 데이터에 대한 정의와 설명은 해당 타겟시스템이 필요로 하는 데이터베이스 설계의 기초가 된다.
- 그리고 데이터베이스는 향후 인공지능의 머신러닝이 필요로 하는 핵심 사항인 데이터의 품질과 특성을 좌우하는 성공요인이 된다.
- 머신러닝의 성공 여부는 곧 타겟시스템의 성공 여부를 결정짓는다.
- 타겟시스템의 성과가 어느 정도 유지되다가 시장에서 사용자들의 기호가 변하고 새로운 머신러닝 기법이 출현하면, 다시 분석단계로 돌아가서 이를 반영한다. 그리고 해당 분석결과를 다시 설계단계에 반영하여 수정 및 업데이트가 필요한 세부 모듈 프로그램을 대상으로 필요한 보완과 수정을 하여 최종 설계 아웃풋을 개발자들에게 넘겨서 기존 타겟시스템을 업그레이드한다. 업그레이드 결과를 테스트하여 버그가 없는지를 검토한 후에 이상이 없다고 판단될 경우 이를 플레이 스토어 등에 탑재하여 업그레이드된 버전을 소비자들에게 배포한다.

우리는 스마트폰에서 운영체제를 자동으로 업데이트하려고 하는데 하겠느냐라는 메시지를 받은 경험을 가지고 있다. 안드로이드 운영체제의 경우를 예를 들어보자. 안드로이드 운영체제의 유지보수, 그리고 업그레이드를 담당하는 회사는 구글이다. 전 세계 수억 명의 사용자들이 안드로이드 폰을 사용하면서 발생하는 수없는 버그와 개선사항 등을 빅데이터 형식으로 수집하고 모니터링하여 이를 분석한 후에 분석의 방향이 어느 정도 결정이 되면 분석단계의 결과물을 설계단계로 넘긴다. 분석단계의 결과물이 결국 향후 안드로이드 버전을 결정하기 때문에 분석단계가 안드로이드의 향후 버전을 결정하는 셈이다. 그러면 설계단계에서는 구글의 수많은 설계자들이 모여서 분석결과물을 성공적으로 반영할 수 있도록 기존 안드로이드 시스템을 구성하는 세부 모듈 프로그램 중 기존 구동 로직을 변경할 대상과 완전히 새롭게 추가로 개발하여야 할 대상을 고르고, 아울러 차제에 아예 삭제하여야 할 대상도 정한다. 그리고 그 결과를 설계 아웃풋에 면밀하게 반영하고 이를 기술하여 개발자들에게 넘긴다. 그러면 구글의 개발자들은 자기가 맡은 모듈 프로그램을 대상으로 정해진 프로그램 언어로 설계 아웃풋에 기재된 내용대로 코딩을 하고 이를 통합하면 하나의 업그레이드된 안드로이드 버전이 탄생한다.

구조적으로 SADT를 진행하는 과정을 요약하자면 "분석을 철저하게 하라"라는 한 문장으로 요약된다. 즉, 분석단계에서 사용자의 요구사항을 체계적이고 합리적으로 파악하여 철저한 분석단계를 거친 후에 그 분석의 결과물을 설계단계로 넘겨야 한다는 것이다. 이렇게 하면 설계가 분석에 기초하여 철저하게 진행될 수 있다. 분석단계에 철저함을 기한 까닭에 시스템이 업데이트되어 배포되었을 때에(또는 새롭게 신규 시스템을 시장에 출시하는 경우도 마찬가지) 예측하지 못한 오류를 분석단계에서부터 방지할 수 있다. 이같이 분석단계에서 철저하게 분석을 함으로써 불필요한 유지보수를 줄이고 최종 시스템에서 발생할 수 있는 예상치 못한 오류를 최소화함으로써 시스템 개발 및 유지보수 비용을 획기적으로 줄일 수 있다.

구조적으로 SADT를 수행할 때 유용한 기술적 도구들

구조적인 방법으로 SADT를 수행할 때에 필요한 기술적 도구에는 자료흐름도, 자료사전, 소단위명세서 등이 있다. 자료흐름도, 자료사전, 소단위명세서는 서로 연결되어 있기 때문에 상세하게 이해할 필요가 있다. 예를 들어, 만약 자료흐름도에 나타나 있는 내용이 자료사전에 빠져 있거나 자료사전에 없는 내용이 소단위명세서에 나타나 있다면 이는 잘못된 분석이라고 할 수 있다.

자료흐름도

자료흐름도(Data Flow Diagram : DFD)는 시스템 내의 각 프로세스들[8] 사이의 자료흐름을 도형으로 나타낸 모델링 분석도구로서 구조적 SADT를 위한 가장 기초적인 작업이라 할 수 있다. 이와 같은 자료흐름도의 특성 및 작성 이유를 정리하면 다음과 같다.

첫째, 시스템 처리 기능별로 연결된 모든 프로세스를 네트워크 형태로 표현한 것으로서 제어의 흐름은 배제하고 자료의 흐름만을 강조하여 모형으로 만든 것이다.
둘째, 업무흐름을 반영하는 자료의 흐름에 기초하여 정리한 모델링 도구이므로 시스템 전체의 업무흐름을 파악할 수 있다.
셋째, 시스템의 정보 가공체계를 이해할 수 있다.
넷째, 사용자들의 요구사항을 폭넓은 시각에서 바라볼 수 있다.
다섯째, 향후 본격적인 SADT 분석 및 설계단계의 기초자료가 된다.
여섯째, 타겟시스템의 전체적인 개요를 나타내는 배경도에서부터 시작하여 점차 세부적인 자료흐름도를 작성하는 것이 원칙이다.

자료흐름도의 구성요소

자료흐름도의 구성요소로는 자료흐름(Data Flow), 프로세스(Process), 자료저장소(Data Store), 단말자(Terminator) 등이 있다.

---

8) 즉, 앞부분에서 설명한 시스템을 구성하는 세부 모듈 프로그램을 말한다. 자료흐름도 안에서는 세부 모듈 프로그램을 프로세스라는 이름으로 명명한다.

요소명	기호	설명
자료흐름	자료이름 →	자료가 전달되는 과정 및 상태를 나타낸다.
프로세스	프로세스번호 프로세스이름	입력자료가 처리되는 과정을 나타낸다.
자료저장소	자료저장소이름	자료를 임시 또는 영구적으로 보관하는 장소를 나타낸다.
단말자	단말자이름	자료의 발생점 및 최종 도착지를 나타낸다.

그림 4-1 ▌자료흐름도 구성요소

이러한 구성요소 및 기호들을 정리하면 [그림 4-1]과 같다. 각각의 구성요소들에 대한 자세한 설명은 다음과 같다.

① 자료흐름

자료흐름이란 자료요소가 프로세스 간 전달되는 과정 및 상태를 나타내는 화살표로서, 일반적으로 프로세스와 프로세스 간의 자료흐름을 나타낸다. 그러나 프로세스와 자료저장소 간의 자료흐름을 나타내는 경우도 있다.

② 프로세스

프로세스는 원, 타원 그리고 사각형 등으로 표시하지만 일반적으로 원을 가장 많이 이용한다. 프로세스는 입력정보를 받아서 출력결과를 만들어주는 일련의 작업을 수행한다. 프로세스의 이름은 자료의 변환과정을 쉽게 이해할 수 있는 것으로 사용한다.

③ 자료저장소

시스템에서는 여러 개의 프로세스가 유기적으로 구동된다. 따라서 자료를 일시적 또는 영구적으로 보관할 수 있는 저장소가 필요하다. 이와 같은 자료의 보관장소를 자료저장소라고 한다. 이러한 자료저장소는 파일, 데이터베이스 테이블, 또는 질의(Query)의 형태로 표시한다. 자료흐름도상에서 자료저장소는 평행선으로 표기하며 평행선 사이의 공간에 파일이름 또는 데이터베이스의 관련 테이블이름을 기입한다. 자료저장소의 이름은 시스템의 사용자 및 운용자 그리고 개발자가 쉽게 그 의미를 이해하고 파악할 수 있도록 부여하는 것이 바람직하다.

④ 단말자

단말자란 시스템의 외부에 존재하는 개체(Entity)를 의미하는데, 자료흐름의 시작점 또는 종착점을 의미한다. 일반적으로 직사각형으로 나타내며 직사각형 안에 해당 단말자의 이름을 기입한다.

자료흐름도 작성법

자료흐름도를 작성하기 전에 가장 먼저 전체 시스템의 전반적인 환경과 목적에 부합되도록 배경도(Context Diagram)를 작성한다. 그 후에 배경도 안에 들어가는 하부시스템들에 대한 자료흐름도를 단계적으로 세분화하여 표현한다.

① 배경도

시스템의 최상위 프로세스를 도형화한 것을 배경도라 한다. 배경도는 시스템의 외부에서 바라본 시스템의 모습을 기술하며 시스템이 세부적으로 분할되기 이전의 프로세스를 중심으로 작성된다. 따라서 배경도에는 프로세스가 항상 한 개만 나타나는 것이 특징이며 해당 프로세스와 외부 개체와의 자료흐름을 보여준다. 이때의 외부개체는 단말자이다. [그림 4-2]는 유통회사의 배경도를 도시한 것이다. 이 그림을 살펴보면 소비자, 공급자, 경영자, 저장소의 네 개의 개체가 유통시스템이라는 전체 시스템과 연결되어 자료를 주고받고 있다. 이 그림을 통하여 유통시스템의 전체적인 자료의 흐름을 한눈에 파악할 수 있다.

배경도의 프로세스는 최상위 프로세스로서 하위 수준의 자료흐름도에서 분할되어 보다 상세한 자료흐름도로 표시된다. 따라서 배경도의 프로세스는 하위 수준의 자료흐름도의 프로세스를 하위 프로세스로 갖는 동시에 해당 하위 프로세스들의 상위 프로세스가 된다. 예를 들어, 유통시스템을 하위 수준으로 분류하면 [그림 4-3]과 같이 판매주문처리, 구매주문처리 및 저장, 원장기록 세 가지 하위 프로세스로 나누어지게 된다. 이미 언급한 바와 같이 배경도에서 특기할 만한 사항은 프로세스가 항상 1개만 있다는 사실이다. 또한 프로세스와 단말자 간의 자료흐름을 나타낸다. 이러한 배경도의 특징을 정리하면 다음과 같다.

첫째, 시스템 업무처리 영역을 기술한다.
둘째, 시스템과 외부환경과의 경계를 결정한다.
셋째, 시스템 인터페이스를 정의한다.
넷째, 시스템의 입출력자료를 정의한다.

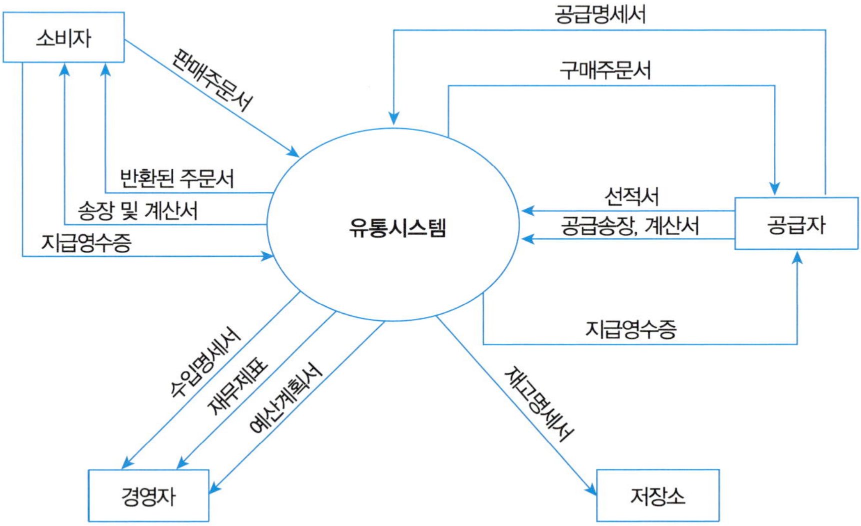

그림 4-2 ▌배경도

② 레벨 0 자료흐름도

배경도가 작성된 후에는 시스템 내부의 자료흐름에 관련된 최상위 수준의 [그림 4-3]과 같이 레벨 0 자료흐름도(Top-level DFD, Level 0)를 작성한다. 이때 레벨 0 자료흐름도에서 특기할 만한 사항은 다음과 같다.

첫째, 배경도의 프로세스가 서로 연결되는 몇 개의 하위 프로세스로 분할된다. [그림 4-3]을 보면 배경도의 프로세스인 유통시스템이 3개의 하위 프로세스로 분할되어 있고, 배경도에서는 나타나지 않았던 자료흐름이 표시된다. 예를 들어, '판매주문서처리' 프로세스와 '구매주문서 처리 및 저장' 프로세스 사이에 '판매자료,' '구매자료'의 자료흐름이 교환되고 있다.

둘째, 분할된 이후에도 배경도의 프로세스와 단말자 간의 자료흐름이 그대로 유지되고 있다. 이를 자료흐름의 일관성(Consistency)이라고 하며 본장 후반에 상세한 설명이 되어 있다.

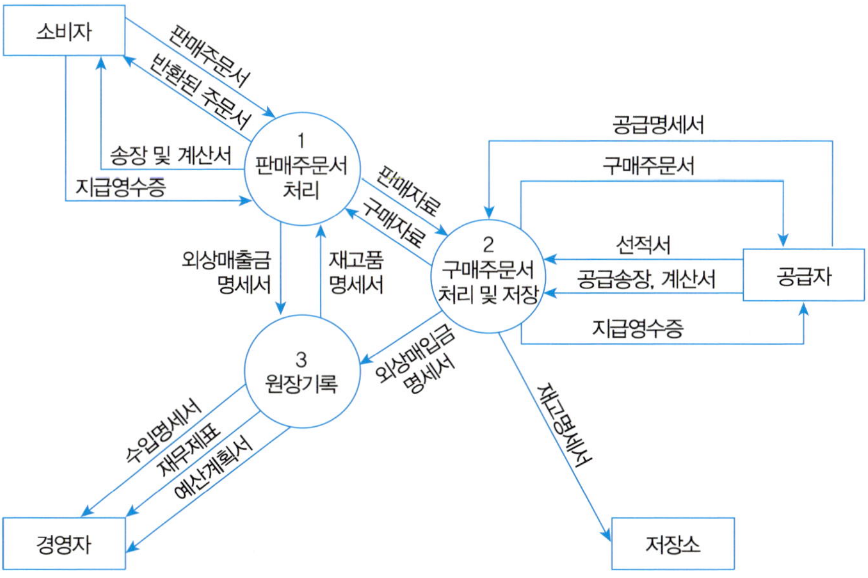

그림 4-3 ▌최상위 수준 레벨 0 자료흐름도

③ 하위 수준 자료흐름도

[그림 4-3]에서 작성된 레벨 0 자료흐름도 중에서 판매주문서처리 프로세스는 [그림 4-4]와 같이 다시 세분화될 수 있다. 이같이 자료흐름도는 그 특성상 하나의 상위 프로세스가 여러 개의 하위 프로세스로 분할될 수 있다. 예를 들어, [그림 4-3]은 [그림 4-2]를 보다 상세하게 설명하는 하위 프로세스이다. 이같은 방법으로 자료흐름도는 하위 수준으로 내려가면서 상위 프로세스를 보다 구체적이고 상세하게 설명하는데, 이를 '수준화'(Leveling) 또는 '분할'(Decomposition)이라고 한다. 그리고 [그림 4-4]에서는 [그림 4-2]와 [그림 4-3]에서는 나타나지 않았던 자료저장소인 '외상매출금 DB,' '판매주문 DB,' '재고수량 DB'가 제시되어 있다. 이처럼 마지막 자료흐름도에는 데이터베이스(DB)가 표시될 필요가 있다. 결국 앱과 같은 스마트폰상의 시스템도 어딘가에 데이터가 저장되어 있어야만 해당 데이터를 끌고와서 사용자가 원하는 작업을 처리할 수 있어야 하기 때문이다.

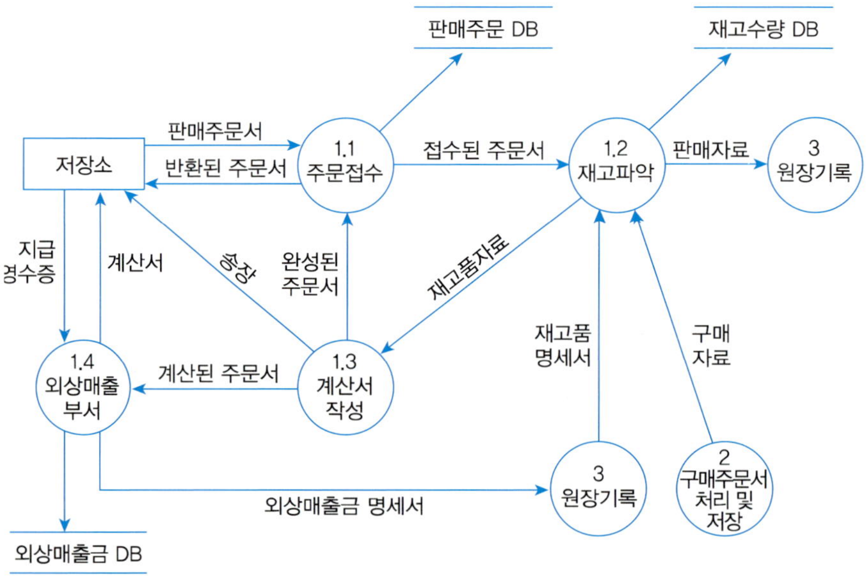

그림 4-4 ▌판매주문서처리 프로세스에 관한 하위 상세 프로세스

이상에서 설명한 바를 요약하면 다음과 같다. 즉, 자료흐름도는 배경도와 레벨 0 자료흐름도, 그리고 하위 수준 자료흐름도로 구성된다. 이때 하위 수준의 자료흐름도의 명칭은 레벨 1, 레벨 2, …, 레벨 n 등으로 표시한다. 그러나 좋은 자료흐름도를 작성하기 위해서는 다음과 같은 세 가지 사항에 유의하는 것이 좋다.

- **프로그램 설계시 사용하는 순서도(Flowchart)와 구별하여 작성하라**

일반적으로 시스템 개발 업무에는 순서도를 많이 사용한다. 그러나 순서도는 자료흐름도와 비교할 때 차이점이 있으므로 순서도와는 구별하여 자료흐름도를 작성해야 한다. [그림 4-5]에 그 차이를 정리하였다.

	순서도	자료흐름도
구조	연산, 판단 반복의 제어구조를 한다.	• 반복 및 제어구조가 없다. • 자료흐름도의 분기 또는 교차선이 없다.
프로세스	각 프로세스마다 자신이 처리할 내용을 기술하고 있다.	• 프로세스를 실행시키는 신호입력이 없다. • 프로세스에는 번호와 이름만 기입한다.

그림 4-5 ▌프로그램 작성용 순서도와 자료흐름도 간의 차이

- **자료의 입출력흐름을 명확히 작성하라**

자료저장소에서 참조되는 자료는 미리 저장되어 있어야 한다. 왜냐하면 저장되지 않은 자료를 참조할 수 없기 때문이다. 이같은 사항을 지키지 않으면 자료흐름도상에서 자료의 흐름에 모순이 발생할 수 있다.

- **자료 및 프로세스에 대한 이름을 작성할 때 쉽게 이해할 수 있는 이름을 사용하라**

자료흐름도 사용자들이 자료흐름과 자료저장소, 그리고 프로세스를 쉽게 이해할 수 있도록 명확하고 이해하기 쉬운 이름을 사용해야 한다. 일반적으로 프로세스에 대해서는 동사구를 사용하고 자료흐름에 대해서는 명사를 사용하는 것이 좋다. 이러한 사항들을 정리하면 [그림 4-6]과 같다.

구분	세부내용
프로세스이름	• 해당 프로세스가 수행하는 구체적인 작업을 '목적어+동사'의 형태로 표현한다. 예 '통장말소거래 승인' '주간급여 계산' '주문할인가 계산'
자료흐름이름	• 가능하면 '송장', '수표' 등과 같이 하나의 단어 사용 • 혼동의 여지가 없도록 분명하고 구체적인 단어 사용 • 자료저장소로 나오는 자료흐름의 경우 해당 자료저장소의 전체 또는 일부 자료임을 명시
자료저장소이름	• 일반적인 명칭을 피하고 구체적인 명칭을 사용 예 고객주문파일, 전년도 수령금액파일, 생산일정파일

그림 4-6 ▎프로세스, 자료흐름, 자료저장소이름 명명할 때 주의사항

자료사전

자료사전(Data Dictionary : DD)은 자료흐름도에서 나타난 모든 자료의 자세한 명세를 나타내는 자료흐름도의 보조명세서이다. 이같은 자료사전은 자료흐름도상에 나타나는 자료항목들을 자세히 정의해 놓은 것이기 때문에 반드시 자료흐름도의 내용과 일치해야 한다. 따라서 자료사전을 작성할 때에는 자료흐름도를 면밀히 검토하여 누락되는 정보가 없도록 주의해야 한다. 이러한 자료사전의 특성 및 기능을 정리하면 다음과 같다.

첫째, 자료흐름도상에 나타난 모든 자료에 대한 명세서 기능을 한다.
둘째, 자료사전을 작성하게 되면 자료흐름도상의 자료의 의미가 더욱 명확해진다.
셋째, 자료의 중복성이 줄어들며 데이터베이스나 파일설계의 기초자료가 된다.
넷째, 입출력 양식이나 화면설계의 기초자료가 된다.

[그림 4-7]의 구매사이클 프로세스 예를 들어보자. 구매사이클 프로세스에는 구매처정보, 견적서의 자료흐름이 입력되고 자재주문서, 구매계획서, 구

매처정보내역서의 자료흐름이 프로세스 밖으로 흘러나간다. 이들 구매사이클 프로세스 관련 자료흐름에 대한 자료사전을 기술하면 [그림 4-8]과 같다. 여기에서 재료번호는 구매사이클의 자료에는 표기가 안되어 있지만 자재주문서의 상세자료명에 표기가 되어 있다.

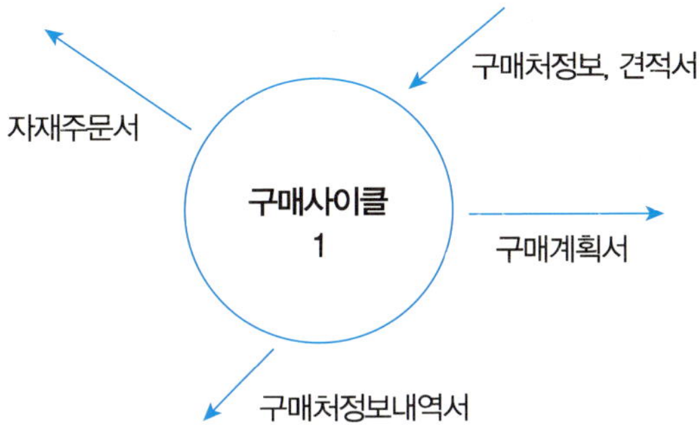

그림 4-7 ▌구매사이클 프로세스 자료흐름도

자재주문서 = {주문번호 + 주문일자 + 구매업체 + 구매대금지급방법 + 만기 + 할인기간 + 현금할인율 + {재료번호} + 발주금액 합계}

재료번호 = {재료코드 + 재료명 + 재료소요량 + 재료단가 + 재료금액}

구매처정보 = {구매처번호 + 구매처명 + 구매처주소 + 구매처잔액}

견적서 = {공급업체번호 + 공급업체명 + {재료번호} + 총공급금액}

구매계획서 ={차기구매계획일자 + 구매계획번호 + 제품코드 + 계획등록제품코드 + 제품명 + {재료번호} + 재료금액합계}

구매처정보내역서 = {구매처번호 + 구매처명 + 구매처주소 + 구매처잔액}

그림 4-8 ▌구매사이클 프로세스 자료흐름에 관한 자료사전

이러한 자료사전의 정의에 사용되는 기호의 형태 및 그 의미는 [그림 4-9]와 같다.

기호	의미	기호	의미
=	정의	( )	생략가능
+	구성	★ ★	주석
{ }	반복	; 또는 ㅣ 또는 /	대체사항의 나열
[ ]	선택		

그림 4-9 ▌ 자료사전의 정의에 사용되는 기호의 형태 및 그 의미

자료사전에서 자료의 반복횟수는 [그림 4-10]과 같은 방법을 이용하여 표시한다.

반복횟수의 표현방법	반복횟수
파일 = {레코드}	≥ 0
보고서 = 제목 + 1{세부사항}	≥ 1
연총액 = 1{월별금액}12	1에서 12번까지

그림 4-10 ▌ 자료사전에서 표기되는 반복횟수

자료사전에서 여러 개의 자료가 있을 때 각각의 자료를 구분할 수 있는 키(Key)값은 다음 예에서 보듯이 밑줄로 표기하여 나타낸다. 아래의 예에서는 학생의 경우 학번, 학과명, 인적사항… 입금사항의 여러 가지 변수 중에서 학번의 자료항목의 경우 학생마다 상이하므로 학생을 분류할 수 있도록 키(Key)값을 부여하였다.

예 학생 = {학번 + 학과명 + [인적사항] + {예탁금} + 입금사항}

그리고 자료사전을 정의하다 보면 하나의 자료항목에 대해서 둘 이상의 명칭을 부여할 필요가 있다. 이러한 경우에는 동의어를 사용하는데 이는 사용자들 사이의 개별적인 용어사용에 대한 차이를 해소하기 위해서 주로 사용한다. 다음 예에서 이러한 동의어의 사용을 볼 수 있다.

예 방문객 신상사항=★동의어 : 방문자 신상★

=주민등록 ID+성명+전화번호

방문자 신상=★동의어 : 방문객 신상사항★

한편, 자료사전에서 '★' 기호는 자료에 대한 주석문을 의미하고 이는 부연 설명이 필요할 때 주로 사용한다.

소단위명세서

소단위명세서는 자료흐름도의 가장 하위 프로세스를 대상으로 그 처리과정을 설명하는 부속명세서이다. 따라서 소단위명세서 역시 자료사전과 마찬가지로 자료흐름도와 관련된 부속명세서이다. 소단위명세서는 영어로 Mini Specification이라 하고 약자로 Mini Spec., 즉 미니스펙이라고 표시한다. 이는 '수준화된 자료흐름도에서 가장 하위 프로세스에 대한 처리과정을 미리 정의된 예약어로 기술한 것'을 의미한다. 여기서 주목하여야 할 사항은 '가장 하위 프로세스'와 '미리 정의된 예약어'이다. 가장 하위 프로세스는 자료흐름도가 수준화가 충분히 되었을 때 더 이상 수준화가 될 수가 없는 가장 하위 수준의 프로세스를 의미한다. 이 경우 이 프로세스가 처리하는 업무내용을 과거에는 서술형 문장으로 명세서 형태로 표현하였으나 서술형 문장 중심의 명세서는 용어나 프로세스에 대한 일관성이 결여되어 있을 뿐만 아니라, 작성자에 따라서 그 문체와 표현양식이 통일되어 있지 않아 해석하기가 매우 불편하였다. 더욱이 명세서의 양이 지나치게 많아서 명료성이 결여되어 있으며 프로세스의 상황을 충분히 기술할 수 없다는 단점이 있었다.

이러한 관점에서 볼 때, 미리 정의된 예약어를 사용하는 소단위명세서는 보다 간결(Concise)하고, 명료(Clear)하며, 완전성(Complete)을 가지고 모호함이 없다는(Unambiguous) 특징을 갖는다. 소단위명세서는 수준화된 자료흐름도에서 더 이상 수준화가 될 수 없는 최소단위의 프로세스별로 하나씩 작성해야 한다. 즉, 최소단위 프로세스의 개수는 소단위명세서의 개수와 일치한다. 각각의 소단위명세서에서는 해당 최소단위 프로세스에서 이루어지는 입력자료흐름과 함께 입력자료로부터 출력자료를 산출하기까지 이루어지는 처리 또는 변환규칙을 기술한다. 이때 자료흐름도나 자료사전에서 기술된 내용들은 배제하고 처리과정에 관하여 사용자가 이해하기 쉽게 그리고 상세하게 작성해야 한다.

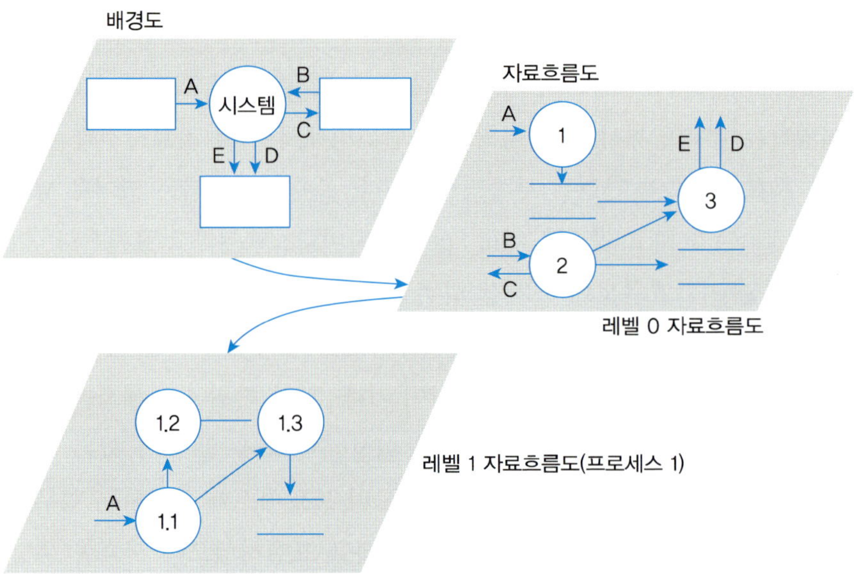

그림 4-11 ▌수준화된 자료흐름도에서 소단위명세서를 작성하는 대상 프로세스

[그림 4-11]은 수준화된 자료흐름도에서 소단위명세서를 작성하는 프로세스를 나타내고 있다. 이 그림에서 소단위명세서를 작성해야 하는 최소단위 프로세스는 1.1, 1.2, 1.3, 2, 3의 모두 다섯 개 프로세스이다. 이러한 소단위명세서는 주로 구조적 영어(Structured English)를 이용하여 작성된다. 구조적 영어는 제한된 구문(Syntax)과 제한된 어휘를 사용하는 소단위명세서 작성용 언어를 의미하는 것으로 구문과 어휘에 대한 사용기준은 다음과 같다.

- 구문 : 평서문, 조건문, 반복문
- 어휘 : 명령형 동사, 자료사전에 정의된 자료명, 예약어, 기타

그림 4-12 ▌ 소단위명세서에서 사용하는 구조적 영어

소단위명세서를 구조적 영어로 작성할 때는 다음과 같은 규칙들이 적용된다.

첫째, 예약어 중심의 문장을 사용한다.
둘째, 가능한 한 사용자가 이해하기 쉬운 간단한 문법 및 구문을 사용한다.
셋째, 대수적 표현을 허용한다. (예 A+B·X+Y/2)
넷째, 프로그램의 가독성, 다시 말해서 실행문 전체의 실행과정 및 구조를 쉽게 알아볼 수 있도록 문장을 기술할 때 적절한 들여쓰기와 내어쓰기를 한다.

구조적 영어의 자세한 사용방법은 다음과 같다.

① 평서문

[그림 4-13]은 구조적 영어의 평서문에 해당하는 문장의 예이다. 첫 문장의 경우 '요금률'(billing-rate)을 '어린이 요금률'(child-rate)로 하라는 뜻이고, 두 번째 문장은 '고객이름'(customer-name)을 '회계부서'(Accounting)에 표시하라는 뜻이며, 세 번째 문장은 '총가격'(total-price)을 '가격'(price)에 '요금률'을 곱해서 구하라는 뜻이다.

```
SET billing-rate TO child-rate
DISPLAY customer-name TO Accounting
COMPUTE total-price = price x billing-rate
```

그림 4-13 ▌ 소단위명세서 평서문의 예

② 조건문

- IF문 : IF문을 기술하는 형식은 [그림 4-14]와 같다. 여기에서 의미하는 바는 '조건-1'이 맞으면 '실행문-1'을 실행하고, 반대로 '조건-1'이 틀리면 '실행문-2'를 실행하라는 것이다.

```
IF 조건-1
    실행문-1
ELSE
    실행문-2
ENDIF
```

그림 4-14 ▌ 소단위명세서 IF 조건문의 형태

여기에서 조금 더 발전된 형태로서 IF문 내에서 또 다른 IF문을 기술하는 경우가 있다. 이러한 경우에는 [그림 4-15] 내용과 같은 형태로 IF문을 기술한다. 해당 내용을 하나씩 살펴보자.

```
IF 조건-1
    실행문-1
    IF 조건-2
        실행문-2
        실행문-3
    ELSE
        실행문-4
        실행문-5
    ENDIF
        실행문-6
ELSE
    실행문-7
ENDIF
```

그림 4-15 ▌ 소단위명세서 IF-ELSE-ENDIF 조건문의 형태

첫째, '조건-1'이 틀리면 '실행문-7'을 수행한다. 이같이 첫 번째 IF문과 연결된 ELSE문은 첫 번째 IF문과 같은 열(Colum)에 위치하도록 하여(이 경우 '실행문-7'과 연결된 ELSE문), 쉽게 파악하도록 하는데 이를 들여쓰기 또는 내어쓰기라고 한다.
둘째, '조건-1'이 맞으면 '실행문-1'을 수행한다. '조건-1'이 맞고 '조건-2'가 맞으면 '실행문-2,' '실행문-3'을 수행하고 해당 IF문을 빠져 나오면서 '실행문-6'을 수행한다.
셋째, '조건-1'이 맞고 '조건-2'가 틀리면 '실행문-1,' '실행문-4,' '실행문-5'를 수행하고 역시 IF문을 빠져 나오면서 '실행문-6'을 수행한다.

중첩된 IF문 내에서는 평서문, IF문, CASE문, WHILE문, 기타 모든 실행문이 사용가능하다.

- **CASE문** : CASE문은 IF조건문의 확장형태로 여러 가지 경우에 따라서 각각의 대안, 즉 실행문 또는 프로시저를 선택할 수 있도록 해준다. 구문 형태는 [그림 4-16]과 같다.

```
DO CASE
CASE 변수 = 값-1
    실행문-1
      ⋮
CASE 변수 = 값-n
    실행문-n
OTHERWISE
    실행문-n+1
END CASE
```

그림 4-16 ▌소단위명세서 CASE 조건문의 형태

CASE문에는 OTHERWISE라는 실행문이 있는데 이 실행문은 CASE문 내에서 구분가능한 모든 경우를 제외한 나머지 경우에 대해서 사용하는 구문이다. 이러한 이유로 인해서 OTHERWISE가 때로는 에러를 처리하기 위한 루틴으로 사용하기도 한다. CASE문 내에서 OTHERWISE라는 실행문이 없는 경우에는 시스템이 종종 예측하지 못한 루틴을 수행할 수도 있으므로 OTHERWISE 구문을 사용하는 것이 좋다.

③ 반복문

- **DO-WHILE문** : DO-WHILE문은 반복문의 한 형태이다. 사용하는 기본형식은 [그림 4-17]과 같다.

```
DO WHILE 조건-1
    실행문-1
ENDDO
```

그림 4-17 ▌ 소단위명세서 DO-WHILE 반복문 형태

DO-WHILE문에서는 실행문을 실행하기 전에 먼저 조건이 참인지를 비교한다. 그리고 조건비교 결과가 참이면 다음 실행문을 실행하고, 조건비교 결과가 거짓이면 ENDDO 이후의 실행문을 실행한다. 즉, 조건을 체크해서 조건을 만족할 때까지 계속해서 실행문을 반복 수행한다.

- **REPEAT-UNTIL문** : REPEAT-UNTIL문은 반복문의 한 형태로서 앞에서 설명한 DO-WHILE문과 다른 점은 조건문이 실행문의 맨 끝에 위치한다는 것이다. 사용하는 기본형식은 [그림 4-18]과 같다.

```
REPEAT
    실행문-1
UNTIL 조건-1
```

그림 4-18 ▌ 소단위명세서 REPEAT-UNTIL 반복문의 형태

REPEAT-UNTIL문에서는 DO-WHILE문과는 달리 일단 반복문 내의 실행문이 실행된 후에 조건을 비교한다. 이와 같이 조건문이 실행문 다음에 있기 때문에 실행문이 최소한 한 번은 실행된다. 조건비교 결과가 거짓이면 계속해서 반복문의 실행이 이루어지고 참이면 반복문의 실행이 종료된다.

SADT 사례

사례를 통하여 구조적 SADT 과정을 전체적으로 살펴보자.

문제소개

'아름다운 도시'에서는 이번에 세계규모의 체전을 유치하게 되었다. 일주일 동안 열리는 이번 체전을 위하여 아름다운 도시측에서는 선수촌을 짓고 이 선수촌을 총괄하는 전산시스템을 구축하기로 하였다. 전산시스템의 이름은 ABCS라고 하였다. ABCS가 갖추어야 할 기능을 요약하면 다음과 같다.

- 기능 1 : 선수촌에 입촌하는 모든 선수들의 명단은 물론, 관련 선수단(즉, 감독, 코치, 팀닥터 등)의 명단 등을 관리하여 선수촌에 출입하는 모든 선수들의 동태를 파악한다.
- 기능 2 : 게임이 일찍 끝나서 퇴촌하는 선수들과 자국의 사정으로 말미암아 늦게 입촌하는 선수들의 모든 입퇴촌관리가 되어야 한다.
- 기능 3 : 종목별로 식단구성이 다르므로 선수들이 요구하는 식단구성이 가능하여야 한다. 이렇게 작성된 식단은 자동적으로 영양사가 관리하는 식당관리시스템에 반영되어 식단이 구성된다. (예 역도선수는 기름기 있는 식사, 체조선수는 단백질이 높으나 칼로리는 낮은 식사 등등)
- 기능 4 : 체전관계자들이 해당 선수들의 게임결과를 신속히 입력할 수 있도록 하여야 하며, 그 결과를 언론사 기자들이 쉽고 신속하게 조회를 할

수 있어야 한다.

- 기능 5 : 각 시합 일정이 일목요연하게 나타나야 하며 일정변경 등도 자유롭게 되어야 한다.
- 기능 6 : 각 선수단별로 교통편이 시합일정과 연결되어 어디에서 몇시 몇분에 출발하는지를 쉽게 조회가 되어야 한다.

배경도 및 자료흐름도 작성

배경도

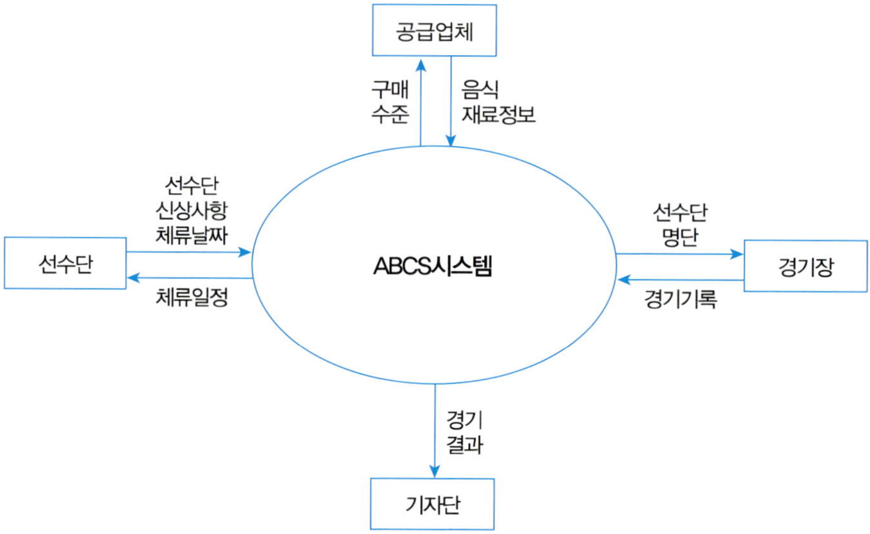

그림 4-19 ▌ABCS시스템 사례 배경도

시스템을 구축하기 위한 첫 번째 작업은 자료흐름을 정의하는 것이다. 이러한 작업을 위하여 자료흐름도의 작성은 필수적이다. [그림 4-19]는 아름다운 도시 선수촌의 배경도이다. 아름다운 도시 선수촌의 외부개체는 선수단, 공급업체, 경기단, 기자단으로 구성되어 있으며 ABCS시스템과 다양한 정보를 주고받을 수 있다.

레벨 0의 자료흐름도

아름다운 도시 선수촌의 자료흐름도는 선수단관리, 식단관리, 기록관리, 행사관리의 총 4개의 프로세스로 이루어져 있다. 각 프로세스는 각기 주어진 업무를 수행하며 다른 프로세스와 관련 정보를 주고받는다. [그림 4-20]은 ABCS시스템에 관한 레벨 0의 자료흐름도이다.

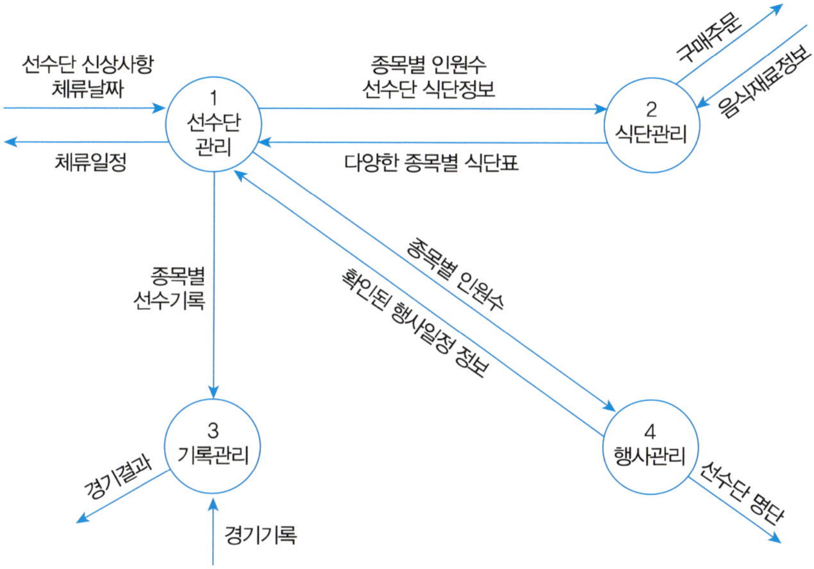

그림 4-20 ▌ ABCS시스템에 관한 레벨 0 자료흐름도

이 그림에서 '선수단관리' 프로세스의 역할은 각국 선수들의 신상사항을 접수하여 체류날짜, 종목별 분류, 식단정보, 기록정보를 확인한다. '식단관리' 프로세스에서는 '선수단관리' 프로세스로부터 받은 선수단의 식단정보를 기초로 하여 외부의 공급업체로부터 음식재료를 주문한다. 기록관리에서는 선수단관리에서 받은 선수단의 종목별 기록을 입력하며 당일의 기록을 관리한다. 행사관리에서는 선수단관리에서 받은 종목별 인원수를 토대로 하여 경기일정 및 경기장을 결정한다. 결정된 경기일정은 경기장으로 보낸다.

레벨 1의 자료흐름도

각각의 프로세스는 다시 세부적인 내용으로 수준화(Leveling)된다.

① 선수단관리 프로세스

'선수단관리' 프로세스를 다시 수준화하면 6개의 프로세스로 세분화된다. '선수단정보접수' 프로세스에서는 각국의 선수단정보를 접수한다. 접수된 선수단정보는 '선수단의 입 · 퇴촌날짜 확인' 프로세스에서 선수단의 입 · 퇴촌날짜를 확인하고 '체류기관 DB'에 입력한다. 그리고 확인된 신상자료를 가지고 선수단의 국적을 분류한다. '선수단을 종목별로 분류'하는 프로세스

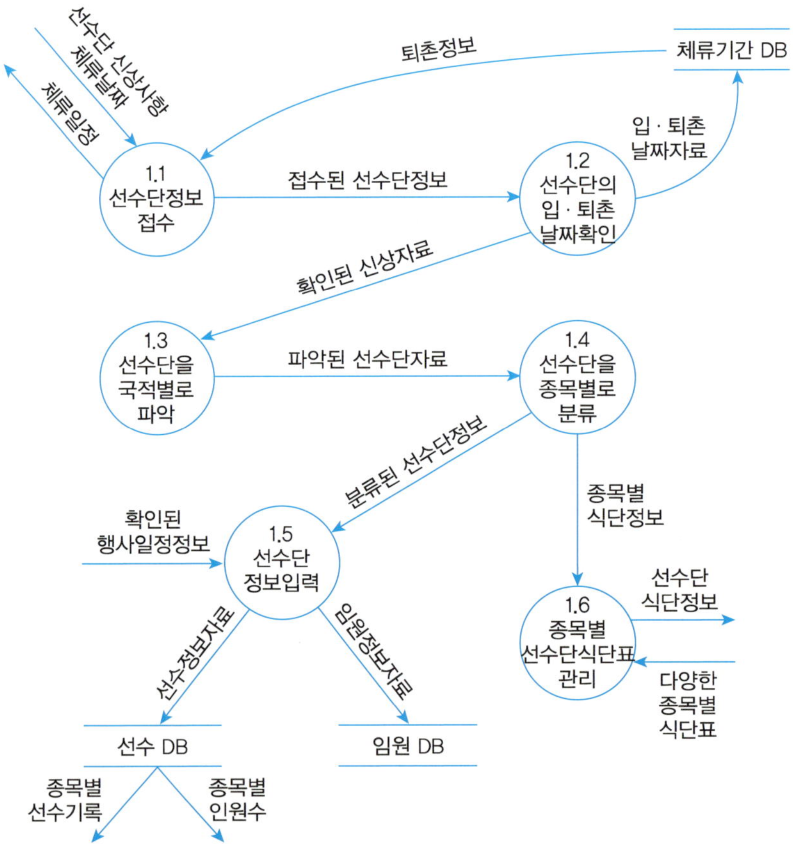

그림 4-21 ▌ABCS시스템 선수단관리 프로세스에 관한 상세 레벨 1 자료흐름도

에서 파악된 선수단자료는 종목별로 선수단을 분류한다. 이때 분류된 선수단정보는 '선수단 정보입력' 프로세스로 가고 종목별 식단정보는 '종목별 식단표관리' 프로세스로 가게 된다. '선수단정보입력' 프로세스에서는 선수정보 자료를 '선수 DB'에 입력하고 임원정보자료를 '임원 DB'에 입력한다.

② 식단관리 프로세스

[그림 4-22]에서와 같이 식단관리 프로세스는 다시 5개의 하위 프로세스로 수준화된다. '종목별 영양소결정' 프로세스에서는 선수단 식단관리정보를 받아서 종목별로 필요한 영양소를 결정한다. 결정된 영양소자료는 '종목별 식단구성' 프로세스에 입력되어 영양소에 맞는 식단이 결정된다. 이렇게 구성된 식단정보는 '종목별 식단자료입력' 프로세스에서 '식단 DB'에 입력된다. '파악된 음식재료 주문' 프로세스에서는 '식단 DB'에 입력되어 있는 식단자료정보를 가지고 필요한 음식재료를 결정하고 외부의 공급업체로 구매

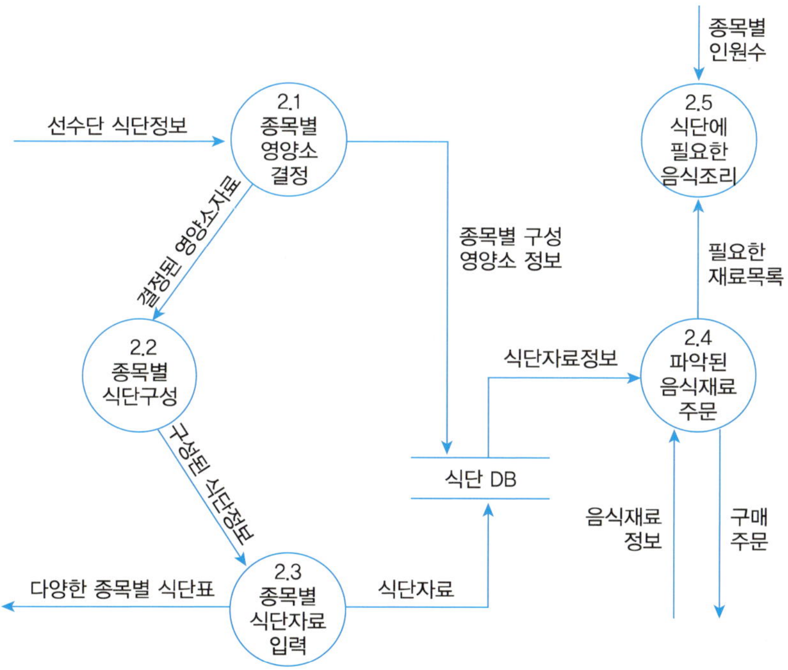

그림 4-22 ▎ABCS시스템 식단관리 프로세스에 관한 상세 레벨 1 자료흐름도

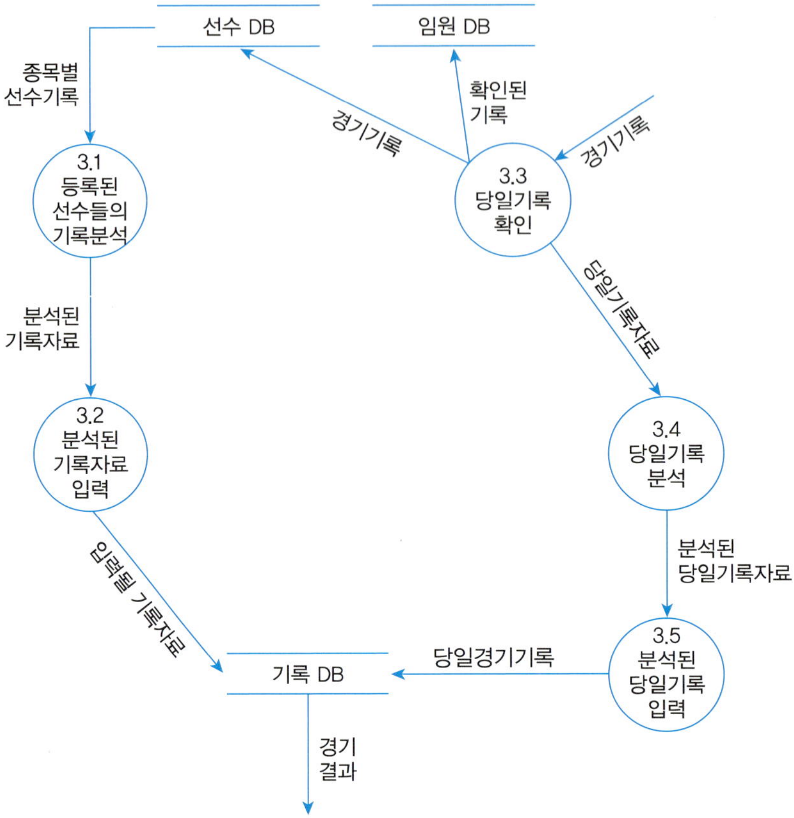

그림 4-23 ▌ABCS시스템 기록관리 프로세스에 관한 상세 레벨 1 자료흐름도

주문서를 보낸다. '식단에 필요한 음식조리' 프로세스에서는 종목별 선수단 인원수에 관한 정보를 가지고 필요한 양만큼 음식을 조리한다.

③ 기록관리 프로세스

'기록관리 프로세스'는 [그림 4-23]과 같이 다시 5개의 하위 프로세스로 수준화된다. 먼저 '등록된 선수들의 기록분석' 프로세스에서는 '선수 DB'에서 종목별 선수기록을 이용하여 등록된 선수들의 기록을 분석한다. 분석된 기록자료는 '분석된 기록자료입력' 프로세스에서 선수들의 기록을 '기록 DB'에 입력한다. '당일기록 확인' 프로세스에서는 경기장으로부터 당일의 경기

결과를 받아서 기록을 확인 · 분류한다. 또한 임원의 요청이 있을 때 당일의 기록을 확인할 수 있게 해준다. 당일의 기록자료는 '당일기록분석' 프로세스에서 종목별 · 선수별 · 국적별로 분류되고 '분석된 당일기록입력' 프로세스에서 당일의 경기기록을 '기록 DB'에 입력한다.

④ 행사관리 프로세스

'행사관리 프로세스'는 5개의 하위 프로세스로 나누어진다. '파악된 인원으로 경기일정 수립' 프로세스에서는 '선수 DB와 임원 DB'에서 얻은 정보(경기참가 선수수, 경기참가 임원수)를 가지고 경기일정을 수립한다. 이렇게 수립된 경기일정은 '수립된 경기일정입력' 프로세스에서 '경기일정 DB'에 입력된

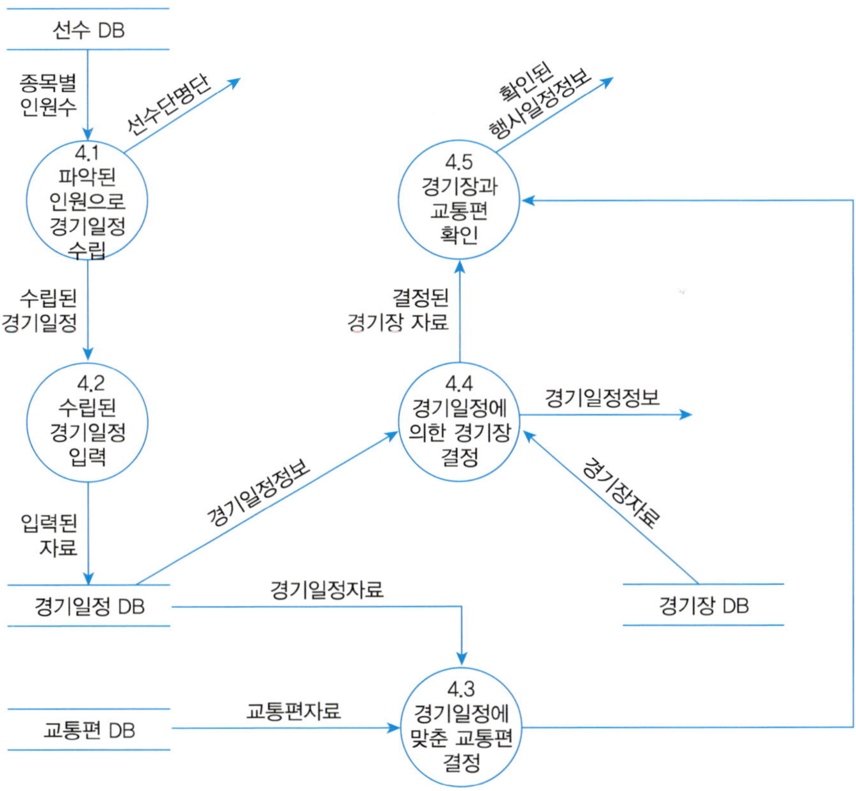

그림 4-24 ▌ABCS시스템 행사관리 프로세스에 관한 상세 레벨 1 자료흐름도

다. '경기일정에 맞춘 교통편결정' 프로세스에서는 경기일정자료와 교통편자료를 이용하여 경기일정에 맞게 교통편을 결정한다. '경기일정에 의한 경기장결정' 프로세스에서는 경기일정정보와 '경기장 DB'에서 얻은 경기장자료를 가지고 경기일정에 맞는 경기장을 지정하고 분류한다. 결정된 경기장정보는 '경기장과 교통편확인' 프로세스에서 경기장에 맞는 교통편을 확인하고 확인된 행사일정정보를 선수단으로 보낸다.

자료사전 작성

자료사전에는 자료흐름도상에 나타나는 자료항목과 자료저장소의 세부명세서가 자세하게 설명된다. '아름다운 도시' 선수촌시스템 중에서 선수단관리 프로세스에서 나타나는 자료항목과 자료저장소를 중심으로 자료사전을 설명해보자. 선수단관리의 자료사전은 크게 선수단 관련 자료항목, 임원관련 자료항목, 기타 자료항목으로 이루어져 있다.

선수단 관련 자료항목

선수단 관련 자료항목은 선수단신상사항, 식단정보, 체류기간의 자료항목과 선수 DB로 구성되어 있다. 먼저 자료저장소를 살펴보면 '선수 DB'는 선수단신상사항, 체류기간, 식단정보의 자료항목을 저장하고 있다. 각각의 자료항목은 다음과 같은 자료요소로 이루어져 있다.

① **'선수단신상사항'** 자료항목은 국적, 이름, 나이, 종목명, 기록, 선수개인 ID의 자료요소를 가지고 있다.
② **'식단정보'** 자료항목은 구성영양분, 수량, 시간의 자료요소를 가지고 있다. 또한 식단정보의 자료요소 중에서 '시간'은 경기 시작하기 몇 시간 전에 음식을 먹어야 되는지를 나타내는 주석사항을 가지고 있다.
③ **'체류기간'** 자료항목은 입촌날짜와 퇴촌날짜의 자료요소를 가지고 있다.

선수단 DB = {선수단신상사항 + 체류기간 + {식단정보}}
    선수단신상사항 = 국적 + 이름 + 나이 + 종목명 + 기록 + 선수개인 ID
    식단정보 = 구성영양분 + 수량 + 시간
        시간 = ★경기시작 전 식사시간★
체류기간 = 입촌날짜 + 퇴촌날짜

그림 4-25 ▌선수단 관련 자료사전 항목

임원 관련 자료항목

임원 관련 자료항목은 임원신상사항, 체류기간, 임원기록의 자료항목과 임원 DB의 자료저장소로 구성되어 있다. 먼저 자료저장소를 살펴보면 '임원 DB'는 임원신상사항, 임원기록, 체류기간의 자료항목을 저장하고 있다. 각각의 자료항목은 다음과 같은 자료요소로 이루어져 있다.

① '**임원신상사항**' 자료항목은 국적, 이름, 나이, 임원개인 ID의 자료요소를 가지고 있다.
② '**임원기록**' 자료항목은 임원의 신분이 감독이거나 코치이거나 팀닥터일 경우의 세 가지 자료요소로 나누어져 있으며 세 가지 중에서 어느 하나의 자료요소가 선택되어 임원 DB에 저장된다.
③ '**체류기간**' 자료항목은 선수 관련 항목과 마찬가지로 입촌날짜와 퇴촌날짜의 자료요소를 가지고 있다.

임원 DB = {임원신상사항 + 체류기간 + 임원기록}
    임원신상사항 = 국적 + 이름 + 나이 + 종목명 + 임원개인 ID
    임원기록 = [감독 | 코치 | 팀닥터]

그림 4-26 ▌임원 관련 자료사전 항목

기타 자료항목

기타 자료항목은 확인된 행사일정정보, 종목별 선수단 인원수, 다양한 종목별 식단표의 자료항목과 '체류기간 DB' 자료저장소로 이루어져 있다. 각각의 자료항목은 다음과 같은 자료요소로 이루어져 있다.

① **'확인된 행사일정정보'** 자료항목은 경기일시, 경기장 ID, 교통편, 선수단명단으로 이루어져 있다. 여기서 '선수단명단'은 다시 종목명, 선수개인 ID, 임원개인 ID의 자료요소로 이루어져 있다.
② **'종목별 인원수'** 자료항목은 종목명, 선수개인 ID, 임원개인 ID의 자료요소로 이루어져 있다.
③ **'다양한 종목별 식단표'**의 자료항목은 종목명, 구성영양소, 음식종류의 자료요소로 이루어져 있다.
④ **'체류기간 DB'**는 입촌날짜, 퇴촌날짜, 경기일정의 단순한 자료요소로 이루어져 있다.

```
체류기간 DB = {입촌날짜 + 퇴촌날짜 + 경기일정}
확인된 행사일정정보 = {경기일시 + 경기장 ID +교통편 + {선수단명단}}
    선수단명단 = 종목명 + 선수개인 ID + 임원개인 ID
종목별 인원수 = {종목명 + 선수개인 ID + 임원개인 ID}
다양한 종목별 식단표 = {종목명 + 구성영양소 + 음식종류}
```

그림 4-27 ▌기타 자료사전 항목

소단위명세서 작성

소단위명세서는 앞에서 이미 언급한 대로 자료흐름도가 수준화가 충분히 되었을 때 최소단위의 프로세스의 처리과정을 미리 정의된 예약어를 사용하여 작성하는 것이다. 다음은 선수단관리의 프로세스 중 최하위의 프로세스에 대하여 소단위명세서를 작성한 예이다. 여기에서는 선수단관리 프로세스에 대해서만 아래에서와 같이 설명하기로 한다.

1.1 선수단 정보접수

```
DO WHILE 선수단신상사항 및 체류날짜
    IF 선수단 정보를 접수
        THEN 선수단의 서류를 확인
        THEN 선수단의 신상을 확인
    ELSE 선수단의 정보를 접수 못함
        THEN 빠진 서류의 요청
    ENDIF
ENDDO
```

1.2 선수단 입·퇴촌날짜 확인

```
DO WHILE 접수된 선수단정보
    IF 선수단의 체류기간을 확인
        THEN 입·퇴촌날짜의 확인
    ELSE 선수단의 체류기간을 확인 못함
        THEN 빠진 서류의 요청
    ENDIF
ENDDO
```

1.3 선수단을 국적별로 파악

```
DO WHILE 확인된 신상자료
    IF 선수단의 신상이 확인되면
        THEN 선수단의 국적을 확인
        IF 선수단의 국적을 확인
            THEN 선수단을 국적별로 분류
        ENDIF
    ENDIF
ENDDO
```

1.4 선수단을 종류별로 파악

```
DO WHILE 파악된 선수단 자료
    IF 선수단을 국적별로 확인
       THEN 선수단의 종목을 확인
       IF 선수단의 종목을 확인
          THEN 선수단을 종류별로 분류
    IF 선수단의 식단정보를 접수
       THEN 식단정보를 확인
    ENDIF
ENDDO
```

1.5 종목별 선수단 식단표관리

```
DO WHILE 종목별 식단정보
    IF 선수단의 식단정보를 확인
       THEN 선수단의 식단표의 분류
    IF 종목별 식단자료가 입력되면
       THEN 다양한 종목별 식단표관리
    ENDIF
ENDDO
```

1.6 선수단 정보입력

```
DO WHILE 분류된 선수단정보
    IF 선수단을 종목별로 확인
       THEN 선수단을 분류
       IF 선수이면
          THEN 선수개인 ID를 부여함
       IF 임원이면
          THEN 임원개인 ID를 부여함
       ENDIF
    ENDIF
ENDDO
```

수준화(Leveling)

자료흐름도 작성시에 시스템의 최상위 자료흐름도에서 시작하여 점차 하부의 상세한 자료흐름도 순으로 분할하여 작성하는 것을 말한다. [그림 4-28]은 수준화된 자료흐름도를 작성하는 일련의 로직순서를 표시하고 있다. 일반적으로 자료흐름을 수준화할 때에는 다음 사항들을 준수해야 한다.

첫째, 자료흐름도 및 세분화된 프로세스에 대한 일관성 있는 번호를 부여(Numbering)한다.
둘째, 자료흐름에 대한 균형 및 보존관계의 명시. 이를 자료흐름의 일관성 유지라고 한다.
셋째, 특정 단계에서만 나타나는 자료저장소의 정확한 표기를 한다.
넷째, 외부개체는 수준화와 관련 없이 변하지 않는다.

① 수준화된 자료흐름도와 프로세스에는 일관성 있는 일련번호를 붙여야 한다.

[그림 4-28]에서는 배경도의 프로세스가 레벨 0 자료흐름도에서 5개의 프로세스로 분할되면서 각각 1, 2, 3, 4, 5라는 일련번호가 매겨졌다. 예를 들어, 프로세스 1에 대한 레벨 1 자료흐름도(프로세스 1)에서는 프로세스 1이 모두 3개의 하위 프로세스로 세분화되었고 각각 1.1, 1.2, 1.3으로 번호가 부여되었다. 같은 방법으로 프로세스 2와 프로세스 3도 각각 3개의 하위 프로세스로 세분화되었고(프로세스 2와 3의 레벨 1 자료흐름도 참조), 일련번호가 각각 2.1, 2.2, 2.3 그리고 3.1, 3.2, 3.3으로 부여되었다. 한편, [그림 4-28]은 레벨 2 자료흐름도도 있는데 이는 프로세스 2.2를 수준화시킨 것이다. 레벨 2 자료흐름도(프로세스 2.2)를 보면 프로세스 2.2는 모두 2개의 하위 프로세스로 세분화되었고 각각 2.2.1, 2.2.2의 번호가 부여되었다.

② 각 레벨 간의 자료흐름의 일관성을 유지해야 한다.

자료흐름도가 수준화가 된다고 해도 여전히 지켜져야 할 것은 자료흐름도의 일관성 유지이다. 예를 들어, 배경도에서 레벨 0 자료흐름도로 수준화가 되었다고 하더라도, 배경도에서 프로세스와 외부개체 간에 이루어진 자료흐름 입력 A와 출력 B, C는 레벨 0 자료흐름도에서 그대로 유지된다. 이는 나머지 모두 수준화된 자료흐름도에서 확인할 수 있다.

③ 자료저장소의 정확한 표기를 한다.

레벨 1 자료흐름도(프로세스 1)를 보면 '자료저장소'가 나타난다. 이는 상위 자료흐름도인 레벨 0 자료흐름도에서는 나타나지 않는 자료저장소이다. 그러므로 자료저장소 2는 하위 프로세스인 1.1과 1.3 사이에서만 존재하는 자료저장소로서 레벨 1 자료흐름도(프로세스)에 속하는 자료저장소이다.

④ 외부개체는 수준화와 상관없이 변하지 않는다.

레벨 1 자료흐름도는 배경도를 수준화한 것인바, 배경도에서의 외부개체 1과 2는 수준화되어도 여전히 고유 특성을 그대로 유지한다.

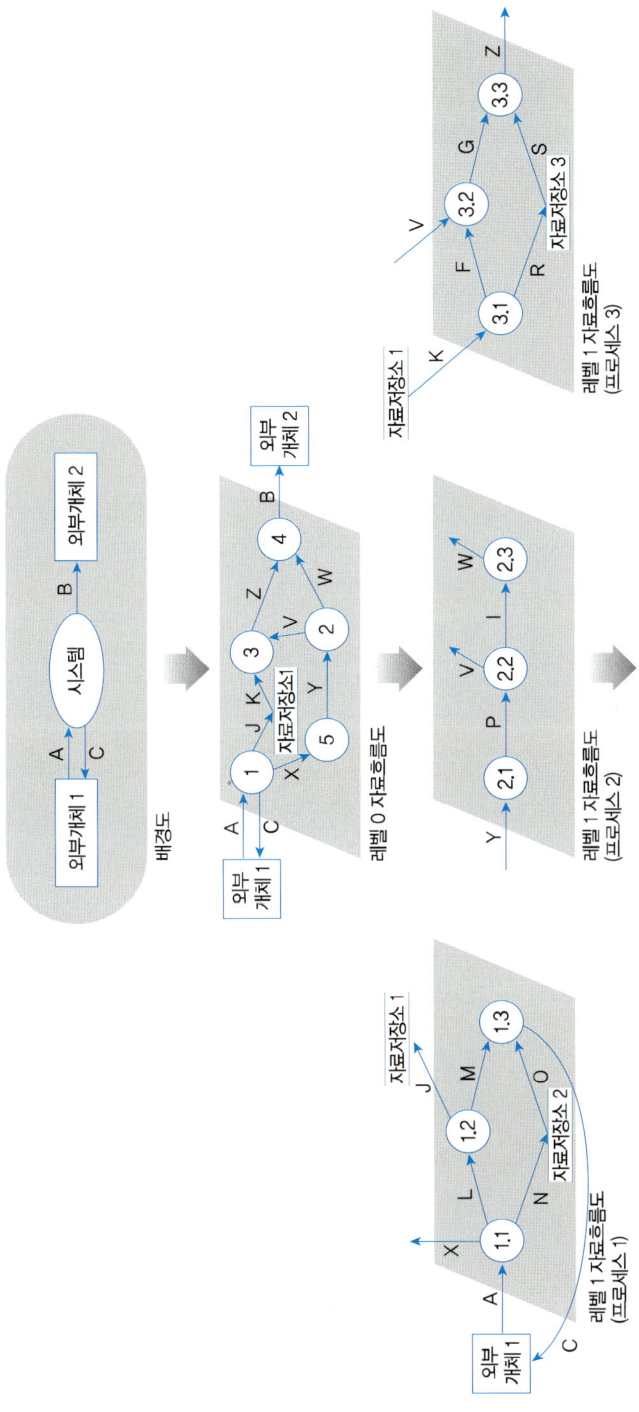

그림 4-28 수준화된 자료흐름도의 로직순서

AI와 경영정보

5장

인공지능 학습데이터베이스 구축을 위한 데이터 모델링

머신러닝의 성과와 학습데이터의 중요성

인공지능 시대를 맞이하여 스마트폰상에서 구동되는 새로운 앱을 개발하거나 또는 업데이트를 할 때에 왜 구조적인 방법으로 SADT를 하여야 하는지를 4장에서 설명한 바 있다. 또한 구조적으로 SADT를 할 때에 분석단계에 만전을 기하여야 한다는 것도 강조한 바 있다. 그래야만 새로운 시스템을 개발할 때에(즉, 시장이 필요로 하는 새로운 앱이나 기능적으로 업그레이드된 새로운 앱 등을 말함) 개발 비용은 물론 유지보수 비용도 크게 절감할 수가 있기 때문이다.

인공지능은 머신러닝이라는 단어로 요약된다. 머신러닝은 다음과 같은 과정으로 설명된다.

- 특정 영역, 즉 타겟 도메인에서 수집가능한 빅데이터를 수집하고 이를 타겟 영역을 위한 데이터베이스로 만들고
- 데이터베이스에서 학습하여야 할 학습데이터를 추출하여
- 학습데이터를 머신러닝 기법을 적용하여 학습하고
- 학습과정을 통하여 학습데이터 안에 숨겨져 있는 중요한 특성요인과 패턴을 경영의사결정에 적용한다.

이미 언급한 바와 같이 인공지능의 지능창출 원천은 인공신경망이다. 그럼에도 불구하고, 머신러닝 기법에는 인공신경망 외에도 서포트벡터머신, 로지스틱 회귀, 의사결정트리 등도 있다. 이것 말고도 베이지안 네트워크, 배깅, 랜덤 포레스트 등 다양한 머신러닝 기법이 존재한다. 이들 내용들은 본서의 한계를 넘지 않는 범위에서 본서 후반부에서 설명하기로 한다.

그런데 아무리 화려하고 겉보기에 그럴듯한 머신러닝 기법이 있다고 하더라도 다음과 같은 핵심 사항이 데이터 차원에서 준비가 되어 있어야 한다.

첫째, 학습데이터가 데이터베이스 형태로 체계적으로 정리되어 있어야 하고,
둘째, 머신러닝 기법이 필요할 때 필요한 포맷대로, 즉 주어진 입력데이터에 대해서 적정한 출력값이 붙여져 있는 상태로(이를 레이블링(Labeling)되어 있다고 표현한다) 정리되어 있으며,
셋째, 데이터 안에 들어가 있는 소소한 오류가 깔끔하게 전처리된 상태인 데이터 클린징이 되어 있어야 한다.
넷째, 머신러닝 성과를 지속적으로 평가하여 성과가 일정수준 이상 계속 유지되는지를 지속적으로 모니터링하고,
다섯째, 해당 결과가 일정수준 이하로 내려가고 시장 내에서의 소비자들의 평판이 나빠지기 시작한다고 판단시, 데이터 수집단계를 정밀하게 모니터링하여 학습데이터에 변화하는 시장상황을 반영하여야 한다. 그리고 새롭게 업데이트된 학습데이터를 기초로 머신러닝을 재학습시켜서 변화하는 시장상황으로 업데이트할 필요가 있다.

요약하자면, 머신러닝의 핵심은 다음과 같다.
• 학습데이터를 관리하고
• 레이블링을 하여서
• 언제 어디서나 즉각 시장상황의 변동사항을 반영하여 머신러닝이 구동될 수 있도록 하여야 한다.

머신러닝의 꽃은 머신러닝 기법의 그럴듯한 이름에 있는 것이 아니라 학습데이터를 여하히 관리하느냐에 달려있다.

그래서 본장에서는 머신러닝의 성공적인 운영에 꼭 필요한 데이터 모델링을 논의하고자 한다. 현대적 의미에서의 인공지능이 처음 세상에 등장하기 시작한 1950년대 후반만 하더라도 지금 정도로 복잡한 시장상황이 아니었고 기업 간 경쟁상황도 지금과는 사뭇 달랐다. 그러나 지금은 인공지능이 더 이상 새로운 용어나 개념이 아닐 정도로 거의 모든 산업분야에 어떠한 형태로든지 적용되고 있다. 그리고 인공지능이 곧 머신러닝이라고 말할 정도로 다양한 형태의 머신러닝이 지금 이순간에도 주요 학술지와 학술세미나에서 발표가 될 정도로 무서운 속도로 발전에 발전을 거듭하고 있다. 그리고 이제는 더욱 더 학습과 추론기능을 한층 배가시킨 딥러닝(Deep Learning)으로 확대발전되고 있다.

이렇게 머신러닝, 딥러닝의 방법론에만 우리의 관심이 쏠려 있을 때에 정작 중요한 학습데이터를 여하히 관리하고 최고의 상태로 유지하느냐라는 문제는 도외시 되거나 심지어 무시되기도 한다. 그러나 그같은 실수는 돌이킬 수 없는 결과를 초래한다. 기업이 만의 하나 수준 낮은 머신러닝 결과를 여과 없이 시장에 제공하게 되면 기업의 평판을 크게 위협하는 일들이 발생될 수 있기 때문이다.

현대 경영환경에서 머신러닝의 눈부신 성공의 이면에는 다음과 같은 학습데이터 관리가 있음을 기억하여야 한다.

첫째, 학습데이터를 최고의 상태로 관리하고 유지하여
둘째, 시장에서 빠르게 변하는 고객의 니즈와 경쟁기업의 전략적 행위를 반영한 학습데이터베이스를 만들어내고
셋째, 새롭게 입력된 학습데이터에 대해서 적절한 출력값을 부여하는 레이

블링(Labeling) 작업을 함으로써
넷째, 학습데이터베이스가 늘 변화하는 시장상황을 반영한 상태가 되어 있도록 하여야 한다.

현대기업의 성공에 인공지능의 중요성이 커질수록 머신러닝의 중요성도 같이 커진다. 그리고 머신러닝의 성공은 머신러닝이 학습하는 학습데이터의 품질에 의하여 좌우된다. 학습데이터의 품질은 학습데이터베이스를 여하히 체계적으로 생성하고 유지관리하여야 하는지로 귀결된다.

학습데이터베이스 구축과 머신러닝 워크플로우

인공지능은 머신러닝 기법으로 기업경영 현장에서 구체적으로 구현된다. 요즘 현대경영에서는 고객체험이 중요하다. 고객체험은 CX라고 표기하는데 이는 Customer eXperience의 약어이다. CX를 가장 성공적으로 잘 이용하는 기업이 있다. 전 세계 전자상거래 업계를 호령하는 미국의 아마존이다. 아마존에서 책이나 여타 원하는 물건을 구매해본 사람은 누구나 경험할 것이다. 장바구니에 구매 대상 아이템을 넣는 순간 하단에 관련 추천 아이템이 뜨는데 그 아이템이 나의 속성을 기막히게 반영하고 있다는 점이다. 그러다 보니 해당 추천 아이템을 사고 싶은 욕구가 생기고 결국 장바구니에 추천 아이템 몇 개를 더 넣게 된다. 이같은 아마존 추천시스템의 효과는 아마존 매출의 35%를 차지할 정도로 아마존의 경영성과에 크게 이바지한다. 아마존의 추천기능은 아마존 내에 사용자들이 올려놓은 제품당 별점 평가데이터, 온라인 리뷰 후기데이터, 관련 제품 이미지 등등 엄청난 규모의 빅데이터를 학습데이터베이스로 이용하기 때문에 가능하다.

이같이 머신러닝은 학습데이터베이스를 머신러닝 워크플로우 관점에서 정교한 관리를 하는 것으로부터 시작된다. 그리고 학습데이터베이스는 개체-

관계모델에 기반한 관계형 데이터베이스 모델링, 데이터 수집, 데이터 클리닝, 데이터 레이블링으로 체계적으로 구축되고 관리되어야 한다. 학습데이터베이스가 구축이 되고 효과적으로 운영되면 해당 기업 내에서는 자연스럽게 머신러닝 워크플로우가 물 흐르듯이 진행되면서 인공지능을 경쟁무기로 하여 타겟시장 내에서 강하고 경쟁력 있는 기업으로 부상하게 된다. 머신러닝 워크플로우 첫 번째 단계인 관계형 데이터베이스 모델링부터 알아보자. 이는 개체-관계모델에 기반한다.

개체-관계모델에 기반한 관계형 데이터베이스 모델링

개체-관계모델은 많은 설명을 요한다. 그러나 학습데이터베이스를 효과적으로 구축하고 이를 통하여 수준 높은 머신러닝 성과를 누릴려면 학습데이터를 아무런 모델링 없이 관리하는 것은 머신러닝 워크플로우가 망가지는 결과를 초래한다. 따라서 여기에서는 개체-관계모델의 핵심 사항 위주로만 설명을 하기로 한다.

학습데이터베이스를 개체-관계모델 개념을 적용하여 구축하게 되면 해당 학습데이터베이스는 관계형 데이터베이스로 설계가 된다. 관계형 데이터베이스로 설계가 되면 다음과 같은 장점이 발생한다.

첫째, 서로 성격이 다른 각각의 데이터들이 별도의 테이블 형태로 묶여져서 관리가 간편해진다.
둘째, 관계형 데이터베이스에서 관계란 하나의 테이블을 의미한다. 따라서 관계형 데이터베이스에서는 테이블만 잘 관리하면 되고 해당 테이블은 누구든지 쉽게 이해를 할 수가 있어 관리가 용이하다.
셋째, 각 테이블은 논리적으로 서로 연관이 되어서 체계적인 데이터베이스가 된다. 즉, 테이블과 테이블은 개체-관계모델에서 정의된 키 값으로 서로 연결이 되어서 논리적인 연결고리가 생기게 된다.

넷째, 관계형 데이터베이스에서 특정 테이블에 새로운 입력데이터가 추가되거나 오류가 있는 데이터를 삭제할 경우라 하더라도 학습데이터베이스가 유지하여야 할 데이터의 품질과 항상성은 늘 일정하게 유지된다.

그렇다면 개체란 무엇인가? 개체란 데이터가 표현하고자 하는 대상을 말한다. 따라서 개체, 즉 해당 대상이 동일할 경우 데이터는 해당 대상의 특성을 반영하기 마련이다. 이와 같이 동일한 대상을 설명하는 데이터는 같은 개체로 묶어서 관리하는 것이 편하다. 그리고 동일한 개체를 하나의 테이블로 묶어서 표현하고 관리하게 되면 더더욱 관리가 편해진다. 테이블은 행과 열로 이루어져 있고 열은 해당 개체의 속성을 나타내기 때문에 테이블만 잘 관리해도 학습데이터베이스의 효용성은 크게 증대된다. 이때 테이블과 테이블 간에 아무런 논리적 연관성이 없다면 해당 테이블은 학습데이터베이스의 효과적 운영에 아무런 기여를 할 수가 없다. 테이블과 테이블 간에 관계를 설정하되 각 테이블마다 키를 설정하고 해당 키를 서로 연결하여 각각의 테이블들이 서로 논리적으로 연결되도록 하게 되면 아무리 테이블이 많아지고 학습데이터의 수가 엄청난 규모로 커진다고 하더라도 학습데이터베이스는 효과적으로 관리될 수가 있다.

이같이 학습데이터베이스가 개체-관계모델링으로 관리되는 것을 관계형 데이터베이스라고 하는데 그 핵심을 정리하면 다음과 같다.

- 동일한 대상을 설명하는 학습데이터는 같은 개체로 묶고,
- 해당 개체는 테이블로 표시하며, 이때 테이블은 행과 열로 표시하되 열은 해당 개체의 속성값, 그리고 행은 변화무쌍하게 추가되고 삭제되고 변경되는 개별 학습데이터를 나타낸다.
- 테이블마다 별도의 키를 설정하고, 테이블의 키를 서로 연결하는 것을 관계라고 한다. 그렇게 되면 관계 설정을 통하여 방대한 규모의 학습데이터베이스라 할지라도 효과적으로 관계형 데이터베이스로 관리될 수

있다.

그러므로 빅데이터 규모의 학습데이터베이스를 관계형 데이터베이스로 머신러닝 워크플로우 관점에서 효과적으로 관리하려면 반드시 개체-관계 모델링을 해야 한다. 이를 정리하면 다음과 같다.

- **개체(Entity)** : 서로 관련 있는 자료를 하나의 개체로 그룹핑한 것을 의미한다.
- **관계(Relationship)** : 개체 간의 연결고리를 의미한다.

구성요소	의미		
개체이름	'개체'라고 부르며 자료집합 또는 구체적인 실체를 의미한다.		
속성명 — 일반속성 속성명 — 키속성	'속성'이라고 부르며 특정 개체를 다른 개체들과 구분하기 위한 고유한 특성 또는 성질을 의미한다. 여기에서 키(Key)가 되는 속성은 속성에 밑줄을 그어 구분한다. 이러한 키는 각각의 개체를 구분하기 위해서 사용되는데, 예를 들어 대학교에서 '학번'이라는 속성은 각 학생을 구별하는 키로 사용되고 있다. 경우에 따라서는 여러 개의 속성이 모여서 하나의 키를 형성하는 경우도 있다. 이러한 경우 속성들의 집단이 키가 되어 각 개체를 유일하게 지정한다.		
———	'연결' 또는 '연결선'이라고 부르며 개체와 속성 또는 개체와 관계를 연결한다.		
관계명	'관계'라고 부르며 개체와 개체 사이의 관계를 나타낸다. 관계는 아래에 소개하는 기수성을 포함한다. 기수성은 대응하는 개체의 수를 의미한다.		
	관계의 유형	1 : 1	One-to-One(일 대 일)
		1 : N	One-to-Many(일 대 다)
		M : N	Many-to-Many(다 대 다)

그림 5-1 | 개체-관계모델링 구성요소

예를 들어, 판매관리부라는 개체를 살펴보자. '판매관리부'라는 개체를 설명할 때 우리는 사원번호, 사원이름, 전화번호 등에 대한 정보가 필요한데 이를 속성이라 한다. '판매관리부'라는 개체에는 A사원, B사원 등의 하위개체가 존재한다. 그리고 A사원이라는 하위개체에는 사원번호, 사원이름, 전화번호라는 속성을 부여할 수 있다. 또한 '고객'이란 개체에는 A고객, B고객 등의 하위개체가 존재하며, A고객이라는 하위개체에는 고객번호, 고객이름, 고객주소, 고객연락처 등의 속성을 부여할 수 있다. 이를 개체-관계도로 작성할 때는 개체를 직사각형으로 표시하고 그 개체의 속성을 타원으로 표시하여 해당 개체와 선으로 연결한다. [그림 5-2]는 판매관리시스템에서 가능한 개체와 속성을 나타낸 것이다. 판매관리시스템은 4개의 개체 판매관리부, 재고, 고객, 고객비밀정보를 가지고 있다.

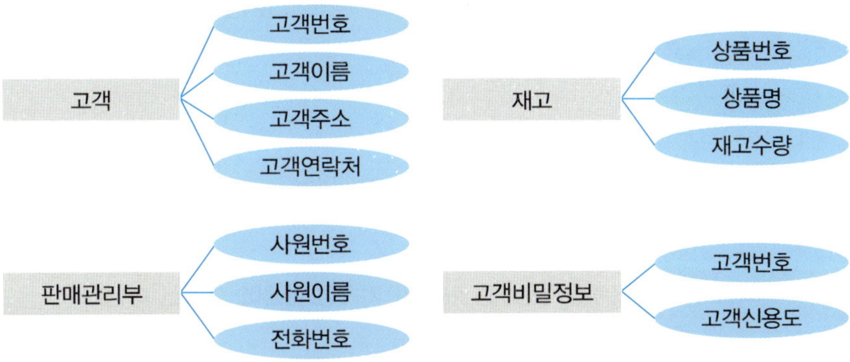

그림 5-2 ▌판매관리시스템에 포함되는 개체와 해당 속성

개체의 속성들 중 어떤 것은 그 개체를 다른 개체와 구별할 수 있게 하는 것들이 있는데 이것을 개체의 키라고 한다. 키의 종류로는 기본키(Primary Key)와 외래키(Foreign Key)가 있다. 기본키는 각 개체를 유일하게 식별하게 하는 속성으로 중복될 수 없고, 외래키는 다른 개체의 기본키로 이를 통해 다른 개체와 관련을 맺게 된다. [그림 5-3]의 판매관리시스템의 개체-관계도에서 판매관리부를 살펴보면 사원번호, 사원이름, 전화번호의 세 가지의 속성을 가지고 있는 것을 알 수 있다. 일반적으로 판매관리부는 여러 사원으로 구성되어지는데 이들은 '사원번호'를 사용하여 구별될 수 있다. 따라서 '사원번호'가 기본키가 된다. 흔히 사용하는 '사원이름'의 경우는 같은 이름이 있을 수 있기 때문에 키가 될 수 없다. 한편, '재고' 부분에서는 상품번호라는 속성이 '재고'라는 개체의 기본키로 이를 통해 각 상품을 구분하게 된다. 이와 같이 특정 개체의 키속성은 이를 다른 속성과 구분하기 위하여 [그림 5-3]과 같이 해당 키속성 밑에 밑줄을 그어서 표시를 한다. '고객' 개체는 고객번호를 키속성으로, '고객비밀정보' 개체에서는 고객번호를 키속성으로 정의하고 있다.

그림 5-3 ▌판매관리시스템 개체와 키속성(밑줄이 그어진 속성)

학습데이터베이스 안에 저장되는 학습데이터들은 서로 다른 개체는 서로 다른 테이블로 표기되고 이들 테이블 간에는 일정한 관계가 관계가 존재한다. 예를 들어, 판매관리시스템에서는 '판매관리부'와 '고객'개체 사이에는 '관리'라는 관계가 있을 수 있고, '재고'와 '고객'개체 사이에는 '주문'이라는 관계와 '출고'라는 관계가 있을 수 있다. 그리고 '고객'과 '고객비밀정보'개체 사이에는 '신용도조회'라는 관계가 있을 수 있다. 이와 같은 관계를 설정하는 이유는, 첫째 데이터의 중복성을 제거하기 위함이고, 둘째 효율적이고 탄력적으로 데이터관리 및 접근을 가능하게 하기 위함이다.

일반적인 관계의 유형에는 일 대 일(1:1), 일 대 다(1:N), 다 대 다(M:N)가 있다. 구체적으로 살펴보면 다음과 같다.

① 일 대 일 관계

개체 A, B가 있을 때 개체 A에 속하는 한 개체는 개체 B에 속하는 한 개체에만 연결되며, 개체 B에 속하는 한 개체는 개체 A에 속하는 한 개체에만 연결된다. 예를 들어, '고객'과 '고객비밀정보' 사이의 관계로 한 명의 고객은 하나의 고객신용도를 갖고, 또한 하나의 고객신용도는 하나의 고객만을 갖는다. 따라서 '고객'과 '고객비밀정보' 사이의 관계는 일 대 일 관계이다.

② 일 대 다 관계

개체 A, B가 있을 때 개체 A에 속하는 한 개체는 개체 B에 속하는 여러 개체와 연결된다. 일 대 다의 관계가 성립하기 위해서는 한 명의 고객이 일정한 한 사람의 판매사원만을 통해서 거래하게 되는 경우이며, 이때는 일 대 다의 관계를 가질 수 있다. 이러한 가정을 바탕으로 두고 '고객'과 '판매관리부'의 관계를 살펴보자. 두 개체 사이에서는 판매사원이 고객을 관리하게 되므로 '관리'라는 관계를 가지게 된다. 이러한 일 대 다 관계에서는 하나의 개체가 다른 하나의 여러 개체로 연결되게 된다는 점이 중요하다. 즉, 한 명의 사원은 여러 명의 고객을 관리할 수 있지만, 한 명의 고객은 여러 명의 사원들과 거래하는 것은 일반적인 상황이 아니기 때문이다.

③ 다 대 다 관계

개체 A, B가 있을 때 개체 A에 속하는 여러 개체는 개체 B에 속하는 여러 개체와 연결된다. 예를 들어, '재고'와 '고객' 사이에는 두 가지 관계가 존재할 수 있다. 첫 번째는 고객이 재고를 주문하는 '주문'이라는 관계가 있을 수 있고 이러한 주문에 대하여 재고가 고객에게 출고되는 '출고'라는 관계가 있을 수 있다. 이처럼 관계 사이에는 복합적으로 여러 개의 관계가 형성되기도 한다. 구체적으로 '주문'과 '출고' 관계가 왜 다 대 다 관계인지를 살펴보자. 우선 '주문'이라는 관계를 확인해보면, 고객은 여러 가지의 상품을 주문할 수 있고, 한 종류의 상품은 여러 명의 고객으로부터 주문될 수 있다. 또한 '출고' 관계에서는 한 종류의 상품은 여러 고객에게 출고될 수도 있지만, 반대로 고객은 여러 개의 상품을 받을 수 있다.

한편, 개체들 간의 관계를 표현하는 '관계' 또한 개체와 같이 속성을 가질 수 있다. 예를 들어, '재고'와 '고객' 사이에 있는 '주문'과 '출고' 관계 역시 속성을 가질 수 있다. 특히 이러한 관계가 속성을 가지게 되는 경우는 다 대 다 관계에서 발생한 관계에서만 볼 수 있다. 또한 이러한 다 대 다 관계에서 나온 속성을 가지는 관계 역시 하나의 기본키를 가지고 있어야 한다. '주문' 관계의 속성으로는 기본키로 주문번호가 필요하고, 그 외에 주문수량 및 주문일시가 필요하다. 다음으로 '출고' 관계에서는 기본키로 출고번호가 필요하고, 그 외에 출고일시가 필요하다. 지금까지 설명한 개체, 관계를 종합하여 판매관리시스템의 개체-관계도를 도출하면 [그림 5-4]와 같다.

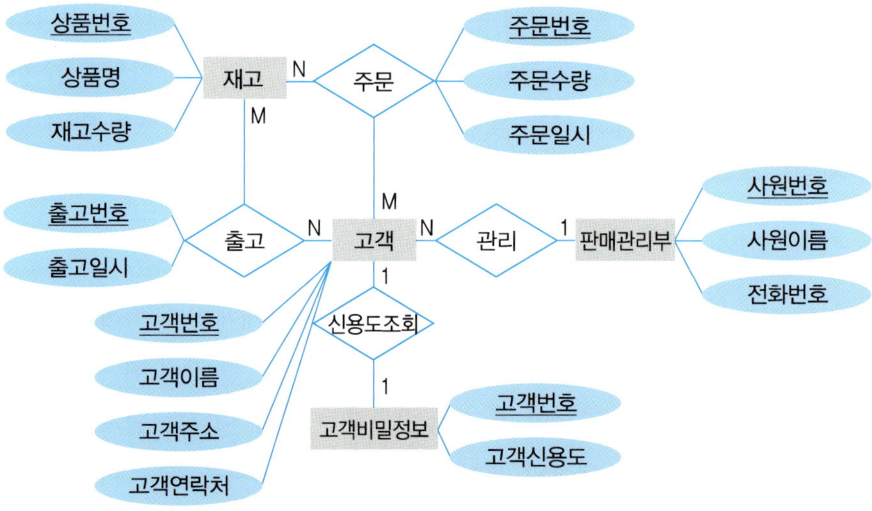

그림 5-4 | 판매관리시스템의 개체-관계도

데이터 수집

머신러닝 워크플로우의 두 번째 단계는 데이터 수집이다. 학습데이터베이스를 개체-관계모델링 방법으로 논리적으로 설계가 되었다고 하더라도 시장 내에서 발생하는 우리 기업 제품과 서비스에 대한 다양한 유형의 학습데이터를 실시간으로 수집하고 이를 지속적으로 학습데이터베이스 내 특정 테이블에 기록을 해야 한다. 그리고 이들 학습데이터는 그 형태가 매우 다양하다는 것을 늘 인지하고 있어야 한다. 즉, 텍스트 형태, 이미지 형태, 논리값 형태, 시계열 형태의 숫자값 등이 그것이다. 그리고 텍스트 역시 해당 기업이 글로벌 기업으로 활동하고 있다면 모국어로 된 텍스트뿐만이 아니라 진출한 국가의 언어로 표기된 텍스트도 자료로 수집되어야 한다. 이와 같이 학습데이터의 원천소스가 다양할수록 그만큼 학습데이터베이스가 개체-관계모델링으로 논리적으로 탄탄하게 관리되어야 한다. 빅데이터는 이와 같이 논리적인 개체-관계모델링으로 설계된 학습데이터베이스 체계 안에서 관리될 때 그 가치가 더욱더 빛을 발하게 된다. 머신러닝이 늘 최신자료로 업데이트된 오류 없는 학습데이터베이스에 기초하여 학습이 되고 있기 때문이다.

데이터 클리닝

머신러닝 워크플로우의 세 번째 단계는 데이터 클리닝이다. 수집되는 학습데이터의 원천소스가 다양할수록 그만큼 해당 학습데이터 안에는 각종 오류가 숨겨져 있을 가능성이 커진다. 그리고 문화적인 상황이 다른 시장에서 들어오는 학습데이터 안에는 각종 편견과 차별적 행위가 아무런 여과없이 그대로 반영될 위험성 또한 커진다. 이러한 편견과 차별, 그리고 각종 오류를 제거하는 작업을 하지 않으면 해당 학습데이터베이스가 아무리 빅데이터이고 그 사이즈가 방대하더라도 언제 터질지 모르는 시한폭탄처럼 시장에서 윤리적으로 받아들이기 어려운 머신러닝 결과를 기업 의사결정자에게 제공할 가능성이 커진다. 그렇기 때문에 데이터 클리닝 작업을 철저하게 수행하여 만에 하나 있을 수 있는 머신러닝의 오작동 내지는 편견에 오염된 결과를 미연에 방지하여야 한다.

데이터 레이블링

머신러닝 워크플로우의 네 번째 단계는 데이터 레이블링이다. 데이터 클리닝 작업을 통하여 학습데이터 안에 숨겨져 있는 각종 편견, 오류를 제거하였다고 하더라도 매순간 새로운 입력자료가 계속 학습데이터베이스 안에 기록된다. 그런데 문제는 새롭게 기록되는 학습데이터는 입력자료로서는 의미가 있지만, 머신러닝 입장에서는 해당 입력자료가 분류되어야 할 적정한 출력값이 부여되지 않으면 학습데이터로서는 큰 의미가 없다. 그렇기 때문에 새롭게 학습데이터베이스에 기록되는 학습데이터에 적정한 아웃풋값, 즉 출력값을 부여하는 레이블링 작업을 지속적으로 수행하여야 한다. 물론 요즈음에는 비감독학습 방법이나 강화학습 등을 통해서 별도의 레이블링 작업 없이도 어느 정도의 성과가 나오는 머신러닝 기법이 나와 있기는 하지만 실무에서 리스크 없이 사용하기에는 아직 갈길이 멀다. 따라서 기업에서는 학습데이터베이스 안에 새롭게 추가되는 학습데이터에 대해서 체계적으로 레이블링 작업을 하는 표준 업무프로세스를 수립하여 이를 가동하여야 한다. 시간과 돈이 많이 드는 작업이다. 공짜 점심은 없다라는 기업경영 분야의 격언은 인공지능의 세계에서도 적용된다.

여타 머신러닝 워크플로우

머신러닝 워크플로우의 나머지 단계는 학습데이터로부터 속성추출, 머신러닝 모델학습, 머신러닝 모델평가, 머신러닝 모델실무에 적용, 그리고 머신러닝 모델성과 모니터링으로 구성된다. 이 과정에 대한 설명은 본서 후반에서 사례를 설명할 때 상세하게 설명될 예정이므로 자세한 설명은 여기서 생략하기로 한다. 머신러닝 워크플로우를 순차적으로 정리하면 다음과 같다.

- 관계형 데이터베이스 모델형
- 학습데이터 수집
- 학습데이터 클리닝
- 학습데이터 레이블링
- 학습데이터로부터 속성추출
- 머신러닝 모델학습
- 머신러닝 모델평가
- 머신러닝 모델실무에 적용
- 머신러닝 모델성과 모니터링

그리고 이러한 머신러닝 워크플로우는 각 단계마다 단절되어 있는 것이 아니라 계속 이전 프로세스로 피드백되고 순차적으로 순환된다. 그렇기 때문에 이같은 머신러닝 워크플로우는 기업의 학습데이터베이스 설계시부터 빌트인(Built-in)으로 기업 표준 업무프로세스 안에 들어가 있어야 비로소 인공지능이 해당 기업에서 그 진가를 발휘할 수 있다. 관계형 데이터베이스 모델링이 끝났을 때 학습데이터베이스가 어떻게 구축되는지 살펴보자.

관계형 데이터베이스로 학습데이터베이스 구축 모델링

학습데이터베이스를 관계형 데이터베이스로 모델링하는 것은 모든 학습데이터들을 테이블 형태로 나타내어 저장하는 데이터베이스를 구축하는 것을 말한다. 예를 들어, 고객들의 주소와 전화번호를 정리할 때 테이블을 사용하면, 첫 번째 열은 이름, 두 번째 열은 주소, 세 번째 열은 전화번호를 써서 나타낼 수 있다. 개체-관계모델에서 정의한 데이터들을 실제로 관계형 데이터베이스를 사용하여 저장하기 위해서는 개체-관계모델을 이같이 테이블로 변환시키는 과정이 필요하다. 즉, 개체-관계모델은 실제 데이터베이스와는 상관없이 저장하고자 하는 데이터를 정의한 것이며, 테이블은 데이터를 관계형 데이터베이스에서 실제로 표현하는 방법이다. 관계형 데이터베이스에서는 단순히 데이터를 테이블의 형태로 나타낼 뿐만 아니라, 저장된 데이터로부터 원하는 정보를 추출할 수 있는 방법을 정의하고 있다.

테이블의 정의

앞에서 예로 들었던 판매관리시스템의 데이터를 중심으로 판매관리부에 관한 데이터를 살펴보자. 개체-관계모델에서 판매관리부라는 개체에는 사원번호, 사원이름, 전화번호의 속성이 존재한다. 따라서 판매자들에 대한 데이터를 정리하면 [그림 5-5]와 같은 테이블로 나타낼 수 있다. 이 테이블에서 각 행은 판매관리부에 대한 데이터들의 묶음이 되고, 각 열은 판매관리부의 속성을 나타낸다. 예를 들어, [그림 5-5]의 두 번째 줄의 11-13, 임꺽정, 234-2345의 묶음을 행이라고 하며, 레코드(Record) 또는 튜플(Tuple)이라는 명칭으로 부르기도 한다. 그리고 사원번호, 11-12, 11-13 …… 11-14, 11-15의 묶음을 열이라고 하며, 해당 테이블의 속성을 나타낸다. 이를 필드(Field)라고 부르기도 한다.

열(속성)

사원번호	사원이름	전화번호
11-12	홍길동	123-1234
11-13	임꺽정	234-2345
⋮		
⋮		
11-14	김철수	345-3456
11-15	김영희	456-4567

행

그림 5-5 ▌ 판매관리부 테이블

데이터베이스 스키마

각 개체와 관계가 관계형 데이터베이스의 테이블을 구성하는 요소가 된다. 이때 하나의 테이블을 정의하기 위해서는 테이블의 열을 이루는 각 항목을 정의해야 하는데, 이렇게 각 항목을 정의하여 만든 테이블의 틀을 스키마(Schema)라고 한다. 예를 들어, 판매관리부 테이블의 경우 열은 각각 사원번호, 사원이름, 전화번호라는 항목으로 구성되어 있음을 알 수 있다.

판매관리부(사원번호, 사원이름, 전화번호)

이와 같이 전체 데이터베이스에서 필요한 각각의 테이블을 정의해 나가면 전체 데이터베이스에 대한 틀이 만들어지는데 이것을 데이터베이스 스키마라고 한다.

테이블의 키속성

한 테이블의 열들을 나타내는 속성 중 행과 행을 구별할 수 있게 하는 속성을 그 테이블의 키속성이라고 한다. 즉, 개체-관계모델에서 보았던 것과 마찬가지로 '판매관리부'라는 테이블에서 사원번호 속성은 키가 될 수 있다. 판매관리부 테이블의 경우 해당 필드 중 키속성에 밑줄을 그어 해당 속성이 키속성임을 표시한다.

판매관리부(<u>사원번호</u>, 사원이름, 전화번호)

이와 같이 우리가 일상생활에서 데이터를 생각할 때 쓰는 방식으로 데이터를 정의하는 것이 관계형 데이터베이스이다.

개체-관계도의 테이블로의 변환

개체의 테이블로의 변환

고객이라는 개체는 고객번호, 고객이름, 고객주소, 고객연락처의 속성을 가지고 있는데 이것을 테이블로 옮겼을 때 고객이라는 개체에 해당되는 테이블은 다음과 같은 스키마를 갖는다.

> 고객(고객번호, 고객이름, 고객주소, 고객연락처)

위와 같이 개체의 키는 관계형 데이터베이스의 테이블로 변환시켰을 때에도 해당 테이블의 키가 된다. 위의 고객 예에서는 고객번호가 고객개체의 키가 되며, 이것이 고객 테이블에서도 키로 사용된다. 마찬가지로 재고, 고객비밀정보, 판매관리부의 경우에도 아래와 같은 스키마를 가지게 된다.

> 재고(상품번호, 상품명, 재고수량)
> 고객비밀정보(고객번호, 고객신용도)
> 판매관리부(사원번호, 사원이름, 전화번호)

관계의 테이블로의 변환과 개체-관계도의 도출

① 일 대 일 관계

일 대 일의 경우는 각 개체가 같은 기본키를 가지므로 별도의 테이블을 만들 필요가 없다. 예를 들어, 고객과 고객비밀정보의 경우 이를 스키마로 표현하면 다음과 같다.

> 고객(고객번호, 고객이름, 고객주소, 고객연락처)
> 고객비밀정보(고객번호, 고객신용도)

② 일 대 다 관계

일 대 다의 경우 두 개체를 연결할 때 A, B 두 개체에 대해 다(多)의 관계를 가지는 개체쪽의 테이블에 일(一)의 관계만을 가지는 다른 개체의 키속성을 추가하여 테이블로 만들어야 한다. 이렇게 추가되는 키를 우리는 외래키(Foreign Key)라고 한다. 이러한 외래키는 아래에 점선으로 밑줄을 그어 다른 속성들과 구별한다.

예를 들어, 판매관리부와 고객과의 관계는 일 대 다 관계이다. 이러한 일 대 다 관계에서는 위에서 말한 것처럼 일의 관계에 있는, 즉 판매관리부 개체의 기본키인 사원번호를 고객개체에 외래키로 추가해주고 점선으로 밑줄을 긋는다.

> 고객(<u>고객번호</u>, 고객이름, 고객주소, 고객연락처, 사원번호)
> 판매관리부(<u>사원번호</u>, 사원이름, 전화번호)

③ 다 대 다 관계

두 테이블을 연결시키는 데 필요한 키속성과 그 외 속성을 가지고 별도의 테이블을 만든다.

예를 들어, 고객과 재고의 경우를 보면 두 개체 사이에는 주문과 출고라는 두 개의 관계가 존재한다. 우선 출고라는 관계에는 두 테이블을 연결시키는 데 필요한 고객개체의 기본키인 고객번호와 재고개체의 기본키인 상품번호, 그리고 출고관계의 기본키인 출고번호 이 세 가지 속성을 기본키로 한다. 나머지 출고일시는 일반 속성으로 간주한다. 주문관계도 출고관계와 같이 고객개체의 기본키인 고객번호와 재고개체의 기본키인 상품번호와 주문관계의 기본키인 주문번호 이 세 가지 속성을 기본키로 하고 주문일시, 주문수량을 일반키로 지정한다. 이를 스키마로 표현하면 다음과 같다.

고객(고객번호, 고객이름, 고객주소, 고객연락처)
주문(주문번호, 상품번호, 고객번호, 주문일시, 주문수량)
출고(출고번호, 상품번호, 고객번호, 출고일시)
재고(상품번호, 상품명, 재고수량)

지금까지 살펴본 스키마를 종합해보면 아래와 같다.

재고(상품번호, 상품명, 재고수량)
출고(출고번호, 상품번호, 고객번호, 출고일시)
주문(주문번호, 상품번호, 고객번호, 주문일시, 주문수량)
고객(고객번호, 고객이름, 고객주소, 고객연락처, 사원번호)
고객비밀정보(고객번호, 고객신용도)
판매관리부(사원번호, 사원이름, 전화번호)

AI와 경영정보

6장

전문가시스템과 의사결정지원

전문가시스템이 인공지능 분야에서 갖는 의미

세상은 과거에 비하여 비교할 수 없을 정도로 복잡해졌다. 과거 19세기 말 20세기 초 우리나라가 아직 개방되기 전 조선시대 말엽. 우리나라를 방문한 외국인들이 우리나라에 대해서 인상적인 이름을 하나 남겼다. “조용한 아침의 나라”. 참 멋진 표현이다. 어느 나라를 일컬어 이렇게 멋지고 아름다운 이름을 붙일 수 있을까? 당시 우리나라의 문화와 사는 방식이 외국인의 눈에 보기에 신기해 보이고 새롭게 보여서도 그렇겠지만, 확실한 것 하나는 우리가 잘 모르고 지내던 그 어떤 것을 외국인들이 정확히 짚어낸 것이다. 바로 조용함이다. 그러나 지금의 우리나라는 전 세계 10위권에 들어가는 경제강국으로 성장했다. 더 이상 아침이 조용할 리 없다.

아침이 조용하다는 것은 산업화의 시각으로 본다면 경제생활이 역동적이지 않고 침체되어 있는 사회일 가능성이 크다. 그렇게 살다보면 어느덧 삶의 방식도 고착화되기 마련이고 세상을 보는 눈 역시 새로움을 받아들이지 못하는 형태로 흐를 수밖에 없다. 조선시대 말엽 우리나라가 외국의 열강들에게 어떠한 수모를 당했는지 우리는 잘안다. 그로 말미암아 을사늑약이라는 우리나라 역사에 씻을 수 없는 치욕을 가져다준 것 역시 우리는 잘 알고 있다.

인공지능의 역사에서 유연하지 못한 시스템의 대명사가 전문가시스템이다. 영어로는 Expert System이고 그 의미는 특정 분야의 전문지식을 지식베이스로 구축하여 이를 토대로 해당 분야에 속하는 난이도 높은 문제를 해당 분야 전문가 수준으로 해결할 수 있는 능력을 갖춘 인공지능 초창기 시대의 시스템이다. 인공지능에 대한 관심이 높아지고 그 산업적 가능성이 갈수록 커져가는 요즈음, 인공지능에 대한 면밀한 검토와 투자 없이 막연한 장밋빛 소설 같은 태도로 인공지능을 도입하려는 기업이 많다. 그러한 기업들은 전문가시스템의 사례를 잘 보고 익혀서 시장의 변화와 사회의 변화를 실시간 수준으로 머신러닝 워크플로우상에 반영하여 기업 운영프로세스에 적용할 필요가 있다.

전문가시스템에 대해서 본격적인 설명을 하기 전에 정의를 짚고 가자. 전문가시스템을 간단히 정의하면 '특정 문제영역을 대상으로 전문가의 지식과 경험을 체계화한 시스템'이라고 말할 수 있다. 전문가시스템이 경영자들에게 주는 시사점을 정리하면 다음과 같다.

첫째, 정성적인 각종 자료를 효과적으로 의사결정에 반영할 수 있는 메커니즘을 제공한다.
둘째, 특정 분야의 전문가가 가지고 있는 전문지식을 복잡한 의사결정에 적용할 수 있는 방법론을 제공한다.

따라서 전문가시스템은 해당 기업으로 하여금 특정 전문영역에서 요구하는 전문지식을 제공하고 이를 통하여 해당 분야에서의 의사결정의 질을 높일 수 있도록 도울 수 있다.

전문가란 특정 분야에 대해 오랜 교육과 경험을 통하여 비전문가가 할 수 없는 일을 능숙하고 효과적으로 수행할 수 있는 사람을 말한다. 따라서 전문가들은 특정 문제를 명확히 이해하는 능력과 문제의 해결에 필요한 정보를 탐색하고 처리하는 능력이 비전문가에 비하여 탁월하다. 또한 추론한 결과에 대하여 논리적인 설명을 할 수 있다. 이러한 추론을 통하여 주어진 문제에 대하여 논리적인 결과를 유도할 수 있다. 만약 전문가가 가지고 있는 이러한 특성을 컴퓨터에서 구현할 수가 있다면 어떨까? 컴퓨터가 가지고 있는 빠른 계산능력과 방대한 저장능력에다가 전문가들이 가지고 있는 뛰어난 상황판단능력과 추론능력이 더해진다면 그러한 전문가시스템이 가지고 있는 문제해결능력은 매우 우수할 것이다.

그렇다면 이같은 전문가시스템이 실제 전문가와 비교하여 어떤 특성을 가지고 있을까?

첫째, 전문가시스템에 내재된 지식의 저장장소인 지식베이스는 항구적인 보관이 가능하다. 그러나 사람의 기억은 생물학적인 한계 때문에 장기간 저장이 어렵다.
둘째, 전문가의 지식은 오랜 교육과 현장경험을 통하여 습득하므로 학습비용이 막대한 반면에 전문가시스템은 지식의 이전이나 학습이 용이하다.
셋째, 인간의 전문적 지식을 문서화하는 것은 상당히 어렵고 오랜 시간을 소비하게 되는 반면 전문가시스템의 지식은 문서화가 용이하다. 전문가시스템은 자체적으로 지식을 표현하는 지식표현 메커니즘이 존재하기 때문이다.
넷째, 전문가시스템은 전문가보다 일관성 있는 결과를 제공할 수 있다. 왜냐하면 전문가는 문제를 해결하는 과정에 있어서 감정적인 요인에 흔들릴 수 있기 때문이다. 그러나 컴퓨터에서 구현되는 전문가시스템은 이러한 감정적인 요인에 영향을 받지 않는다.
다섯째, 전문가시스템은 일반사용자들에게 전문가의 전문적인 지식이나 능력을 저렴한 비용으로 시간의 제약 없이 제공할 수 있다.

전문가시스템의 구성과 작동원리

전문가시스템은 과연 어떠한 형태로 개발되었을까? 처음으로 실용화된 전문가시스템은 1976년 스탠포드대학교에서 개발한 마이신(MYCIN)이라는 의료진단시스템이다. 그 후에 전문가시스템은 법률상담, 세무상담, 공정계획, 투자자문, 석유탐사, 경영전략 등 많은 의사결정 분야에서 활발하게 사용되었다. 다음 그림은 마이신이 갖는 인터페이스 중 일부를 제시한 것이다.

What is the patients name? (환자의 이름은?)
→ John Doe.

Male or female? (성별은?)
→ Male. (남자)

Age? (나이는?)
→ He is 55. (55세)

Have you obtained positive cultures indicating general type?
(일반적 형태를 보여주는 양성 배양기를 얻었습니까?
→ Yes. (예)

What type of infection is it? (어떤 타입의 감염?)
→ Primary Bacteremia. (일차적 균혈증)

그림 6-1 ▌마이신 인터페이스의 예

이같은 전문가시스템의 특징은 인공지능의 꽃이라 불리는 머신러닝 알고리즘에 비하여 어떠한 차이를 보일까?

- 전문가시스템을 사용하는 사용자는 전문가시스템이 물어보는 많은 질문에 대해서 하나하나 상세한 답변을 해줘야 한다. 사용자의 답변이 곧 전문가시스템의 추론과정에 많은 영향을 주기 때문이다.
- 전문가시스템의 질문에 대해서 사용자가 정확한 답이 아닌 애매한 답변을 하게 되면 그리고 그러한 애매한 답변의 수가 많아질수록 전문가시스템이 제시하는 문제해결 수준은 저하된다.

이같은 두 가지 점이 전문가시스템이 머신러닝에 비하여 환경의 변화에 유연하고 빠르게 대처를 못하는 원인으로 작용한다.

여기서 머신러닝의 학습과정과 추론과정을 전문가시스템과 비교해보자. 그렇게 함으로써 전문가시스템의 장·단점을 보다 분명히 알 수가 있다.

첫째, 전문가시스템은 주어진 자체 지식베이스에 저장되어 있는 관련 규칙에 의거하여 사용자에게 질문을 던지고 그에 대해서 사용자의 명료한 답변을 요구한다. 반면에 머신러닝은 학습데이터를 기반으로 자체 내장된 로직에 따라 학습과정을 수행한다. 그리고 그러한 학습과정의 결과 주어진 방대한 규모의 학습데이터로부터 의미있는 패턴 또는 규칙을 스스로 추출해낸다.

둘째, 따라서 머신러닝이 주어진 학습데이터를 학습할 동안에 사람이 개입할 여지는 많지 않다. 그만큼 사람이 편하게 머신러닝을 사용할 수 있다는 얘기이다. 단, 학습데이터가 미리 전처리 작업으로 클리닝이 되어 있고, 또한 입력값에 대해서 적절한 출력값이 레이블링이 되어 있어야 한다. 머신러닝 워크플로우에서 언급한 데이터 클리닝, 데이터 레이블링 등의 과정은 어쩔 수 없이 사람이 일일이 수작업으로 수고를 해야 하는 작업들이다.

셋째, 지식베이스 구축이라는 측면을 보면 두 시스템은 상당한 차이를 보인다. 전문가시스템은 지식베이스를 구현하는 것이 쉽지 않다. 수작업으로 지식베이스를 규칙으로 일일이 입력해야 하기 때문이다. 따라서 지식, 즉 규칙의 수가 많아지면 많아질수록 전문가시스템의 지식베이스 구현은 더더욱 어려워진다. 규칙과 규칙 간 상호모순이 되는 경우도 종종 발생하고 이를 하나하나 찾아서 조정하는 작업 또한 규칙의 수가 많아질수록 어려워진다. 반면에 머신러닝은 지식베이스를 수작업으로 일일이 만들 필요가 없다. 주어진 학습데이터로부터 머신러닝이 자체 알고리즘을 기반으로 학습을 하고 학습결과를 자체 알고리즘이 생성해내는 비선형함수의 파라미터 형태로 저장해 두기 때문이다. 새로운 문제가 등장할 때에 학습결과를 이용하여 그

문제에 대한 적정한 해를 추론한다.

넷째, 전문가시스템이 갖고 있는 지식은 사람이 쉽게 이해할 수 있는 이른바 화이트박스로 되어 있다. IF-THEN 규칙, 프레임 방식, AND-OR 그래프 등등 전문가시스템의 지식표현 방식은 의사결정자에게는 쉽게 이해되고 해석이 가능한 형태이기 때문이다. 반면 머신러닝의 지식베이스는 자체 알고리즘이 생성해내는 파라미터로 되어 있어서 대부분 블랙박스로 되어 있다. 블랙박스 형태로 지식이 도출되는 대표적인 머신러닝이 인공신경망이다. 반면에 머신러닝 기업 중 의사결정트리는 대표적인 화이트박스 형태의 지식을 도출한다. 베이지안 네트워크도 사실상 화이트박스 형태의 지식을 보여준다.

전문가시스템은 [그림 6-2]와 같이 지식획득시스템, 지식베이스, 추론기관, 설명기관, 사용자 인터페이스 등으로 구성되어 있다.

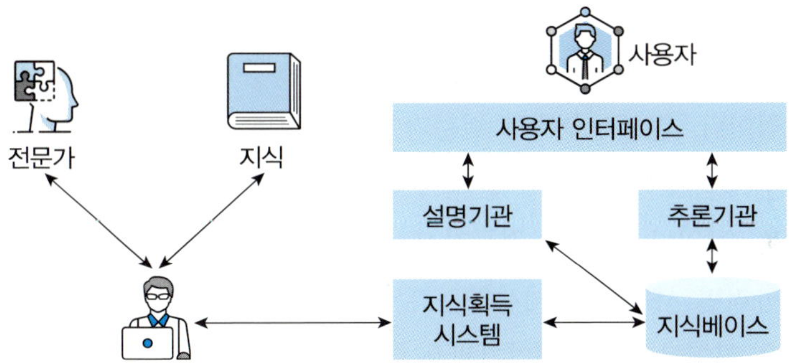

그림 6-2 ▌전문가시스템의 구성

지식베이스(Knowledge Base)

지식베이스는 문제해결에 관련된 전문가의 지식을 담고 있는 지식의 저장 장소이다. 지식베이스에는 전문가시스템에 의해 사용되는 모든 관련 정보, 데이터, 규칙, 그리고 관계 등이 저장된다. 중요한 것은 이러한 지식을 어떻게 수집하고(지식획득의 문제), 어떠한 형태로 지식베이스 안에 저장할 수 있는가(지식표현의 문제) 하는 문제이다. 가장 대표적인 지식표현방법으로서는 IF–THEN 규칙이 있고, 또한 이외에도 의미론적 네트워크(Semantic Network), 프레임(Frame) 방법 등이 있다.

추론기관(Inference Engine)

전문가는 단순히 지식만을 가지고 있는 것이 아니라 자신이 가지고 있는 지식에 근거하여 사실을 추론함으로써 문제를 해결할 수 있다. 전문가시스템이 실제 전문가와 같이 주어진 문제에 대하여 정확한 추론을 할 수 있도록 지원하는 것이 추론기관이다. 일반적으로 전문가시스템에서 활용되는 추론방법으로는 정방향 추론(Forward Chaining)과 역방향 추론(Backward Chaining)이 있다.

설명기관(Justifier)

전문가시스템이 이전의 일반 소프트웨어와 크게 다른 점 중의 하나는 어떤 결론을 내렸을 때 왜 그러한 결론에 도달했는지에 대한 이유를 설명할 수 있다는 점이다. 일상생활에서 전문가에게 자문을 구할 경우 우리는 전문가로부터 그가 내린 결론과 함께 그가 왜 그러한 결론에 도달했는가 하는 설명을 들을 수 있다. 따라서 전문가시스템이 궁극적으로 전문가와 같은 기능을 담당하려면 사용자가 제시하는 문제에 대해 결론, 원인 및 추론과정을 설명할 수 있어야 한다. 설명기관은 이러한 설명능력을 제공하는 구성요소인데, 주로 추론기관이 수행한 추론과정을 저장하여 이를 문장으로 제시하거나 아니면 해당 문제해결과 관련된 지식을 보여준다.

지식획득시스템(Knowledge Acquisition System)

지식베이스를 구축하기 위해서는 선택된 지식표현방법에 맞도록 전문가와의 인터뷰나 문헌자료 등을 통하여 지식을 수집하고 정리하여 컴퓨터에 입력시켜야 한다. 이러한 과정을 지식획득이라고 한다. 전문가의 지식이나 문헌으로부터의 이론을 체계화하여 컴퓨터에 입력시키는 작업은 많은 시간과 노력을 요구하며, 실제 전문가시스템의 개발과정 중 가장 많은 시간과 비용이 소요되는 부분이다. 전문가시스템이 얼마나 정확하고 충분한 지식을 소유하고 있는지가 전문가시스템의 성공 여부를 좌우하는 중요한 요소라고 볼 때, 지식획득은 그만큼 중요한 작업이라고 할 수 있겠다. 지식이 정태적이 아니라 동태적으로 변화하는 분야에서는 지식 자체를 항상 유지 및 보수해주는 작업도 뒤따라야 한다. 이러한 이유로 최근에는 자동적으로 지식획득을 수행하는 자동학습 분야가 중요한 연구이슈가 되고 있다.

전문가시스템이 표현하는 지식의 형태

진정한 전문가시스템이 되기 위해서는 무엇보다 전문가의 정확하고도 충분한 지식을 잘 활용할 수 있어야 한다. 이런 의미에서 지식을 정의하고 표현하는 것은 전문가시스템 개발의 출발점이 되는 중요한 과제이다. 그러면 지금까지 지식공학자들에 의해 개발된 지식표현방법들 중에서 가장 대표적인 세 가지 지식표현방법인 IF-THEN 규칙, 의미론적 네트워크, 그리고 프레임 방식을 살펴보자.

IF-THEN 규칙

규칙을 이용한 지식표현방법은 전문가시스템에서 가장 널리 사용되는 지식표현방법이다. 그 이유는 IF-THEN 형태의 규칙이 간결하면서도 이해하기가 쉬운 지식표현방법이기 때문이다. 이같이 IF-THEN 규칙을 이용한 지식표현방법을 사용하면 지식베이스에는 전문가의 지식이 규칙의 형태로 저장되기 때문에 흔히 지식베이스를 규칙베이스라고도 부른다. 지식베이스에 있는 전문가의 지식은 [그림 6-5]와 같이 IF-THEN 문장의 형태를 가지고 존재한다.

IF-THEN 문장의 규칙구조를 살펴보자. 먼저 규칙은 그것이 참인지 거짓인지를 판단하는 근거가 되는 IF문, 즉 조건문과 THEN문, 즉 결론문을 가지고 있다. 이 조건문이 참이면 이 규칙 전체가 참이 되어 THEN문이 실행되고, 이 조건문이 거짓이 되면 THEN문은 실행이 안된다. [그림 6-5]의 예를 살펴보면 규칙 1의 경우 이자율이 하락하면 조건문이 참이 되므로 이 규칙이 선택이 되며 결과적으로 결론문인 '주식시세가 상승한다'라는 결론이 유도된다. 이같이 전문가시스템의 추론과정에서 특정 규칙의 조건문이 참이 되어 해당 결론이 유도되는 것을 해당 규칙이 '화이어링(Firing)' 또는 '화이어(Fire)되었다' 또는 '트리거링(Triggering)되었다'라고 하는데 이러한 용어는 전문가시스템의 추론과정에서 사용되는 용어이다.

그리고 이러한 IF-THEN 규칙에서는 팩트(Fact)라는 개념이 사용되는데, 이는 지식베이스 내에 저장되어 있는 지식 또는 규칙을 적용하여 풀어야 하는 하나의 질문이라고 보면 된다. 이러한 질문은 주어진 문제에 따라서 여러 가지 유형의 질문이 있을 수가 있으며 어떠한 질문은 외부에서 사용자가 제공하는 경우도 있고 경우에 따라서는 전문가시스템이 추론과정을 위하여 사용자에게 던질 수가 있다. 결국 이러한 팩트에 대하여 사용자가 답을 해나가는 과정에서 주어진 문제에 대한 추론이 이루어진다.

IF-THEN 규칙의 대상은 매우 폭넓다. 눈에는 눈, 이에는 이라고 하는 유명한 격언이 담긴 함무라비 법전은 대표적인 IF-THEN 규칙으로 이루어진 법전이다. 모든 법규, 규범, 규칙들이 다 이러한 IF-THEN 규칙을 따른다.

의미론적 네트워크(Semantic Network)

[그림 6-3]은 자동차라는 대상에 대한 지식을 표현한 의미론적 네트워크의 예를 보여주고 있다.

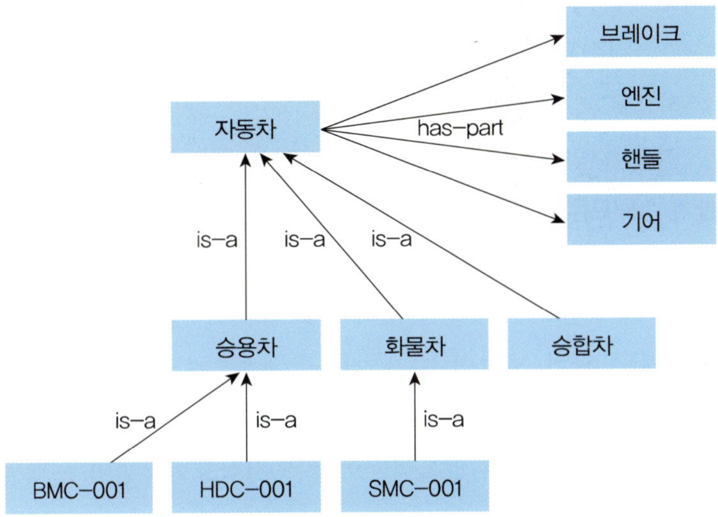

그림 6-3 ▌ 의미론적 네트워크로 표현된 지식의 예

의미론적 네트워크는 인간이 가지고 있는 연관 기억의 심리학적 모형을 근거로 하고 있는 지식표현방법이다. 우리는 지식을 습득할 때에 이같이 연관 기억 방법을 종종 사용한다. 즉, '무엇은 무엇 무엇으로 구성되어 있다'라는 방식으로 연관을 시켜서 기억한다. 이때 노드(Node)와 아크(Arc)를 이용하여 지식을 표현하는데, 노드란 지식의 특정 객체(Object) 또는 개념(Concept)을 표현하기 위한 것으로서 보통 직사각형 또는 타원형으로 표시한다. 아크는 이러한 노드와 노드 간의 관계를 표현하기 위한 것으로서 화살표 또는 직선으로 표시한다. 이때 화살표의 방향은 일반적으로 하위 노드로부터 상위 노드로 향하도록 작성한다.

위의 그림을 다시 예를 들어보자. '자동차,' '승용차,' '화물차,' '승합차' 등

직사각형 등은 노드를 나타내며 이들 각 노드는 아크로 연결된 것을 알 수 있다. 그리고 아크 위에는 'is-a,' 'has-part' 등의 이름이 있는데 is-a는 하위 노드가 상위 노드에 속한다는 것을 나타내고 has-part는 해당 노드가 가지고 있는 속성을 의미한다. 예를 들어, 이 중 'BMC-001'이라는 노드와 '승용차,' 그리고 '자동차'라는 노드로 이어지는 의미를 설명하면 다음과 같다. 즉, BMC-001은 승용차이며(is-a) 승용차는 자동차이다(is-a). 그리고 자동차는 기본적으로 브레이크, 엔진, 핸들, 기어 등으로 구성되어 있다(has-part). 이같이 의미론적 네트워크는 지식을 구성하는 노드 간의 관계를 자유롭게 나타낼 수 있다는 장점이 있으나, 반면에 그 표현의 자유성으로 인해서 지식의 표현이 무제한적으로 확대될 수 있다는 문제점이 있다. 이렇게 되면 복잡한 지식을 간명하게 표현할 수 없게 된다. 지식이 조금만 복잡해져도 관련 노드의 수가 기하급수적으로 늘어나기 때문이다. 그렇다면 지식을 나타내는 일정한 틀을 설정하여 표현하면 훨씬 일목요연하게 지식을 표현할 수 있지 않을까? 이같은 지식표현방법이 프레임 방식이다.

프레임(Frame)

프레임은 의미론적 네트워크에 비해 노드의 구조를 더욱 조직화하여 개체와 사건들을 계층적으로 표현하는 방식이다. 즉, 노드 대신 프레임을 사용하고 이들의 관계는 계층적 구조로 나타낸다. 즉, 프레임 방식에서는 프레임이 곧 노드 또는 개체 또는 개념을 의미한다. 그러므로 프레임 표현방식에서 최상위 노드들은 일반적인 개념을 표현하고 하위노드로 내려갈수록 구체적인 개념을 나타낸다. 프레임을 구성하고 있는 구성요소는 다음과 같다.

① 슬롯(Slot)

해당 프레임이 가지고 있는 속성을 나타낸다. 따라서 하나의 프레임은 여러 개의 슬롯으로 구성되며, 각 슬롯은 슬롯값 또는 속성치를 갖는다. 예를 들어, 자동차라는 프레임은 핸들, 기어, 바퀴, 엔진 등의 기본적인 슬롯으로 이루어지고 이들 각각의 슬롯에는 적정한 속성치를 저장할 수 있다.

② 속성치(Value)

각각의 슬롯이 가질 수 있는 구체적인 값을 나타낸다. 속성치는 문자나 상수가 될 수도 있지만 또 다른 프레임의 이름이 될 수도 있다. 이렇게 되면 특정 프레임이 또 다른 프레임을 포함하는 것이 되기 때문에 프레임 간의 다양한 종속관계를 효과적으로 표현할 수 있다.

③ 아크(Arc)

의미론적 네트워크와 마찬가지로 하위 프레임이 상위 프레임으로 속한다는 것을 의미하며, 화살표 또는 직선으로 표현된다.

이러한 구성요소를 가지고 있는 프레임은 다음과 같은 특징들을 가지고 있다.

- 특정 프레임 내부에 또 다른 프레임을 마음대로 포함할 수 있다.
- 또한 상위 프레임의 슬롯과 그 속성치가 하위 프레임으로 상속된다. 이를 인헤리턴스(Inheritance) 또는 '인헤리트(Inherit)되었다'라고 한다.
- 하위 프레임에서는 상위 프레임으로부터 상속된 슬롯 외에 자기가 가질 수 있는 고유의 슬롯도 추가할 수 있다.

의미론적 네트워크에서 사용한 자동차 지식표현방법을 프레임 방식으로 변환하면 [그림 6-4]와 같다. 이를 세부적으로 나누어서 설명하면 쉽게 이해할 수가 있다.

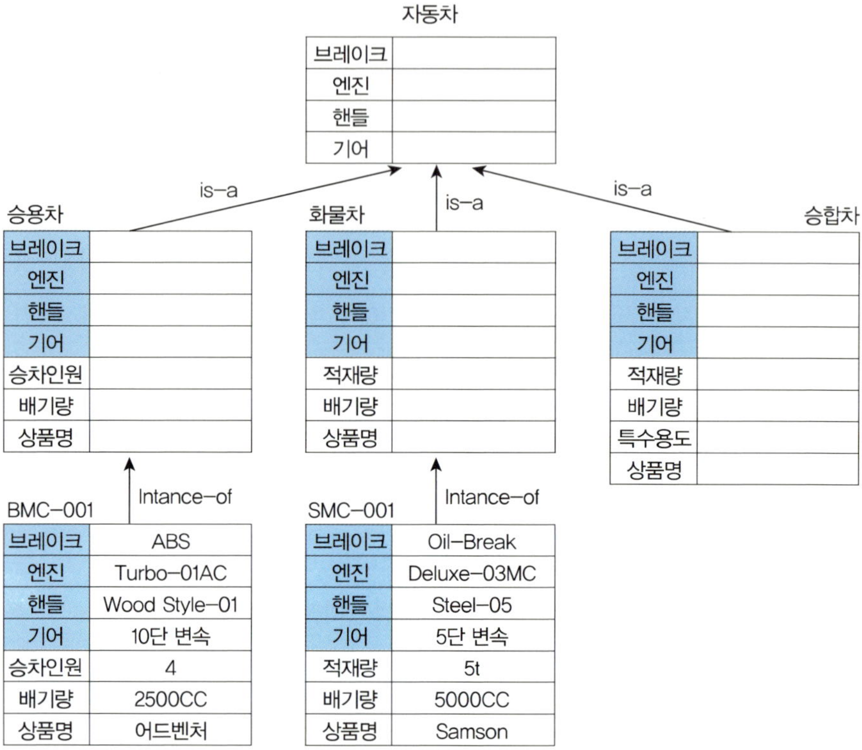

그림 6-4 ▌ 프레임 방식의 지식표현 예

- 자동차, 승용차, 화물차, 특수차, BMC-001, SMC-001 등의 프레임들이 모여서 프레임 간의 계층적 구조 또는 관계를 표현할 수 있다.
- 의미론적 네트워크에서 표현된 노드 중 아크가 'is-a'로 표현된 노드는 프레임 방식에서는 모두 프레임으로 바뀌어 있다. 그러나 'has-part'라는 아크를 갖는 노드는 그 의미가 속성을 갖는 것이므로 프레임 방식에서는 슬롯으로 변환된다. 여기에는 브레이크, 엔진, 핸들, 기어가 있다. 여기서 'is-a' 관계는 앞에서 설명한 의미론적 네트워크에서 사용했던 'is-a'와 같은 개념이다.
- 이러한 'is-a' 관계는 프레임 간의 상속을 나타낸다. 즉, 하위 프레임이 상위 프레임의 속성과 값을 상속받는다는 것을 의미한다. 그림에서는 상속받는 속성인 브레이크, 엔진, 핸들, 기어는 음영으로 표시되어 있다.

- 그리고 'instance-of'라는 속성은 프레임에 대한 구체적인 사례를 의미한다. 하위 프레임에서는 상위 프레임으로부터 상속받은 값은 그대로 사용할 수도 있고 다른 값으로 바꾸어 쓸 수도 있다. 뿐만 아니라 하위 프레임에서는 추가로 다른 속성들을 사용할 수도 있다.

전문가시스템의 추론방식

일반적인 의미에서의 추론은 논리적인 근거와 사건, 그리고 경험을 중심으로 특정한 결론을 도출하는 것을 의미한다. 전문가시스템에서 의미하는 추론도 이와 비슷하다. 단지 지식베이스를 기반으로 추론을 진행하는 것이 일반적 시스템과 다른 점이다. 그러므로 전문가시스템에서 수행되는 추론은 지식베이스를 구성하고 있는 지식의 표현방법과 밀접한 관계가 있다. 전문가시스템의 대표적 추론방식에는 정방향 추론방식과 역방향 추론방식이다.

정방향 추론방식

정방향 추론방식은 Forward Chaining이라는 의미이다. 이는 지식베이스 내의 모든 규칙을 이용하여 추론하고자 하는 방식으로서 이를 '자료중심 추론'(Data-Driven Inferencing)이라고도 한다. 정방향 추론방식에서는 추론과정 중 지식베이스 내의 규칙으로부터 새롭게 발견된 사실을 기초로 또 다른 사실을 발견하며, 이들 사실을 기초로 계속적으로 추론하여 결국 목표규칙(Goal Rule)이 참이 될 때까지 반복한다. 이러한 정방향 추론과정에 대한 이해를 돕기 위하여 [그림 6-5]에서와 같은 IF-THEN 형태의 지식베이스를 이용하여 정방향 추론과정을 따라가보자. 각각의 규칙 앞에 있는 숫자는 규칙의 번호를 나타내며 이는 규칙의 실행과는 무관하다.

규칙 10	IF 이자율 = 하락 THEN 주식시세 = 상승
규칙 20	IF 이자율 = 상승 THEN 주식시세 = 하락
규칙 30	IF 달러환율 = 하락 THEN 이자율 = 상승
규칙 40	IF 달러환율 = 상승 THEN 이자율 = 하락

그림 6-5 ▌ IF-THEN 형태의 지식베이스 예

이같은 지식베이스를 가지고 있는 증권회사에 어느날 고객이 찾아와서 다음과 같은 질문을 했다고 가정해보자. 즉, "주요 산업국가에 대한 달러환율이 하락하고 있습니다. 그렇다면 주식시세는 어떻게 됩니까?" 이러한 질문에 대한 답을 정방향 추론방식으로 추론하자.

① 단계 1

고객의 질문은 곧 팩트, 즉 사실이다. 이는 '달러환율=하락'으로 표현할 수 있다.

② 단계 2

단계 1에서 사용된 '달러환율'이라는 속성을 가지고 규칙들을 검색한 결과 30번 규칙의 조건문인 IF문에서 이 속성을 사용한 것이 발견되었다. 그리고 나머지 규칙들에 대해서도 '달러환율'이라는 속성을 찾은 결과 40번 규칙의 IF문에서도 발견되었다. 그런데 40번 규칙에서는 '달러환율=상승'이므로 고객이 제시한 팩트와 일치하지 않는다. 따라서 고객이 제시한 팩트에 대해서 보면 30번 규칙의 조건문은 참이 되고 40번 규칙의 조건문은 거짓이 된다. 따라서 30번 규칙의 조건문이 참이 되었으므로 거기에 해당되는 결론문을 통하여 '이자율=상승'이라는 새로운 사실이 발견되었다. 이것이 최종 결론이 되는지를 확인할 필요가 있다.

③ 단계 3

단계 2에서 발견된 '이자율=상승'이라는 새로운 사실을 근거로 또 다른 결론을 찾을 수 있는지 나머지 규칙들을 검색한다. 이때 '이자율=상승'이라는 사실과 일치하는 조건문을 가지고 있는 규칙은 20번이다. 20번 규칙의 조건문이 참이므로 거기에 해당되는 결론문인 THEN문을 보면 '주식시세=하락'이라는 새로운 사실이 발견된다. 이러한 경우에도 아직 모든 추론과정이 끝난 것은 아니다. 발견된 새로운 사실이 다른 규칙의 IF문에 등장하는지를 검사하여야 하기 때문이다.

④ 단계 4

'이자율=상승'이라는 사실과 일치하는 조건문을 찾은 결과 이와 일치하는 조건문을 갖는 규칙이 없다. 따라서 추론된 새로운 사실이 없으므로 정방향 추론과정은 여기에서 끝난다.

⑤ 단계 5

단계 1~4의 모든 추론결과를 근거로 고객에게 다음과 같은 최종 결론을 제시할 수 있다. "달러의 환율이 떨어지면 이자율이 상승하고 주식시세는 하락한다."

이상과 같은 정방향 추론과정을 통하여 화이어(Fire)된(또는 트리거(Trigger)된) 규칙을 순서대로 나열하면 30번과 20번이다. 따라서 전문가시스템의 설명기관은 이들 화이어된 규칙을 기억하고 있다가 이를 기초로 "달러의 환율이 떨어지면 이자율이 상승하고 주식시세는 하락한다"라는 결론에 이르게 되었느냐는 사용자의 질문에 대하여 설명할 수가 있다.

이상과 같은 정방향 추론과정에서는 일치(Match)? 선택(Select)? 실행(Execute)과 같은 3가지 과정이 반복적으로 수행되어 최종적인 결론에 이르게 된다. 이때 일치는 주어진 사실 또는 팩트와 일치하는 규칙을 찾는 것을 의미하고, 선택은 해당 규칙의 조건문이 참이 되는 규칙을 선택하는 과정이다. 한편 실행은 선택된 규칙의 결론 부분을 실행하는 것이다. 이같은 정방향 추론방식의 특징을 정리해보자.

- 정방향 추론방식에서는 추론결과인 목표규칙은 알 수 없고 단지 현재 주어진 사실 또는 팩트만을 근거로 추론을 하여 최종적인 결론을 찾아가는 방식이다. 그러므로 지식베이스 내에 규칙의 수가 많으면 추론과정이 매우 길고 복잡하게 되어 빠른 추론을 요구하는 실제응용에서는 환영받기 어렵다.
- 정방향 추론방식의 또다른 이름인 자료중심 추론이라는 명칭은 정방향 추론방식이 주어진 지식베이스 내의 모든 규칙을 대상으로 주어진 사실과 추론된 사실을 검증하여 최종적인 결론을 유도하기 때문에 붙여진 이름이라는 것을 알 수가 있다.
- 정방향 추론방식은 주어진 모든 규칙을 이용하여 차근차근 결론을 유도하고자 하는 방식이기 때문에 이를 귀납적 추론방식이라고도 한다.

역방향 추론방식

역방향 추론방식은 Backward Chaining이라고 한다. 역방향 추론방식은 정방향 추론방식과는 달리 여러 개의 목표규칙 중에서 어느 하나를 이미 사용자가 알고 있다고 가정하고서 추론을 시작한다. 다시 말해서 역방향 추론이란 어떤 결론을 미리 정해 놓고 추론을 시작하며 이 결론을 참으로 만드는 사실들을 역방향으로 계속해서 추적해 나가는 방식이다. 관련 규칙에 대한 추적은 규칙이 가지고 있는 조건, 즉 사실들이 더 이상 쪼갤 수 없는 단위사건일 때까지 반복해 나간다. 그리고 사용자와 대화를 통하여 하나하나의 사실들에 대해서 참/거짓 여부를 확인해 나간다. 그러므로 역방향 추론을 목표중심추론(Goal-Driven Inferencing)이라고도 한다. 이는 지식베이스 내에 규칙의 수가 많은 경우 추론시간을 단축하는 데 큰 효과가 있다. 그러나 역방향 추론기관에서는 추론된 사실이 참인지 거짓인지를 알기 위해 수시로 사용자에게 질문을 던지기 때문에 사용자가 잘못 대답을 하면 추론방향이 엉뚱한 방향으로 진행될 가능성이 있다. 역방향 추론과정에 대한 이해를 돕기 위하여 [그림 6-6] 지식베이스를 이용하여 역방향 추론과정을 따라가 보기로 한다. 이 지식베이스는 A회사에 지원한 지원자들을 대상으로 적절한 업무분야를 할당하는 규칙들로 이루어져 있다.

① 단계 1

추론에 앞서서 가장 먼저 해야 될 일은 결론변수를 결정하는 것이다. 결론변수는 전체 규칙을 살펴볼 때 '업무분야'가 된다는 것을 알 수 있다. 따라서 THEN문에 업무분야가 들어 있는 규칙인 10, 30, 40, 50, 60규칙이 '목표규칙'(Target Rules)이 된다. 그러므로 역방향 추론기관은 이들 목표규칙 중

```
규칙 10    IF 학위보유 = 아니오
           THEN 업무분야 = 없음
규칙 20    IF 학위보유 = 예
           THEN 자격 = 예
규칙 30    IF 학위보유 = 예 AND
              연구업적 = 예
           THEN 업무분야 = 연구
규칙 40    IF 자격 = 예 AND
              학점 < 3.5 AND
              경력 >= 2년
           THEN 업무분야 = 서비스 엔지니어
규칙 50    IF 자격 = 예 AND
              학점 < 3.5 AND
              경력 < 2년
           THEN 업무분야 = 없음
           THEN 이자율 = 하락
규칙 60    IF 자격 = 예 AND
              학점 >= 3.5
           THEN 업무분야 = 생산 엔지니어
```

그림 6-6 ▌IF-THEN 형태의 지식베이스 예(역방향 추론)

어느 규칙이 참인지를 알기 위하여 사용자에게 질문을 던지고 이를 토대로 하여 최종적인 결론을 유도하려고 한다. 예를 들어, 일련의 추론과정을 거쳐서 규칙 40이 최종적으로 참인 것으로 판명되었다면 사용자에게 적합한 업무분야는 '서비스 엔지니어'가 된다.

② 단계 2

역방향 추론방식에서 일반적으로 사용자에게 질문을 하는 순서는 가장 처음 등장한 규칙에서부터 시작된다. 그러므로 규칙 10에서 IF문에 등장하는 변수 '학위보유'라는 변수에 알맞는 값을 얻기 위해 사용자에게 다음과 같이 학위보유 사실을 물어본다.

"학위를 보유하고 있습니까?"

이같은 질문에 대하여 사용자가 '예'라고 대답했다고 하자. 이때 규칙 10은 IF문이 거짓이 되므로 화이어가 안된다. 그리고 다음 번 규칙 20에서 일단 '학위보유=예'인 것을 확인하고 추론은 이어서 규칙 30으로 진행된다.

③ 단계 3

규칙 30의 IF문에서 보면 '학위보유'에 대한 값은 사용자로부터 이미 입력받은 '예'라는 값이 있으므로 다음 변수인 '연구업적'에 할당될 적절한 값을 알기 위하여 다음과 같이 사용자에게 질문을 한다.

"연구업적이 있습니까?"

사용자가 여기에서 '예'라고 대답하면 규칙 30의 IF문에서 모든 변수에 해당되는 값이 모두 참이므로 THEN문에 의하여 업무분야는 '연구'로 결정되고 추론은 정상적으로 종료된다. 그러나 '아니오'라고 대답했다고 가정해보자. 그러면 규칙 30의 IF문에서 두 변수 중 학위보유만 참이고 연구업적이

거짓이 되므로 AND에 의하여 두 변수 모두가 참이 아니기 때문에 IF문 전체는 거짓이 된다. 따라서 규칙 30은 화이어가 안되고 다음 규칙인 40으로 넘어간다.

④ 단계 4

규칙 40에서 보면 첫 번째 만나는 변수가 '자격'인데 이는 이미 규칙 20을 실행하는 과정에서 '자격=예'라는 값을 얻은 바 있다. 따라서 다음 변수인 '학점'에 대해서 알아보기 위하여 사용자에게 다음과 같이 물어본다.

"평균학점이 얼마입니까?"

사용자가 여기에서 '3.0'이라고 대답하면 '학점< 3.5'가 참이므로 다음 변수인 '경력'을 물어본다. 그러나 여기에서 '4.0'이라고 대답하면 '학점< 3.5'가 거짓이 되어 규칙 40의 IF문이 거짓이 되어 추론은 규칙 60으로 진행된다. 그러나 사용자가 3.0으로 대답했다고 가정하고 진행해보자. 그러면 경력이라는 변수에 대한 값을 알기 위하여 추론기관은 다음과 같이 사용자에게 질문을 던질 것이다.

"관련분야의 경력은 몇 년입니까?"

사용자가 여기에서 '2년'이라고 대답하면 규칙 40의 IF문 내의 모든 변수가 참이므로 THEN문에 있는 결론인 업무분야는 '서비스 엔지니어'로 결정되고 추론은 정상적으로 종료된다. 그러나 '아니오'라고 대답하면 추론은 계속해서 다음으로 진행된다.

역방향 추론방식의 특성을 요약하면 다음과 같다.

• 지식베이스 내에 규칙의 수가 많은 경우에는 추론시간이 빠른 역방향 추론방식이 적합하다. 사실 전문가시스템을 본격적으로 응용하는 경우에는

대개 규칙의 숫자가 많기 때문에 실무에서는 역방향 추론방식을 활용하는 경우가 많다.

- 역방향 추론방식은 미리 결론변수를 포함하는 규칙, 즉 이른바 목표규칙을 설정하고 이들 목표규칙 중 어느 규칙이 참인지를 알기 위하여 관련 사실을 확인하고자 사용자에게 많은 질문을 던진다. 이때 사용자의 대답에 따라서 추론과정이 달라지게 되며 자연히 질문의 종류도 달라진다.
- 이같이 역방향 추론방식은 미리 목표규칙을 정해놓고 추론을 한다고 하여 '목표중심 추론'이라는 또 다른 이름을 가지고 있다. 또한 이와 관련되어 정방향 추론방식을 귀납적 추론방식이라고 부르는 것과 달리 역방향 추론방식을 '연역적 추론방식'이라고 부른다.

전문가시스템 개발도구

지금까지 논의하였던 지식표현방식 중에서 동물의 이름을 추론하는 IF-THEN 방식의 지식베이스를 직접 구현하고 이를 기초로 추론해보자. 사용도구는 전문가시스템 추론기관 소프트웨어인 JESS이다. JESS는 자바 플랫폼의 규칙엔진으로, 전문가시스템의 자동화를 위한 규칙 기반 프로그래밍을 제공한다. 전문가시스템 쉘(Expert System Shell)이라고도 불린다. 인터넷 사이트상에서 다운로드받아 직접 사용할 수 있다는 장점이 있어 전문가시스템 교육용 버전으로서 활용가치가 높다. JESS는 다음 링크를 통하여 다운로드하여 사용할 수 있다.

https://www.cs.carleton.edu/faculty/rkirchne/cs327/jess.html

실험에 사용할 지식베이스는 신천옹새, 펭귄, 타조, 얼룩말, 기린, 호랑이, 치타 등 7가지 동물의 속성을 정리한 것으로서 각각의 동물이름과 그들이 가지는 속성들을 정리하면 다음 [그림 6-7]과 같다.

No	속성	Albatross	Penguin	Ostrich	Zebra	Giraffe	Tiger	Cheetah
1	Coat hair (털가죽)					○	O	
2	Feeds offspring milk (젖을 먹임)				○	○	○	○
3	Coat feathers (깃털)	○	○	○				
4	Flies (난다)	○						
5	Lays eggs (알을 낳는다)	○	○	○				
6	Eats meat (육식)						○	○
7	Pointed tooth (송곳니)						○	○
8	Extremities claws (날카로운 발톱)						○	○
9	Eye position forward (전방을 향한 눈)						○	○
10	Extremities hooves (발굽)				○	○		
11	Chews cud (되새김질)				○	○		
12	Habitat ships (배 위에서 산다)	○						
13	Swims (수영)		○					
14	Black and white (검은색과 흰색)		○	○	○			
15	Long neck (긴 목)			○		○		
16	Long leg (긴 다리)			○		○		
17	Black stripes (검은 줄무늬)				○		○	
18	Dark spot (짙은 반점)					○		○
19	Tawny (황갈색)						○	○
20	Has wings but can't fly (날개가 있으나 날지 못함)		O	O				

그림 6-7 ▌7가지 동물속성

이 그림은 7종류의 동물들이 갖는 속성 20가지를 나열하고 있는데, 여기에서 ○표시는 해당 동물이 갖는 속성을 의미한다. 그림의 내용을 기초로 구현한 IF-THEN 방식 지식베이스의 결론변수는 동물이며, 이를 포함하는 목표규칙은 동물 종류의 수인 7개이다. 지식베이스의 예시(펭귄, 기린)는 [그림 6-8]과 같다.

```
(defrule penguin "Matches for a penguin"
   (coathair no)
   (milk no)
   (feathers yes)
   (flies no)
   (egg yes)
   (meat no)
   (tooth no)
   (claws no)
   (forward no)
   (hooves no)
   (cud no)
   (ships no)
   (swims yes)
   (blwh yes)
   (neck no)
   (leg no)
   (stripe no)
   (spot no)
   (tawny no)
   (nofly yes)
   =>
   (printout t "I think your animal is penguin" crlf)
   (assert (done))
)
```

```
(defrule giraffe "Matches for a giraffe"
   (coathair yes)
   (milk yes)
   (feathers no)
   (flies no)
   (egg no)
   (meat no)
   (tooth no)
   (claws no)
   (forward no)
   (hooves yes)
   (cud yes)
   (ships no)
   (swims no)
   (blwh no)
   (neck yes)
   (leg yes)
   (stripe no)
   (spot yes)
   (tawny no)
   (nofly no)
   =>
   (printout t "I think your animal is giraffe." crlf)
   (assert (done))
)
```

그림 6-8 ▌ 7가지 동물을 기초로 한 IF-THEN 규칙 지식베이스 예

① 단계 1 : 시스템 실행

사이트에서 JESS를 다운로드받아 jess.bat 파일을 실행시키면 다음과 같은 초기화면이 나타난다.

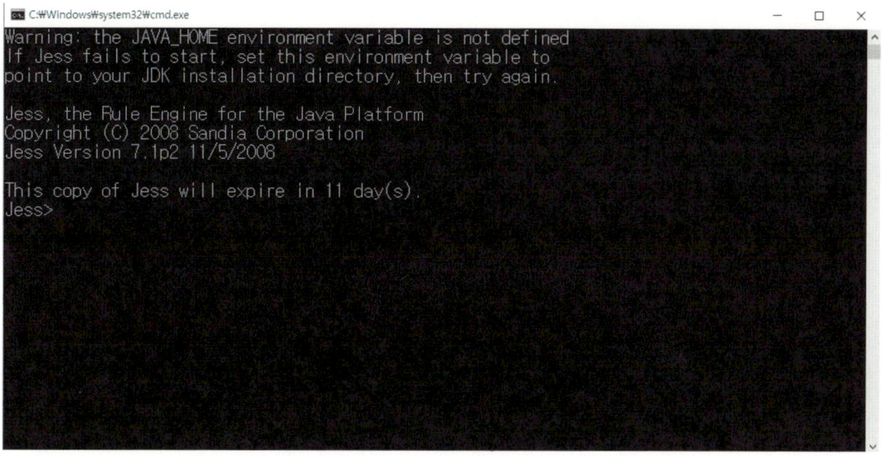

②③ 단계 2와 3: 지식베이스 선택과 추론시작

추론을 시작하기 위해선 실행 코드인 gamestart를 입력해야 한다. 다음과 같이 추론을 시작하기 위한 화면이 실행된다.

질문에 대한 답은 'Yes'와 'No' 중 하나로 답하도록 되어 있다. Y로 시작하는 단어는 Yes로 인식하고, N으로 시작하는 단어는 No로 인식한다.

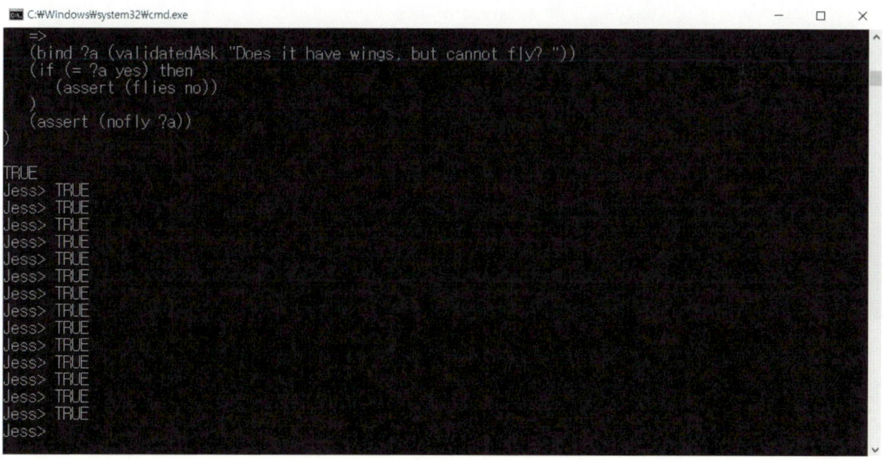

```
C:\Windows\system32\cmd.exe
Jess> TRUE
Jess> TRUE
Jess> TRUE
Jess> TRUE
Jess> TRUE
Jess> TRUE
Jess> TRUE
Jess> TRUE
Jess> (gamestart)
Choose an animal.
Any word that starts with y or Y is interpreted as yes.
Any word that starts with n or N is interpreted as no.
Hit enter after entering your response.
1. Does it have coat hair?
```

④ 단계 4 : 추론결과

추론결과 사용자가 생각하던 동물이름 'Penguin'을 전문가시스템이 정확하게 추론하였다.

```
C:\Windows\system32\cmd.exe
Jess> TRUE
Jess> TRUE
Jess> TRUE
Jess> TRUE
Jess> TRUE
Jess> TRUE
Jess> TRUE
Jess> TRUE
Jess> (gamestart)
Choose an animal.
Any word that starts with y or Y is interpreted as yes.
Any word that starts with n or N is interpreted as no.
Hit enter after entering your response.
1. Does it have coat hair? n
2. Does it feed offspring milk? n
3. Does it have coat feathers? y
4. Can it fly? n
5. Does it live on a ship? n
6. Does it swim? y
I think your animal is penguin
Jess>
```

의사결정지원시스템으로서의 전문가시스템

우리가 특정 전문가에게서 우리가 처한 문제를 상의하고 그로부터 전문적인 서비스를 받고자 하는 이유는 무엇인가? 전문가는 우리가 처한 문제에 관한 한 전문가로서의 전문학식과 경험이 풍부하기 때문이다. 전문가는 전문지식과 경험을 해당 분야에 대해 가지고 있으므로 그에게서 서비스를 받게 되면 의사결정을 보다 합리적이고 효과적으로 할 수 있다. 이때 해당 전문가시스템은 의사결정지원시스템으로서 사용된다.

의사결정지원시스템은 영어로 DSS라고 한다. 즉, Decision Support System를 줄여서 DSS로 부른다. 치열한 경쟁환경 속에서 경영을 하는 현대 기업들은 항상 최선의 의사결정을 하려고 노력한다. 이러한 의사결정을 위하여 정보시스템을 필요로 하게 되었고, 전문가시스템은 특정 영역에서 전문가적인 지식을 토대로 한 DSS로서의 가치를 인정받았다. 기업이 처한 의사결정 문제의 유형은 다음과 같이 세 가지 문제유형을 갖는다. 즉, 비구조적 문제, 반구조적 문제, 그리고 구조적 문제가 그것이다.

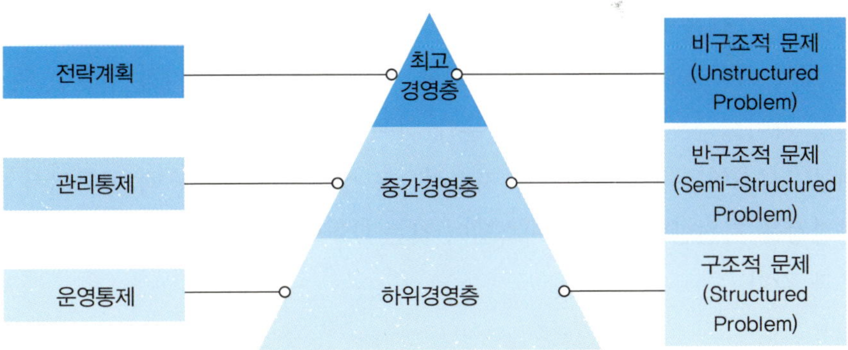

그림 6-9 ▌ 의사결정문제 유형

노벨상 수상자인 허버트 사이먼 교수는 일찍이 하위경영층에서는 구조적 문제(Structured Problem), 중간경영층에서는 반구조적 문제(Semi-Structured Problem),

그리고 최고경영층에서는 비구조적 문제(Unstructured Problem)를 다룬다는 점을 제시하였다. 여기서 구조적이라는 의미는 의사결정에 필요한 일정한 규칙과 절차가 존재한다는 것을 의미한다. 대개 경영활동 수준이 운영통제의 수준으로 내려갈수록, 그리고 경영계층에 있어서는 하위경영층으로 내려갈수록 이러한 유형의 의사결정문제가 큰 비중을 차지한다. 반면에 반구조적 · 비구조적인 의사결정문제는 구조적 문제와는 다른 특성을 가지고 있다. 즉, 비구조적인 의사결정문제의 경우 의사결정에 필요한 규칙과 절차가 존재하지 않아서 의사결정자의 판단이 절대적으로 필요하다. 따라서 문제의 특성과 상황에 따라서 대안을 설계하고 선택하는 과정을 거쳐야 문제가 해결될 수 있다. 반구조적인 의사결정문제는 의사결정에 필요한 규칙과 절차가 어느 정도 존재하나 나머지 부분은 의사결정자의 판단을 필요로 하는 문제이다. 따라서 이러한 세 가지 유형의 의사결정지원문제를 지원하는 정보시스템은 서로 다른 특성을 갖게 될 것이다. 예를 들어, 구조적인 의사결정지원문제는 이미 구체적인 문제해결 절차가 존재하므로 고도의 의사결정지원기능을 갖춘 정보시스템보다는 자동화된 기능을 갖춘 거래처리시스템 또는 정보보고시스템이 더 적합한 정보시스템이 될 것이다.

전문가시스템은 DSS로서의 특성을 갖추고 있다. 즉, 가지고 있는 지식베이스 내의 지식을 토대로 주어진 팩트에 대한 해석을 하여 가장 적절한 의사결정 가이드를 추론기관으로 추론을 하여 의사결정자에게 알려준다. 이때 전문가시스템은 의사결정자와 지속적으로 상호반응적 피드백을 하면서 의사결정을 지원한다. 전문가시스템이 갖는 DSS로서의 특성을 정리해보면 다음과 같다.

- 우선, 전문가시스템은 의사결정과정을 지원한다. 구체적인 문제의 해결 절차가 없거나(비구조적 문제) 또는 일부만 존재하는(반구조적 문제) 의사결정 문제의 해결과정을 체계적으로 지원한다.
- 전문가시스템은 의사결정과정의 모든 단계를 지원한다. 전문가시스템

이 지원하는 의사결정과정은 허버트 사이먼 교수가 제안한 '제한된 이성'(Bounded Rationality)이라는 가정에 기초한다. 즉, 제한된 이성 모형에서는 의사결정단계를 문제인지, 대안설계, 대안선택, 그리고 실행이라는 4단계로 구분하여 설명한다.

① 문제인지단계(Intelligence Phase)

의사결정자가 주어진 문제를 효과적으로 해결하기 위해서는 무엇보다도 해당 문제의 성격과 특성이 무엇인지를 파악하여야 한다. 또한 문제와 관련된 내적 요소와 외적 요소가 무엇인지를 파악하여야 하고, 또한 현재 활용가능한 자원은 무엇인지를 면밀히 파악하는 것이 중요하다. 전문가시스템은 이러한 문제인지단계를 의사결정자와의 상호작용을 통하여 의사결정자로 하여금 명확히 이해하도록 지원한다.

② 대안설계단계(Design Phase)

해당 문제의 특성과 성격이 파악되면 그에 합당한 대안, 즉 Alternative를 설계하여야 한다. 여기서 대안이란 곧 해(Solution)를 의미하는데 한 문제에 대한 대안은 복수 개가 일반적이다. 따라서 전문가시스템은 가지고 있는 지식을 동원하여 정방향 추론시에는 귀납적으로, 역방향 추론시에는 연역적으로 주어진 문제에 대한 대안을 소개한다. 이때 전문가시스템이 제시하는 대안은 대개 수리적 모형에 기반한 것이 아닌 텍스트에 기반한 자문형태의 권고가 일반적이다. 그러나 IF-THEN 규칙형태라고 하더라도 THEN 파트에 적정한 수리적 모형을 연결하면 해당 수리적 모형으로부터 적절한 수리적 대안을 의사결정자에게 제공할 수 있다.

③ 대안선택단계(Choice Phase)

주어진 문제에 대하여 대안이 설계되면 이 중 어느 하나를 최종적으로 선택하여야 한다. 사실 대안을 선택하는 것은 의사결정자의 성향에 따라 달라진다. 진보적이고 위험을 감수하려는 성향이 있는 의사결정자의 경우에는 대안선택이 진취적인 경우가 많다. 반면에 보수적이고 위험회피적인 성향을 갖는 의사결정자의 경우 대안선택은 매우 신중하며, 따라서 선택된 대안의 경우도 보수적이다. 이같은 의사결정자의 성향은 전문가시스템과 의사결정자가 지속적인 상호작용 프로세스 안에서 자연스럽게 드러나며 이로써 전문가시스템은 의사결정자의 성향에 기반하여 결론을 추론할 수 있다. 사이먼 교수가 제안한 의사결정모형에서는 의사결정자가 '제한된 이성'을 가지고 있다고 가정하기 때문에 대안선택시 적용되는 기준은 '만족기준'(Satisficing Criterion)이다.

④ 실행단계(Implementation Phase)

선택된 대안을 실제로 실행하는 단계이다. 주어진 환경에 따라 실행의 결과가 달라지는데, 이때 해당 의사결정의 결과는 각 의사결정의 단계로 피드백된다. 이때 의사결정의 어느 단계로 피드백되느냐는 피드백의 결과에 따라 달라진다. 이러한 실행의 결과가 만족스러우면 의사결정과정이 끝나지만, 만약 만족스럽지 않다면 이를 다시 이전의 문제인지, 또는 대안설계 또는 대안선택의 단계로 피드백하여 문제점을 보완하여 더 나은 의사결정이 되도록 한다.

전문가시스템이 피드백 과정을 거쳐 주어진 문제에 대한 전문가적인 가이드를 하고자 할 때 사용할 수 있는 두 가지 기능이 있다. 하나는 What-If 기능이고 또 다른 하나는 Goal-Seeking 기능이다. What-If 기능은 '조건-결과 민감도분석' 기능이라고도 하는데 이는 조건(또는 상황)이 변화할 때 결과가 어떻게 변화할지를 분석하는 기능이다. 의사결정과정에서 흔히 부딪치는 분석 유형에 유용한 기능이다. 이러한 What-If 기능은 기업에서 널리 활용되는 스프레드시트 프로그램인 엑셀에서 쉽게 구현할 수 있는 기능이다. 한편, Goal-Seeking 기능은 '목표탐색' 기능이라고도 하는데, 이는 주어진(또는 희망하는) 목표를 달성하기 위해서는 어떠한 조건이 필요한지를 분석하는 기능이다.

전문가시스템은 기업의 최고경영자층에 속하는 중역, 즉 C-레벨 임원들에게 유용하다. 이 경우 전문가시스템은 중역정보시스템으로서 사용된다. 중역정보시스템(Executive Information System : EIS)은 기업의 최고경영층에서 사용되는 DSS로서 기업의 임원인 중역이 경영목적을 달성하는 데 필요한 주요 정보를 신속하게 조회하고, 이를 기초로 다양한 분석기능을 지원하는 정보시스템이다. 이같은 EIS의 특성을 정리하면 다음과 같다.

- 중역들은 대개 조직의 내부정보뿐만 아니라 산업환경, 국내외 경영환경과 관련된 정보를 수시로 확인하고 이를 기초로 다양한 분석을 할 필요를 가지고 있다.
- 중역정보시스템은 이러한 중역들의 정보에 대한 요구사항이 체계적으로 수용된 정보시스템으로 볼 수 있다.
- 중역정보시스템은 조직내부 최신 운용정보, 증권정보, 외부의 뉴스나 소식, 전자우편 등을 제공할 수 있고 각 부서장의 성과정보를 신속하게 제공한다.
- 중역정보시스템은 제공하는 정보를 가장 핵심적인 사실에 초점을 맞추는 동시에 정보를 한눈에 볼 수 있도록 요약해준다. 또한 제품별·부서별 혹은 고객별 상세 자료를 제공할 수도 있다.

이같이 전문가시스템이 중역정보시스템인 EIS로 사용될 때에는 중역으로 하여금 기업의 운영결과나 기업상황에 대한 평가, 경영의 합리적인 통제를 위해 필요한 각종 정보나 분석도구에 손쉽게 접근할 수 있도록 전문적인 가이드를 제공한다.

AI와 경영정보

7장

머신러닝을 이용한 주가방향예측

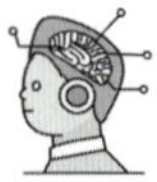

비즈니스 의사결정 세계의 복잡성

비즈니스의 세계에는 수많은 유형의 문제가 존재한다. 인적자원관리, 재무관리, 마케팅, 생산운영, 정보기술/정보시스템 등 분야는 늘 새로운 유형의 의사결정문제로 분주하다. 아무도 예상하지 못한 러시아와 우크라이나 간의 전쟁과 그로 인한 글로벌 물류체계의 비효율성 증가, 관련 물류비용 및 원자재 가격의 폭등, 코로나 팬데믹으로 인한 재택근무와 그로 인한 인적자원관리 비용의 증대는 비즈니스 의사결정문제가 왜 다양한 이슈로 늘 분주한지를 잘 설명해준다. 본장에서는 이러한 비즈니스 의사결정문제 중에서도 주가방향예측 문제를 인공지능 기반 머신러닝 분류기로 다루고자 한다.

우선 주가방향예측 문제의 특징부터 하나하나 뜯어보자. 주가예측은 누구든지 관심있어 하는 의사결정 영역이다. 자신이 투자한 주식의 가격, 즉 주가가 언제 오르고 내리느냐를 예측함으로써 관리하고 있는 포트폴리오의 이익을 극대화하고 싶어한다. 그러나 주가는 늘 변화무쌍하게 변한다. 이를 예측하는 것이 사실상 무의미할 정도로 그 변화는 실로 우리들의 예측을 불허한다. 학자들은 주가의 이러한 변동성을 일컫기를 랜덤워크라고 부른다. 영어로는 Random Walk라고 하는데 이는 곧 주가의 미래 움직임은 어느 방향으로 변할지를 알 수가 없기 때문에 붙여진 이름이다. 랜덤워크 이론의 근거는 주가 자체의 움직임에 초점을 맞추었을 때에는 주가의 변화는 사실상 예측이 불가능한 랜덤한 형태를 보인다는 것이다. 그러나 주가 자체의 움직임이 아니라 주가가 변하는 방향에 예측의 초점을 맞춘다면 얘기는 사뭇 달라진다. 주가 자체의 미래변화는 랜덤하지만, 주가가 변하는 미래의 방향은 전형적인 분류의 문제이기 때문에 어느 정도 예측이 가능하다.

예를 들어보자. 미래 주가방향은 상향, 하향 또는 중립으로 쉽게 추정할 수 있다. 즉, 단순하게 본다면 미래 주가방향은 오르든가(즉, 상향), 내리든가(즉, 하향), 또는 변화가 거의 없든가(즉, 중립) 셋 중의 하나이다. 이같이 타겟 클라스의 숫자를 세 개로 간주하면 주가방향 예측문제는 삼진분류문제가 된다. 즉, 3-class classification 문제가 되는 것이다. 이를 약간 더 정교하게 본다면 오르더라도 일정범위 이상 오르느냐(이 경우, '매우 상향'), 오르더라도 일정범위 내에서만 오르느냐(이 경우, '상향') 두 가지로 세밀하게 쪼개서 볼 수 있다. 내리는 경우도 마찬가지다. 미래 주가방향이 일정범위 이상 내리느냐(이 경우, '매우 하향'), 또는 일정범위 내에서만 내리느냐(이 경우 '하향')로 세분화할 수 있다. 따라서 미래 주가방향을 보다 세밀하게 쪼개서 본다면 '매우 상향', '상향', '중립', '하향', '매우 하향'으로 나눌 수 있고, 이 경우 의사결정문제는 다섯 개의 타겟 클라스를 추정하는 오진분류문제가 된다. 영어로 5-class classification 문제라고 한다.

이같이 주가방향 예측문제는 주가방향을 몇 개의 클라스를 갖는 문제로 보느냐에 따라 삼진분류문제, 오진분류문제 등으로 구분이 된다. 주가방향 예측문제를 풀기 위하여 인공지능 머신러닝 기법을 적용한다고 가정하자. 머신러닝 기법이라고 말할 때에는 일반적으로 주어진 의사결정문제가 분류문제라고 전제를 한다. 즉, 분류문제라 함은 예측의 대상이 되는 타겟변수의 클라스 개수가 정해져 있는 경우를 말한다. 주가방향 예측문제의 경우 삼진분류문제로 간주하는 경우 타겟변수가 상향, 중립, 하향 등 3개의 클라스를 갖는다고 본다. 확률적으로 볼 때 삼진분류문제는 랜덤으로 찍어도 1/3은

맞출 수 있다. 대략 0.33 이상의 정확도가 나와야 의미 있는 머신러닝 분류 기법이 되는 것이다. 이진분류문제로 보는 경우 정확도가 최소 1/2, 즉 0.5 이상은 나와야만 의미 있는 예측치라고 볼 수 있다. 이같이 주가방향 예측 문제를 분류문제로 보는 경우 적용가능한 대표적인 머신러닝 기법으로는 의사결정트리, 인공신경망, 로지스틱회귀, 서포트벡터머신 기법이 있다. 이 기법들은 새로운 차원의 딥러닝을 제안할 때에 해당 방법이 얼마나 뛰어난지를 증명하기 위하여 사용되는 벤치마킹용 머신러닝 기법으로도 종종 사용되기 때문에 이들의 작동원리를 알고 넘어갈 필요가 있다. 이들 머신러닝 기법을 설명하면 다음과 같다.

의사결정트리(DT)

Decision Tree, 즉 의사결정트리는 인공지능 머신러닝 기법이 무엇인지 전혀 모르는 초보자라도 그 결과를 쉽게 이해할 수 있다. 맨처음 나타나는 노드를 루트노드라고 하는데 말 그대로 나무, 즉 트리의 뿌리에 해당되는 부분이다. 의사결정트리가 나무형태를 갖고 있기는 하나 평범한 나무가 아니라 뿌리부분(뿌리를 영어로 루트, 즉 Root라고 하므로 이를 루트노드라고 함)이 하늘을 향하고 잎(즉, 리프. 영어로 Leaf임)부분은 땅을 향하여 있는 모양을 띠고 있다. 그렇기 때문에 의사결정트리의 가장 하단부분은 잎으로 되어 있고 그래서 해당 하단부분을 리프노드라고 한다. 즉, 의사결정트리는 루트노드로 시작하여 리프노드로 끝나는 형태로 되어 있는 것이다. 리프노드에서는 최종적으로 해당 문제의 의사결정이 이루어진다. 그래서 해당 리프노드의 클래스로 분류가 되면 정확한 추정이 된 것으로 간주한다.

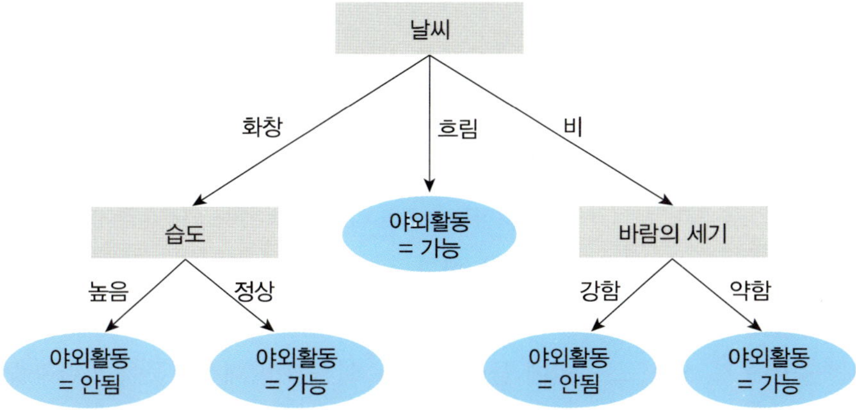

이 그림에서 보는 의사결정트리는 전형적인 형태를 보여주고 있다. 여기서 노드는 모두 3개인데 날씨, 습도, 바람의 세기로 되어 있다. 따라서 여기서 볼 수 있는 세 개의 노드는 의사결정시 고려해야 할 변수 또는 요소로 생각하면 된다. 맨 위의 노드가 루트노드이며 날씨이다. 루트노드가 갖는 의미는 여러 개의 노드 중에서 가장 중요한 의사결정 요소라는 것이다. 리프노드는 각 노드의 맨 아래에 놓여 있는데 여기서는 야외활동 여부가 리프노드이다. 따라서 리프노드는 의사결정의 대상이 된다. 요약하면 의사결정의 대상은 본 의사결정트리에서는 야외활동을 하느냐 안 하느냐이고, 이때 야외활동을 하느냐 여부를 결정하는 변수로서 본 의사결정트리에서는 세 개의 노드인 날씨, 습도, 그리고 바람의 세기를 고려하고 있다. 따라서 날씨가 화창하고 습도도 높지 않고 정상이라면 야외활동이 가능하다는 의사결정을 내릴 수 있다. 이상의 논의를 토대로 의사결정트리가 갖는 특장점을 정리하면 다음과 같다.

• 첫째로 꼽을 수 있는 의사결정트리의 장점이자 특징은 결과를 해석하기가 쉽고 누구든지 현장에서 즉각 적용이 가능할 정도로 의사결정문제 해결에 큰 도움을 줄 수 있다는 점이다. 위에서 든 의사결정트리의 예를 보면 의사결정에 영향을 주는 변수로서는 세 개의 노드인 날씨, 습도, 그리

고 바람의 세기가 있다.

- 두 번째 특징은 만약 데이터 사이즈가 크고 고려하여야 할 변수가 많아지면 자연스럽게 의사결정트리의 사이즈도 커질 수밖에 없는데 이 경우 리프노드 안에 들어가는 결과물에 섞여 있는 엔트로피(영어로는 Entropy이며 불안정한 정도를 의미함. 따라서 엔트로피가 높으면 리프노드가 주는 의사결정력이 떨어짐)가 커져서 의사결정시 신중해야 한다.

예를 들어보자. 리프노드 안에 들어가 있는 의사결정 대상값들이 파란구슬, 빨간구슬 두 종류가 있다고 가정하자. 만약 어떤 리프노드 안에 파란색 구슬만 있거나 또는 빨간색 구슬만 있다면 의사결정자 입장에서는 의사결정을 내리는데 아무런 혼동이 없다. 이 경우는 엔트로피가 제로이기 때문에 주어진 구슬색깔대로 결정을 내리면 된다. 문제는 파란구슬과 빨간구슬 두 종류가 동시에 리프노드 안에 있는 경우이다. 이 경우 의사결정자는 두 종류의 구슬색깔에 따라서 어떻게 결정을 내려야 할지 고민에 빠지게 된다. 파란색 구슬을 따라서 하자니 빨간색 구슬이 마음에 걸리고, 빨간색 구슬에 따라서 의사결정을 내리자니 파란색 구슬이 마음에 걸리기 때문이다. 이같은 경우 엔트로피는 높아지고 의사결정시 혼동과 불확실성을 가중시킨다. 이와 같이 리프노드 안에 있는 의사결정 대상이 클리어하게 하나의 값으로만 결정되어 있다면 엔트로피는 제로가 되고 분명한 의사결정을 내릴 수 있다. 반면 리프노드의 엔트로피가 증가할수록 의사결정이 복잡해진다. 엔트로피는 불확실한 정도를 의미하므로 엔트로피는 되도록 낮을수록 좋다.

인공신경망(NN)

인공신경망은 이미 앞부분에서 충분히 그 작동원리와 함께 히든레이어, 즉 은닉층이 인공신경망의 추론능력에서 갖는 중요성과 뉴런 간 연결성이 갖는 의미에 대해서 많은 지면을 할애하여 설명한 바 있다. 또한 인공신경망 분야에서 전통적으로 사용해온 역전파 학습 알고리즘이 적용되는 것과 뉴런의 활성화함수 중에서 시그모이드 함수가 많이 사용되어 왔음에 대해서도 설명한 바 있다. 이같이 인공신경망의 기본 작동원리를 하나하나 다시 살펴보면 인공지능이 최근 보여주는 놀라운 성공에 인공신경망의 기본 작동원리가 얼마나 지대한 영향을 주는지 쉽게 이해할 수 있다. 인공지능의 모든 성공의 이면에는 바로 이같은 인공신경망이 갖는 추론능력이 있다.

로지스틱회귀(LR)

로지스틱회귀도 벤치마킹 머신러닝 기법으로 자주 사용된다. 로지스틱회귀는 영어로는 Logistic Regression으로 쓰기 때문에 약자로 LR을 많이 사용한다. 로지스틱회귀라는 말이 발음도 어렵고 길기 때문이다. 우리가 통계학의 기본을 배울 때에 늘 학기 후반에 잠깐 맛만 보고 그냥 넘어가는 통계방법 중 회귀분석이라는 주제가 있다. 회귀분석이란 용어의 원래 영어명은 Regression Analysis인데 이 용어의 하이라이트는 회귀라는 단어이다. 회귀? 한자를 조금 아는 사람들은 회귀라는 한자를 보면 회귀분석의 용도가 무엇인지, 왜 통계를 배울 때마다 회귀분석을 배워야 하는지가 더더욱 궁금해진다. 회귀라는 말을 한자로 보면 '回歸'이다. 회귀라는 단어의 첫 글자는 '회'인데 한자로는 '回'이고 그 뜻은 돌아온다라는 의미이다. 마찬가지로 두 번째 글자인 '귀' 역시 한자로는 '歸'인데 그 뜻 역시 돌아온다라는 의미이다. 연어가 민물 하천의 모래와 자갈이 깔려 있는 얕은 상류에서 부화하여 어린 치어시절을 보낸 뒤에 깊은 바다로 돌아가서 성장한 후 다시 알을 낳으러 자기가 태어나고 자란 민물하천으로 돌아오는 것 역시 회귀이다. 우리가 태어나서 어린 시절을 부모, 형제, 친구들과 해맑게 뛰어놀고 자란 곳이 고향인데, 그러니 성장하여 각자 흩어져서 먼 도시, 먼 나라에 가서 살아도 마음 한구석에는 애잔하게 자리잡고 있는 곳이 고향이다. 언젠가는 그곳으로 다시 돌아가서 여생을 보내려는 많은 사람들의 소박한 심정 역시 회귀로 표현할 수 있다. 따라서 야생동물이나 사람이나 누구든지 회귀라는 심정을 어느 정도 갖고 있는 것은 잘 알겠는데 왜 통계에서 사용하는 방법에도 이같은 회귀라는 말이 사용되는 것일까? 그 뜻이 갖는 의미는 무엇일까? 로지스틱회귀를 정확히 이해하려면 회귀라는 말의 핵심을 먼저 이해할 필요가 있다.

LR에서 사용하는 회귀라는 말은 일반적인 회귀분석에서 사용하는 회귀와 동일하다. 그러면 회귀분석에서 배울 때 사용하는 간단한 회귀식 하나를 찬찬히 뜯어보자.

$$y = a_0 + a_1x_1 + a_2x_2$$

위에서 보여주는 회귀식은 y라고 하는 타겟변수 또는 종속변수가 하나 있고, x_1, x_2라고 하는 두 개의 독립변수 또는 설명변수가 있다. 종속변수는 영어로는 Dependent Variable이라고 하기 때문에 간략하게 DV라고 사용하기도 하니 알아두자. 그리고 독립변수는 Independent Variable이라고 하기 때문에 독립변수를 IV라고도 표기한다. 따라서 위 회귀식에는 DV 1개, IV가 모두 2개가 있는 간단한 식이다. 그리고 계수값이 있는데 a_1, a_2가 그것이다. a_1은 x_1 앞에 곱해져 있는 계수값이고, a_2는 x_2 앞에 곱해져 있는 계수값인데 회귀분석에서는 바로 이 a_1과 a_2라는 두 개의 계수값을 주어진 자료로부터 추론해 내기 위한 과정이라고 보면 된다. 따라서 IV의 개수가 한 개이든지 두 개이든지, 아니면 세 개 이상이든지 IV의 개수는 전적으로 주어진 문제영역에서 사용이 가능한 독립변수가 몇 개이냐에 달려있다. 따라서 IV 개수가 많으면 많아질수록 그만큼 그에 해당되는 데이터가 필요하다. 지금 우리는 아직 DV에 대해서 말을 아끼고 있다. 그리고 우리는 지금 회귀분석에서 회귀라는 말이 무슨 의미인지를 설명하려고 한다. 여기서 우리가 재빨리 간파를 해야 할 것은 어느 회귀분석에서든지 IV의 개수는 적어도 한 개 내지는 그 이상의 복수 개가 될 가능성이 크다. 그러나 DV는 다르다. DV의 또 다른 말이 타겟변수라고 언급한 것을 기억하는가? 타겟이란 결국 목표라는 말이다. 그래서 DV의 또 다른 말이 타겟변수라는 것은 바로 해당 DV가 회귀분석의 목표이기 때문이다. 그리고 DV는 적어도 회귀분석 내에서는 늘 1개로 고정된다. 해당 DV가 갖는 값의 유형이 일반적인 숫자이냐(그렇다면 실수값, 즉 Real Number가 해당 DV가 갖는 값이 될터이다), 아니면 로직값, 즉 예스/노(Yes, No라고 하는 두 개의 로직값), 여성/남성(Female, Male이라는 두 개의 로직값), 또는 A등급/B등급/C등급(이 경우 A, B, C라고 하는 세 개의 로직값은 글자가 아니라 등급을 나타내는 로직값임)이냐에 따라 해당 DV가 갖는 값의 개수는 얼마든지 달라질 수 있어도 DV는 늘 1개로 고정된다. 따라서 회귀라는 의미는 다음과 같이 정리된다.

첫째, 독립변수, 즉 IV 개수가 아무리 많아도 결국 단 1개뿐인 DV를 추정하기 위하여 사용되는 방법이기 때문에 회귀라는 말을 사용한다. 회귀라는 말을 사용한다는 것은 회귀분석에 사용되는 모든 통계적 논리과정은 전적으로 DV를 적정하게 추정하기 위함이라는 의미이다.

둘째, 회귀라는 말은 IV가 몇 개라도 그와 상관없이 1개뿐인 DV를 적정하게 추정하기 위하여 사용되는 논리적 전개과정을 표현하는 단어이다. '자기가 태어나 자란 민물하천 상류로 돌아가서, 즉 회귀하여서 그곳에서 알을 낳아서 죽는' 것으로 요약되는 언어의 일생과 유사하다. 여기서 핵심 단어는 회귀라는 단어이다. 연어 한 마리 한 마리가 바닷속 어디가 되든지 그곳에서 몸집을 키우고 성장하고 나면 다시 후손을 유지하기 위하여 온갖 희생을 무릅쓰고 자기가 태어나고 자란 민물하천 얕은 상류로 회귀하는 것은 목표가 뚜렷한 의도적 행위이다. 즉, 미래세대인 새끼를 낳기 위함이다.

셋째, 연어에게 있어 회귀라 함은 자기가 태어나고 자란 민물하천 상류로 돌아가서 알을 낳고 죽는 것이다. 연어에게 있어서 일생을 건 회귀라는 과정은 바로 후속세대인 알을 낳기 위함이다. 이같이 연어에게 있어서 회귀는 매우 분명한 목적을 갖고 있다. 마찬가지로, 회귀분석에서 회귀라 함은 IV가 몇 개라도 결국 1개뿐인 DV를 적정히 추론하기 위하여 IV 앞에서 계수 역할을 하는 a_1, a_2를 적정히 추론하고 계산하기 위함이다. 회귀분석에서 회귀라는 것은 1개만 존재하는 DV를 적정하게 추정하기 위함이다. 회귀분석에서 IV는 적어도 1개 내지는 2개 이상이 존재하는 것이 일반적이지만 DV는 항상 1개만 존재한다. 이렇게 놓고 보면 회귀분석에서도 연어의 일생과 겹치는 부분이 보일 것이다. 그것은 바로 a_1, a_2로 표기된 회귀계수를 계산해가는 과정이 결국 회귀분석이 갖는 회귀의 목적이다. 연어가 알을 낳기 위하여 온갖 어려움을 딛고 자기가 태어나고 자란 민물하천 상류 얕은 여울로 회귀하는 과정과 의미상 유사하다는 것이다.

넷째, 모든 회귀분석의 계산과정은 1개뿐인 DV를 적정하게 추론하기 위하여 필요한 회귀계수인 a_1과 a_2를 추론하기 위함이다. a_1과 a_2가 없다면 회귀식 자체가 존재할 이유가 없다. 위에서 표기한 회귀분석식을 다시 보자. 그 식에는 DV인 y가 1개, IV인 x가 x_1, x_2 두 개가 있다. 의사결정자가 회귀분석을 수행하려면 DV, IV별로 과거자료를 확보해놔야 한다. 위에서 언급한 회귀분석식에는 DV가 1개, IV가 2개가 있으므로 모두 3개 변수에 대한 과거자료를 확보를 해야만 비로소 회귀분석을 수행할 수가 있다. 그리고 회귀분석을 제대로 수행하였다면 그 결과로서 얻는 최종적인 출력물은 회귀계수인 a_1과 a_2에 대한 구체적인 값으로 얻을 수가 있다. 이렇게 하여 회귀분석의 모든 절차와 과정이 종료된다. 물론 결과물인 a_1과 a_2를 통계적으로 적정하게 해석을 하고 의미를 찾는 것은 의사결정자가 해야 할 또 다른 작업이 될 것이다.

다섯째, a_0에 대한 설명이 필요하다. 회귀분석의 모든 과정이 두 회귀계수 a_1과 a_2를 추정하는 것이라고 설명하였다. 물론 IV가 두 개가 아니라 세 개라면, 즉 x_1, x_2, x_3라면 회귀계수도 a_1, a_2, a_3가 될 것이다. 그러나 여전히 상수로 남아 있는 a_0는 무엇을 하기 위함일까라는 의문점이 생긴다. 한마디로 얘기하면 그냥 상수로 남겨놓으면 된다. 이 a_0는 굳이 의미를 찾아가면서 설명을 요하지 않는다. 이는 a_1, a_2라는 회귀계수를 계산하는 과정에서 나오는 부산물 정도로 치부하면 된다. 따라서 그냥 그 결과값을 DV를 추정할 때 이용만 하면 된다. 만약 회귀분석 결과 a_0가 1.3, a_1이 +0.75, a_2가 −0.82라고 가정하자. 그렇다면 추정된 회귀식은 다음과 같을 것이다.

$$y = 1.3 + 0.75 \times x_1 + (-0.82) \times x_2$$

여기에서 첫 번째 IV인 x_1의 값이 5이고 x_2가 2라고 가정하면 y의 추정값은 얼마인가? 단순한 계산으로 금방 알 수가 있다. 즉,

$$\begin{aligned} y\text{의 추정치} &= 1.3 + 0.75 \times 5 + (-0.82) \times 2 \\ &= 3.41 \end{aligned}$$

따라서 y의 추정치 3.41을 계산하기 위하여 사용된 값 중 하나가 a_0인 1.3인데 a_0는 상수값으로 사용하는 용도로만 의미가 있다.

서포트벡터머신(SVM)

지금까지 우리는 인공신경망과 로지스틱회귀를 설명하면서 머신러닝의 흐름을 이해하려고 하였다. 사실 인공신경망은 그래도 인공지능의 냄새가 나는데 로지스틱회귀는 회귀라는 말부터 통계적 색채가 진하게 나는 것이 사실이다. 그러나 인공지능이라고 하더라도 통계적인 기본내용을 어느 정도 알고 넘어갈 필요가 있다. 머신러닝이라고 하는 것이 결국은 컴퓨터가 주어진 자료를 토대로 학습하도록 하는 것이기 때문에 학습의 과정에 통계적인

흐름을 어느 정도 갖고 가는 경우가 많다. 지금부터 설명하려고 하는 서포트벡터머신 역시 통계적인 흐름을 어느 정도 깔고 이해를 하여야 한다.

우선 용어부터 살펴보자. 인공신경망은 용어부터 인공지능다운 색채가 분명하였지만 서포트벡터머신(SVM)은 이름에서부터 무척이나 색다르다. 우선 서포트벡터라는 말부터가 생소하다. 서포트라는 것은 영어로는 Support, 즉 무엇을 지지한다, 지원한다는 의미가 아니겠는가? 그 뒤에 나오는 단어는 벡터이다. 벡터란 영어로 Vector라고 하며 이는 어지간한 수리적 개념에서는 기본으로 나오는 단어이다. 그러나 다시 한번 확인하고 넘어가자. 벡터란 크기와 방향을 모두 가지는 양을 말한다. 여기서 중요한 것은 크기와 방향이 동시에 존재한다는 것이다. 그래서 벡터는 결국 그 안에 들어가는 값이 몇 개이냐에 따라서 차원으로 표현이 된다. x좌표, y좌표 두 개의 차원으로 표시되는 2차원 벡터는 (x_1, y_1)으로 표시되며 우리가 이미 고등학교 수학에서부터 종종 보아온 것이다. 3차원 벡터는 (x_1, y_1, z_1)으로 표시된다. 이 역시도 우리가 고등학교 수학에서 종종 보던 것이다. 결국 벡터의 차원수는 벡터 안에 들어가는 값의 개수를 말한다. 그렇다면 n개의 값이 들어가는 벡터는 n차원이 될 것이다.

서포트벡터머신은 선형모형과 인스턴스가 기반인 학습 알고리즘이 합쳐진 지도학습모형이다. 서포트벡터머신은 데이터를 선형이나 비선형으로 구분하는데 효과적인 분류기이다. 비선형 분류인 경우에는 비선형 커널함수를 이용하여 입력값을 초평면[1)]으로 변환시킨다.

서포트벡터머신은 이름부터 독특한 머신러닝 방법이다. 머신러닝은 그 사용용도에 따라 두 가지 형태로 구분되는데 그중 하나는 분류용으로 사용되

---

1) 초평면이란 영어로 Hyperplane이라고 표기한다. 하이퍼(Hyper)란 다차원으로 표시된다는 의미이고, 플레인(Plane)이란 평면을 말한다. 따라서 하이퍼플레인은 다차원으로 표시되는 평면을 말하며 이를 초평면이라고 한다.

는 머신러닝 방법이고, 또 하나는 리그레션용으로 사용되는 머신러닝 방법이다. 분류용이란 분류, 즉 Classification용으로 사용되는 것을 말하는데 이는 타겟변수인 DV가 소수의 클래스로 분류되어 있는 형태의 문제를 말한다. 분류문제의 대표적인 형태는 남자, 여자와 같이 성별 분류가 있고, 등급을 분류할 때 사용되는 1등급, 2등급, 3등급과 같은 등급 분류가 있을 수 있다. 분류문제의 경우 해당 머신러닝의 성과측정은 정확도(Accuracy), 정밀도(Precision), 재현율(Recall), F1 스코어, 수신자판단곡선(ROC Curve) 등이 있다. 이들 성과측정치에 대한 상세설명은 별도의 장에서 따로 설명하기로 한다. 어찌 되었든 머신러닝을 이용하는 의사결정문제의 상당부분은 이같은 분류문제인 경우가 적지 않다. 반면 리그레션 문제는 분류문제와는 판이하게 다르다. 리그레션 문제의 경우 타겟변수인 DV가 숫자값을 갖기 때문에 DV를 정확히 예측하기가 어렵다. 그렇기 때문에 리그레션 문제의 경우 해당 머신러닝의 성과측정은 대개 평균절대오차(MSE), 평균제곱오차(MSE), 평균제곱근오차(RMSE) 등으로 한다. 이와 같이 대상 문제형태가 분류문제이냐 리그레션 문제이냐에 따라 적용되는 머신러닝을 달리하여야 하는데 서포트벡터머신의 경우는 대상 문제형태가 분류문제이든 리그레션 문제이든 상관없이 적용이 가능하다.[2)]

사례[3)]

우리나라 기업에 관한 자료분석시 가장 정평있는 데이터베이스는 주식회사 나이스평가정보에서 제공하는 KIS-Value 데이터베이스다. 여기에는 우리나라 코스피에 상장되어 있는 모든 기업들의 자료가 깔끔하게 정리되어 올

2) https://www.kaggle.com/code/prashant111/svm-classifier-tutorial

3) 본 사례는 저자의 다음 논문을 본서의 취지에 맞게 다시 정리한 것임.
어균선 & 이건창 (2017). Predicting stock price direction by using data mining methods: Emphasis on comparing single classifiers and ensemble classifiers. 한국컴퓨터정보학회논문지, 22(11), 111-116.

라가 있다. 머신러닝 방법으로 주가방향예측에 관한 의사결정의 예를 보여주기 위하여 2008년부터 2015년도까지 기업 중 유통업종에 속한 기업에 관한 데이터를 수집하였다. 이와 같이 8개년도에 걸쳐 유통업에 속한 기업들만 대상으로 자료를 뽑았을 때 얻을 수 있는 변수 개수는 109개이며, 이 중 109번째 변수는 주식종가에 해당된다. 해당 독립변수의 영문이름은 [표 7-1]과 같다. 그리고 해당 기업의 수는 모두 37개이며 자료 개수는 1,184개이다. 타겟변수는 월별 주식종가를 분기별 평균으로 구성한 다음에 2007년도의 주식종가와 다음 연도인 2008년도를 비교했다. 2009년도도 2008년도와 같이 전년도인 2008년도와 비교했다. 그리고 전년도 대비 주식종가의 성장률을 임계점(Threshold)을 지정해 비교했다. 타겟변수별 임계점은 다음과 같다. TH1은 25%, TH2는 35%, 15%, TH3은 35%, 25% 15%, TH4는 35%, 25%, 15%, 5%이다.

변수 리스트를 이와 같이 일부러 100개 이상 풀버전으로 보여주는 것은 그럴만한 이유가 있다. 종속변수를 DV라고 하고 독립변수를 IV라고 할 때 마지막 109번째 변수인 종가가 DV가 되고, 나머지 108개 변수는 IV가 될 것이다. 문제는 단 한 개의 DV를 설명하는데 너무 많은 IV 변수가 과도하게 적용되고 있다는 것이다. 상식적으로 하나의 DV를 위하여 불필요할 정도로 많은 100개가 넘는 변수를 처리하느라 학습시간을 오래 가지고 갈 이유가 있을까? 머신러닝 알고리즘이 학습하여야 할 변수가 지나치게 많게 되면 자칫 '과적합'(이를 오버피팅이라고 하며, 영어로는 Over-fitting이라고 함) 또는 '오버러닝'(영어로는 Over-learning이라고 함)이라고 하는 바람직하지 못한 현상으로 이어질 가능성이 크다. 오버피팅과 오버러닝의 경우 시간만 오래 걸리고 성능은 향상되지 않는다. 그렇기 때문에 오버피팅 또는 오버러닝이 예상될 때에는 가급적 그러한 현상을 최소화하는 방향으로 머신러닝을 적용하여야 한다.

| 표 7-1 | 사례분석에 사용된 변수 리스트

No	Variable Name
1	Total assets growth
2	Tangible assets growth
3	Current assets growth
4	Inventories growth
5	Shareholder's equity growth
6	Net sales growth
7	Operating income growth
8	Income before income tax expense growth
9	Net income growth
10	No. of employee growth
11	Operating income to total assets
12	Income before income tax expense to total assets
13	Net income to total assets
14	Income before income tax expense
15	Net income before financial expenses to avg. total assets
16	Operating income to operating capital
17	Income before income tax expense to equity
18	Net income to shareholder's equity
19	Income before income tax expense to capital stock
20	Net income to capital stock
21	Income before income tax expense to net sale
22	Net income to net sales
23	Gross profits to net sales
24	Operating income to net sales
25	Total expenses to total revenue
26	COGS to net sales
27	Depreciation ratio
28	Depreciation/total cost
29	Personnel expenses/total cost
30	Taxes / Income before income taxes
31	Taxes / total cost
32	Financial expenses / total liabilities
33	Financial expenses / total borrowings

34	Financial expenses / total expenses
35	Financial expenses / net sales
36	Times interest earned–operating act. basis
37	Times interest earned–operating income basis
38	Times interest earned–ordinary income basis
39	Times interest earned–income before income taxes basis
40	Dividend ratio
41	Dividend to net income
42	Coverage ratio
43	Debt coverage ratio
44	Loan efficiency ratio
45	EBIT/net sales
46	EBITDA/net sales
47	EBITDA/financial expenses
48	Equity to total assets
49	Current ratio
50	Quick ratio
51	Cash ratio
52	Non current assets ratio
53	Non current assets to equity & LT liabilities
54	Total liabilities to shareholder's equity
55	Current liabilities to shareholder's equity
56	Non–Current liabilities to shareholder's equity
57	Total borrowings to total assets
58	Total borrowings to shareholder's equity
59	Total borrowings/net sales
60	A/R to trade account payable
61	A/R to merchandise & finished goods
62	Trade account payable to inventories
63	Inventories to NWC
64	Non–Current liabilities to NWC
65	NWC to total assets
66	Reserves ratio
67	Reserves to total disposal amount of R/E
68	R/E to total assets

69	R/E to paid-in capital
70	Total CF to total liabilities
71	Total CF to total borrowings
72	Total C/F to total assets
73	Total C/F to net sales
74	Net CF to total borrowings
75	Total assets turnover
76	Equity turnover
77	Paid-in capital turnover
78	NWC turnover
79	Operating capital turnover
80	Non-Current assets turnover
81	Tangible assets turnover
82	Inventories turnover 1
83	Merchandise & finished goods turnover
84	Raw materials turnover
85	WIP turnover
86	A/R turnover
87	Trade account payable turnover
88	Inventories turnover 2
89	Net operating capital turnover
90	Value-added per employee
91	Net sales per employee
92	Income before income tax expense per employee
93	Net income per employee
94	Personnel expenses per employee
95	Avg. tangible assets, net of CIP per employee
96	Machinery & equipment per employee
97	Total assets per employee
98	Efficiency of investment-avg. total assets
99	Efficiency of investment-avg. tangible assets, net of CIP
100	Efficiency of investment-avg. machinery
101	Value added to net sales
102	Labor cost to value added
103	Income before income taxes to value added

104	Personnel expenses to value added
105	Financial expenses to value added
106	Rent to value added
107	Taxes & dues to value added
108	Depreciation to value added
109	Closing price

머신러닝 알고리즘을 주어진 학습자료를 대상으로 학습시킬 때에 오버피팅 또는 오버러닝을 피하기 위하여 변수의 개수를 효과적으로 줄이려면 어떻게 하는 것이 좋을까를 생각해보자.

첫째, 우선 용어부터 짚고 넘어가자. 머신러닝에서 사용하는 용어는 통계적 기법과는 약간 결이 다르다. 위의 표에서 변수라고 하는 말을 사용하였고 종속변수를 DV, 독립변수를 IV라고 하였지만 머신러닝에서는 변수라는 말보다는 속성, 즉 Feature(발음은 피처라고 함)라는 용어가 머신러닝의 분위기에 더 부합한다. 왜 그럴까? 머신러닝은 기본철학 자체가 통계가 아닌 휴리스틱이다. 통계는 가정과 통계적 분포를 엄격하게 따른다. 그래야만 정교한 이론적 틀이 유지되기 때문이다. 반면에 머신러닝은 휴리스틱이다. 휴리스틱이라는 말은 영어로는 Heuristic이라고 쓰는데 이는 사전에 분포나 그 어떤 것을 정의를 하고 분석을 하는 것이 아니라 계속 시행착오를 겪으면서 스스로 해답을 찾아가는 반복적 과정을 의미한다. 동기부여가 잘 되어 있는 학생들은 본인 스스로가 주어진 학습주제를 이해가 될 때까지 계속 문제를 풀고 또 풀면서 무엇이 문제인지를 스스로가 깨우치려고 노력하는 모습을 보인다. 바로 이러한 자발적인 공부자세가 휴리스틱이라는 단어로 표현된다. 스스로 솔루션, 즉 해답을 찾아가는 과정을 총칭하여 휴리스틱이라고 말하는 것이다. 그렇기 때문에 통계적 처리과정은 주어진 문제에 대하여 '정답'을 구하는 것인 반면에, 머신러닝은 주어진 학습자료를 학습하면서 그 안에 숨어 있는 패턴과 규칙을 찾아내려고 한다. 그렇기 때문에 추구하는 것이 정답이 아니라 그 어떤 일정한 규칙이나 패턴을 추출하려고 한다. 따라서 머신러닝을 수행하는 분석가의 기질과 성향에 따라 사뭇 다른 결과 또는 새로운 규칙과 패턴이 나올 수 있다. 그래서 머신러닝은 통계방법에 비하여 주어진 문제를 훨씬 유연한 접근으로 해결하고자 하는 방법론이다.

둘째, 머신러닝이 자기 스스로 솔루션을 찾아나설 때에 오버피팅 또는 오버러닝을 피하려면 고려하여야 할 속성의 개수를 논리적으로 줄일 필요가 있다. 주어진 타겟변수인 DV를 상대적으로 다른 속성보다 더 잘 설명을 하는 속성을 선택하는 것이 효과적이다. 이것을 머신러닝에서는 속성선택이라고 하고 영어로는 Feature Selection이라고 한다. 그렇기 때문에 속성선택은 결국 고려하여야 할 변수의 숫자를 줄여나가는 것과 동일하다. 머신러닝 분야에서 속성선택을 간단하게 FS라고도 부른다. Feature Selection을 줄여서 부르는 말이다. FS가 의사결정자에게 좋은 이유는 고려하여야 할 속성 중 단 몇 개만 단출하게 뽑을 수가 있어서 이해하기도 쉽고 다루기도 훨씬 용이해진다는 점 때문이다. [표 7-1]에서 보듯이 108개나 되는 속성을 다루려면 번거롭고 시간도 오래 걸리는데 이를 FS로 처리하면 단 20여 개 정도로 줄일 수가 있다. [표 7-2]에서 100개가 넘는 속성 중 베스트-퍼스트 방법에 의하여 선택된 속성들을 추려 놓은 리스트가 소개되어 있다. 대략 20개에서 30개 미만 정도의 속성이 선택된 것을 볼 수 있다. 의사결정자는 FS에

표 7-2 FS 결과 선택된 속성들

DV 유형	베스트-퍼스트 FS 방법으로 선택된 속성들
TH1	2, 4, 5, 6, 11, 14, 16, 17, 18, 19, 20, 35, 39, 42, 45, 52, 56, 57, 59, 66, 68, 76, 109
TH2	2, 4, 11, 12, 14, 16, 17, 18, 19, 20, 35, 37, 39, 45, 52, 55, 56, 57, 58, 59, 65, 66, 68, 69, 95, 109
TH3	4, 11, 12, 16, 17, 19, 20, 35, 37, 38, 49, 52, 56, 57, 59, 66, 68, 69, 95, 109
TH4	11, 16, 17, 18, 19, 20, 21, 32, 35, 37, 39, 47, 57, 59, 66, 68, 69, 93, 109

의하여 선택된 속성을 갖고 DV를 추정하면 그 결과에 대해서 분명한 해석이 가능하다.

셋째, 그러면 FS 방법은 어떻게 진행되나? 이를 하나하나 설명하는 것은 너무 많은 지면을 할애하고 이 책에서 추구하는 '알기 쉽고 적용하기 쉬운 AI'라고 하는 집필 철학과 맞지 않는다. 그래서 가장 일반적이고 널리 사용되는 FS 방법 하나만 소개한다. 메뉴 방식으로 사용이 간편하고 쉬운 머신러닝 소프트웨어 중 웨카(영어로 Weka라고 하며, 이는 뉴질랜드 와이카토대학교에서 개발한 데이터마이닝 소프웨어임)라고 하는 머신러닝 소프트웨어가 있다. 웨카가 제공하는 FS 중에서 가장 유명한 방법이 베스트-퍼스트(Best-First) 방법이 있다. 이 방법은 주어진 DV를 효과적으로 추정하는데 도움을 주는 속성을 빠르게 찾아주는 방법이다.

이제는 머신러닝 방법으로 수행한 주가방향 예측에 관한 결과를 볼 차례다. 머신러닝의 예측결과가 좋다 나쁘다를 알려면 평가기준이 필요하다. 경영의사결정에서는 평소에 잘 못보던 측정치가 있는데 AUC가 그것이다. AUC란 Area under the Receiver Operating Characteristics의 약자이다. 이를 직역을 하면 '수신자 운영 특성치 커브의 영역'이라는 말인데, 어지간한 사람들에게 이렇게 얘기하면 알아들을 수 있는 사람들이 별로 없을 것이다. 우리가 어떤 사람과 무전기로 서로 대화를 하면서 메시지를 송신하고 또한 상대방이 보낸 메시지를 수신한다고 하자. 메시지를 보낸 송신자나 메시지를 받은 수신자나 서로가 서로에게 바라는 가장 이상적인 상태는 무엇일까? 말할 것도 없이 서로가 상대방이 보낸 메시지의 의미를 정확히 이해하고 그 뜻을 헤아려 아무런 왜곡이나 오해 없이 메시지가 전달되는 상태를 기대한다. 이것은 송신자에게나 수신자에게나 공히 바라는 바다. 이때가 AUC가 1인 상태이다. 이것을 X축과 Y축 두 개의 축으로 표시를 해보자. X축을 송신자, 수신자가 모두 정확하게 주고받은 메시지를 이해를 할 확률을 나타낸다고 하자. 이를 '민감도'라고 하고 영어로는 Sensitivity라고 한다. 우리가 전화를 하거나 할 때에 전파가 약하게 잡히는 곳에서 전화를 하면 상대방이 보내는 음성이 중간중간 끊겨서 전체적인 맥락이 이해가 안되어 답답한 경우를 겪은 경험이 있다. 해외에서 보이스톡으로 지인들과 통화를 할 때 와이파이 네트워크가 불안정한 경우 이러한 경험을 많이 겪는다. 민감도라는 단어를 X축에 적용하여 송신자와 수신자가 서로의 메시지를 정확하고 오해 없이 이해를 할 확률로 표시하자.

한편, Y축은 무엇으로 설명할까? X축이 송신자–수신자 간에 메시지를 정확하게 이해를 할 확률, 즉 민감도로 본다면 Y축은 주고받는 메시지를 제대로 이해를 못할 확률을 말한다. 상대방이 알아들었다고 하는데 알고 보니 엉뚱하게 이해를 한 경우이다. 상대방이 알아들은 것을 포지티브라고 하자. 즉, Positive란 영어를 그대로 적용하면 다음 중 하나일 것이다.

오케이..
알았어!
응, 알아.
예스
굿

모두 다 포지티브한 말 뿐이다. 그런데 이렇게 알아들은 것처럼 말을 하여서 나도 그런 줄 알고 있었는데 나중에 직접 대면하여 확인을 해보니 그 맥락을 잘못 이해하여서 엉뚱하게 해석을 한 경우가 바로 Y축이 의미하는 상황이다. 이때 Y축은 '폴스 포지티브'라고 하는데, 이는 '잘못 이해한 포지티브'라는 의미를 갖는다. 여기서 폴스란 False라는 영어단어이고 이것이 포지티브 앞에 붙어서 잘못 이해할 확률을 표현하고 있다. Y축이 크면 클수록 상대방이 내가 보내는 메시지를 잘못 이해하고 있을 확률이 커진다. 이렇게 X축과 Y축을 합하여 하나의 그림으로 표시를 하였을 때에 나오는 그래프가 바로 AUC다. AUC라는 단어는 '에어리어 언더 더 커브(Area Under the Curve)'라는 말로 직관적으로 해석하면 편하다. AUC가 1에 가깝다는 것은 제대로 이해를 할 경우가 그렇지 않을 경우를 압도하는 경우여서 내가 보낸 메시지가 잘못 해석될 가능성이 없는 경우이다.

머신러닝 입장에서 학습데이터는 시장이 보내는 메시지를 의미한다. 머신러닝이, 즉 수신자이면 학습데이터가 시장이라고 하는 송신자이다. 머신러닝의 책임은 아주 간단명료하다.

> "시장이라고 하는 송신자가 보내는 메시지를 제대로 학습하고 이해를 하여서 시장이 기대하고 바라는 바를 의사결정 프로세스에 정확히 반영을 해야 한다. 그러므로 머신러닝을 적용하는 의사결정자, 즉 기업은 시장이라고 하는 거대하고 방대하며 복잡한 이해관계가 얽히고 얽혀 있는 송신자가 보내는 학습데이터를 최선을 다하여 학습하고 또 학습한 후에 그 안에 숨겨진 메시지를 정확히 이해를 해야 한다."

이를 다음과 같이 주요 단락마다 끊어서 이해를 하면 보다 더 분명해진다.

■ 시장이라고 하는 송신자가 보내는 메시지를

시장은 곧 고객이다. 국내시장이라면 국내고객, 해외시장이라면 해외고객을 말한다. 그런데 고객은 말이 없다. 아니 기업에 대해서 직접적으로 대놓고 전화를 하거나 메일을 보내거나 하지는 않는다는 말이다. 물론 구입한 제품이나 서비스가 기대와 다를 때 불만을 표하기 위하여 SNS 등에 후기를 남기거나, 메일 또는 직접 방문이나 전화를 하는 경우는 있지만 그런 경우를 제외하면 일반 고객은 대개 직접 기업에 대해서 말을 하지는 않는다. 단지 그들은 구매라는 행위를 통하여 기업에 대해서 아주 단호하게 답을 한다. 해당 제품과 서비스가 우수하고 가격 또한 적정하고 지속적으로 고객만족이 유지가 된다면 고객은 지갑을 열어서 해당 제품과 서비스의 충성고객이 된다. 그리고 해당 고객의 객단가, 즉 그 고객이 해당 기업의 제품과 서비스를 구매하기 위하여 소비한 금액은 올라간다. 그리고 그 수익성은 기업에게 돌아가고 해당 기업의 주가는 견조한 상승을 보여준다. 고객이라고 하는 시장은 기업의 입장에서는 송신자이다. 시장점유율, 객단가 등의 메시지를 기업에게 매순간 계속 보내고 있다.

■ 제대로 학습하고 이해를 하여서

기업 입장에서 생각해보자. 시장이 보내는 메시지를 이해하기가 그렇게 어려운 것일까? 시장은 곧 고객이고 이들 고객이 기업에게 보내는 메시지가 시장점유율 또는 객단가라고 하면 이처럼 분명한 메시지가 또 어디 있을까? 고객이 보내는 시장점유율과 객단가가 의미하는 바를 모르는 기업은 없다. 시장점유율이 오른다면 좋고 떨어지면 안 좋은 시그널이다. 객단가 역시 마찬가지다. 너무도 분명한 메시지이다. 그런데 무엇이 문제인가? 시장이 기업이라고 하는 수신자에게 보내는 메시지가 단순히 시장점유율이나 객단가 또는 그밖의 간단명료한 재무적 성과지표라고 한다면 시장이 보내는 메시지의 의미를 기업이 놓칠 리 없다. 문제는 시장이 보내는 메시지가 그렇게 단순하지 않다는 데에 있다. 만약 시장이 기업에게 보내는 메시지가 다음과 같다면 기업은 어떤 심정일까?

- 수십만 개에 달하는 온라인상 리뷰
- 속성 개수만 하더라도 수백 개, 수천 개에 달하는 거대자료
- 데이터의 숫자 또한 수백만 개에 달하는 거대한 규모의 빅데이터

과연 기업이 시장이 보내는 위와 같은 메시지를 받자마자 곧바로 분명히 이해할 수 있을까? 그렇지 않다. 우리가 빅데이터 시대에 산다는 말은 바로 이같은 상황을 두고 하는 말이다. 간단명료한 한두 개의 재무적 지표만 갖고도 충분하다면 빅데이터를 갖고 기업이 씨름할 이유는 없다. 빅데이터 안에 숨겨져 있는 시장점유율이 하락하는 이유, 왜 타겟시장에서 경쟁기업

에게 밀리는지, 우리 기업에 대해서 고객들은 무슨 생각과 무슨 불만을 가지고 있는지 등등 기업이 중요한 의사결정을 내리기 전에 꼭 알아야 하는 핵심 사항에 대해서 기업은 시장이 보내는 빅데이터라고 하는 방대한 메시지를 머신러닝을 통하여 제대로 학습하고 이해를 하는 노력을 기울여야 한다.

■ **시장이 기대하고 바라는 바를 의사결정 프로세스에 정확히 반영을 해야 한다.**
머신러닝의 중요성이 현시점에서 강조되고 또 강조되는 이유는 시장이 보내는 메시지의 규모가 빅데이터이기 때문이다. 이는 그만큼 기업이 학습하고 해석하여야 할 시장 메시지가 복잡다단하고, 그 규모 또한 방대하기 때문에 어지간한 투자와 노력 없이는 쉽사리 해당 빅데이터 안에 숨겨져 있는 핵심 메시지를 알아내기가 쉽지 않다. 그러나 상당한 수준의 투자와 시간을 쏟아부어서 빅데이터 안에 숨겨진 핵심 메시지를 찾아내었다면 그 가치를 인정하고 그 가치를 즉각적으로 기업 내 의사결정 프로세스에 반영을 하여야 한다. 이것이 수많은 전 세계 유명 경영학자와 저명한 기업가들이 그렇게도 강조하는 혁신의 요체이자 경쟁력 확보의 비결이다.

■ **그러므로 머신러닝을 적용하는 의사결정자, 즉 기업은**
빅데이터 안에 감춰진 시장이 보내는 메시지의 요체는 마치 딱딱한 호두껍질 속의 호두열매와 같다. 맛있고 고소하며 영양가가 듬뿍 들은 호두 열매는 단단하기 짝이 없는 호두껍질을 반드시 깨야만 먹을 수가 있다. 깨는 방법은 망치든 돌맹이든 상관없다. 안에 들어가 있는 호두열매에 손상을 가하지 않는 범위 내에서 호두껍질을 깰 수만 있으면 된다. 빅데이터 시대에서 망치와 돌맹이 역할을 하는 것이 머신러닝이다. 머신러닝이 없이는 빅데이터라는 단단한 껍질을 깨기가 쉽지 않다. 그래서 우리가 머신러닝을 이해를 해두는 것이 기업경쟁력 확보에 유리하다.

- 시장이라고 하는 거대하고 방대하며 복잡한 이해관계가 얽히고 얽혀 있는 송신자가 보내는 학습데이터를 최선을 다하여 학습하고 또 학습한 후에 그 안에 숨겨진 메시지를 정확히 이해를 해야 한다.

시장은 늘 역동적으로 변한다. 변하는 이유는 너무 많아서 일일이 기술하기조차 어렵다. 러시아-우크라이나 전쟁도 한몫을 한다. 특정 국가에서의 경제적 위기도 글로벌 시장에 충격을 가하고 시장을 출렁거리게 한다. 코로나 확산 또한 언제 어디서 어떻게 새로운 변이가 시작될지 예측하기 어렵다. 미국의 대통령 선거, 상하원 선거 결과도 시장을 출렁거리게 한다. 이같이 시장상황의 변동은 살아있는 생명체와 같아서 늘 변화무쌍하게 변한다. 심지어 매크로하게는 변하는 것 같지 않은데 마이크로하게 특정 지역, 특정 시장으로 국한하여 파고 들어가면 그 안에서 또 시장의 변화가 이미 시작된 경우도 허다하게 많다. 우리나라만 하더라도 광역도시가 있다. 거주하는 인구수에 따라서 광역도시가 결정되는데 광역도시는 그 지역의 정서와 생활방식을 반영한다. 그렇기 때문에 특정 제품과 서비스가 어떤 지역에서는 하늘을 찌를 듯이 인기가 높은 반면에 어떤 지역에서는 심드렁하다. 기업은 매크로한 시장변화와 마이크로한 시장의 미세한 변화도 파악하여 의사결정 프로세스 안에 녹여서 대응을 해야 한다. 경쟁이 치열한 국내외 시장에서 한 기업이 생존하기가 결코 만만한 작업이 아니다. 따라서 기업은 시장이라고 하는 거대한 송신자가 보내는 빅데이터를 학습 또 학습하여 그 안에서 뽑아낼 수 있는 모든 핵심 교훈을 끊임없이 이해하고 기업 내 의사결정 프로세스에 반영하는 노력을 지속해야 한다.

이제 본 사례에 대한 결론을 내려보자. 본 사례에서 적용한 머신러닝 방법은 DT, LR, NN, SVM이다. 즉, 의사결정트리 DT, 로지스틱회귀 LR, 인공신경망 NN, 그리고 서포트벡터머신 SVM을 적용하여 얻은 AUC 결과는 [표 7-3]과 같다. 이 표가 보여주는 결과는 의사결정트리인 DT가 여타 머신러닝 기법인 LR, NN, SVM과 비교해볼 때 AUC 측면에서 가장 우수한 결과를 보여주고 있다. 그럼 주가방향 예측이라는 의사결정문제는 앞으로 머신러닝으로 의사결정을 할 경우 DT만 사용하면 된다고 결론을 내려도 무방한가? 문제가 복잡하고 여러 사람들의 이해관계에 영향을 주는 민감한 문제라면 한 가지 잣대만을 가지고 의사결정을 하는 리스크는 되도록 피하는 것이 좋다.

표 7-3 AUC로 측정한 머신러닝 성과

DV 형태	DT	LR	NN	SVM
TH1	0.69	0.65	0.59	0.50
TH2	0.72	0.65	0.67	0.50
TH3	0.68	0.61	0.65	0.50
TH4	0.71	0.63	0.65	0.50

다음 [표 7-4]를 보자. 이 표는 정확도, 즉 Accuracy라고 하는 지표를 정리한 표이다. 이 표를 자세히 뜯어보면 한 가지 특이한 상황이 눈에 뜨인다. 즉, 속성개수가 20개를 기준으로 하여 20개를 훌쩍 상회하는 경우(즉, TH1, TH2) 의사결정트리인 DT가 정확도 측면에서 여타 머신러닝 기법보다 더 나은 결과를 보인다. 반면 속성 개수가 20개 아래로 떨어지는 경우는(즉, TH3, TH4) 결과해석이 조금 복잡해진다. 우선 속성 개수가 20개인 TH3의 경우 로지스틱회귀인 LR이 가장 좋은 결과를 보여준다. 그러나 속성 개수가 19개인 TH4의 경우는 인공신경망인 NN이 유리한 결과를 보여준다.

표 7-4 정확도, 즉 Accuracy로 측정한 머신러닝 성과

DV 형태	속성 개수	DT	LR	NN	SVM
TH1	n=23	71.62	70.48	70.84	70.66
TH2	n=26	65.72	63.61	65.08	64.05
TH3	n=20	63.78	63.96	63.70	63.88
TH4	n=19	54.97	55.77	56.47	55.07

이같이 측정치에 따라 가장 유리한 머신러닝이 그때그때마다 달라진다면 이는 아직 안정적인 상황이 아니고 문제 자체가 유동적이라는 의미이다. 그리고 사실 본 사례에서 드는 문제의 경우 의도적으로 머신러닝 자체를 보다 쉽게 소개하려는 목적을 위하여 상당히 제한적인 규모로 문제를 축소하였다. 그렇기 때문에 지금 소개하는 네 개의 머신러닝 기법인 DT, LR, NN, SVM 외에 또다른 머신러닝 기법도 고려해봐야 한다.

앙상블 머신러닝 기법(RF)

이러한 차원에서 본 사례문제를 확실하게 결론을 내리기 위하여 머신러닝 기법 하나를 더 소개한다. 바로 앙상블 기법이다. 앙상블이란 프랑스 단어가 영어화된 단어인데 Ensemble이라는 단어를 말한다. 이는 우리가 지금 배운 LR, DT, NN, SVM과 같은 단일 머신러닝 방법을 결합하여, 즉 앙상블하여 성과를 더욱 개선한 머신러닝 기법이라고 이해하면 된다. 그런데 앙상블이 재미있는 것은 머신러닝 기법 하나만 갖고 주어진 의사결정문제를 해결하다 보면 겪는 일관성 있는 결론이 나오지 않을 때, 대처할 수 있는 좋은 머신러닝 기법이라는 점이다. 지금 우리가 논의하고 있는 의사결정문제에서처럼 AUC 또는 정확도 등 측정지표에 따라 베스트 기법이 요동칠 때에 의사결정자는 고민에 빠지게 된다. 측정지표에 상관없이 늘 일관성 있게 어느 한 머신러닝 방법이 여타 방법보다 우수한 결과를 보여주는지를 알려면 LR, DT, NN, SVM 같은 단순 머신러닝 기법뿐만 아니라 이들 방법을 서로 결합하여 결과를 분석하는 앙상블 머신러닝 기법도 알아둘 필요가 있다.

여기에서는 랜덤포레스트(Random Forest : RF)라고 하는 앙상블 머신러닝 기법 하나를 소개한다. 우리는 이미 위에서 의사결정트리인 DT를 이해한 바 있다. DT는 주어진 데이터에서 뿌리가 위로 향한 형태의 트리라는 것을 배웠다. 그래서 첫 번째 맨 위의 노드를 루트노드로 부르고 맨 마지막 노드를 잎사귀노드라는 의미의 리프노드로 부른다는 것도 알고 있다. 그런데 우리가 DT에 대한 한 가지 사실을 알 필요가 있다. 그래야 랜덤 포레스트라는 앙상블의 핵심 사항을 이해할 수 있기 때문이다. 여기서 다음 질문에 대한 답을 생각해보자.

질문: "주어진 학습자료로부터 추출해 낼 수 있는 의사결정트리, 즉 DT는 과연 한 개만 있을까?"

이 질문의 요지는 간단하다. 우리가 배운 초・중・고등학교에서 배운 산수 또는 수학은 정답을 요구하는 분야였다. 정답이 무엇인가? 그 정답과 다른 답은 오답이다. 즉, 틀린 답이다. 정답을 유도하는 중간과정은 맞았는데 마지막 계산에서 틀렸다면 그래도 약간의 중간점수라도 받을 수가 있지만 말이다. 그럼에도 정답이 아니면 틀린 것이다. 무슨 말이 더 필요한가? 주어진 수학문제의 정답이 29.5라는 숫자라면 29.3도 틀리고 29.6도 틀린 답이다. 반드시 29.5라고 해야 정답으로서 만점을 받을 수 있다. 이것이 바로 통계의 세계이다. 그런데 머신러닝은 휴리스틱의 세계이다. 이미 설명한 바와 같다. 여기에는 답을 찾아가는 시행착오가 수반된다는 의미가 내포되어 있다. 우리가 하는 학습활동이 어디 기계처럼 자동으로 이루어지는 것은 아니지 않는가? 엉뚱한 시행착오를 한동안 겪다가 불현듯 자기가 치르고 있는 어려운 상황이 결국은 잘못된 생활습관 또는 사고방식 때문이라는 사실을 뼈저리게 느끼기 시작했다면 그 사람은 그 순간부터 변화를 시작한다. 이것이 인간이 하는 일반적인 학습활동이다. 사람마다 차이는 있지만 시행착오를 수반하는 것이 학습과정이다.

의사결정트리가 유도되는 과정을 자세히 소개는 하지 않았지만 DT가 휴리스틱에 기반하여 돌아가는 머신러닝 기법이므로 이 역시 시행착오를 겪으면서 결과가 나올 것이다. 그렇기 때문에 웨카와 같이 일반적인 머신러닝 소프트웨어로 학습자료를 토대로 DT를 구하면 파라미터를 어떻게 세팅하느냐에 따라 결과가 달라지는 것을 볼 수 있다. 휴리스틱이기 때문에 어떻게 파라미터를 세팅하느냐에 따라 같은 학습자료로부터 나오는 의사결정트리가 제각각 다르게 나온다. 정답만을 요구하고 거기에 따라 생각을 해온 사람이라면 주어진 자료로부터 여러 개의 DT가 나온다는 사실이 영 마뜩치 않을 것이다. 정답이 없다고 보기 때문이다. 그러나 각 개인의 삶의 방식이 어떠한 이유에서든지 주변에 해악을 끼치지만 않는다면 나름대로 존중받아야 하듯이 DT 역시 같은 학습자료로부터 여러 개의 DT가 나올 수 있음을 알고 있을 필요가 있다. 그러다 보니 대개 머신러닝을 돌릴 때에는 파라미터 세팅을 디폴트로 두고, 즉 기본으로 두고 돌린다. 랜덤포레스트인 RF는 바로 이러한 문제의식에서 제안된 앙상블 머신러닝 기법이다.

RF라는 말을 잘 뜯어보면 RF의 핵심 사상을 이해할 수 있다. 우선 포레스트라는 것은 숲이 우거진 상황을 묘사한다. 포레스트, 즉 숲은 나무 한그루만 달랑 있는 상태가 아니다. 각양각색의 크고 작은 나무들이 어울려서 생태계를 이룰 때 이를 숲, 즉 포레스트라고 한다. 그리고 랜덤이라는 말은 주어진 학습자료로부터 파라미터 세팅에 따라 다양한 크기의 DT가 나올 수 있다는 것을 의미한다. 특정 한두 개의 파라미터만 세팅하여 산출한 제한된 상황의 DT가 아니라는 말이다. 그렇기 때문에 랜덤포레스트라는 단어 속에는 주어진 학습자료로부터 다양한 유형의 DT, 즉 의사결정트리를 만들어서 하나의 숲처럼 만들고 이를 하나로 결합하여 최종적인 결과로서 숲과 같은 큰 규모의, 그러나 잘 정리된 형태의 DT를 산출한다는 뜻이 내포되어 있다. RF까지 포함하여 지금까지 구한 결과를 AUC와 Accuracy(즉, 정확도) 측정치로 다시 정리해보자. 다음 두 표 [표 7-5]와 [표 7-6]이 그 결과를 보여준다. 이미 하이라이트를 하였지만 앞의 앙상블을 고려하지 않은 표에서는 속성 개수에 따라 DT가 유리한 경우와 그렇지 않은 경우로 나온 것을 기억할 것이다. 그러나 [표 7-5], [표 7-6]에서 보듯이 앙상블인 RF를 고려하면 여타 LR, DT, NN, SVM과 비교하여 RF가 일관성 있게 더 우수한 결과를 보이고 있다. 여기서 중요한 것은 DV 형태와 속성 개수가 달라져도 RF의 성과가 일관성 있게 더 우수하다는 점이다. 기업에서 일하는 의사결정자가 가장 보고 싶어하는 머신러닝의 성과라 할 수 있다. 이와 같이 일관성 있는 결과는 복잡한 의사결정문제를 다루고 민감한 의사결정을 종종 해야 하는 기업 내 수많은 의사결정자들에게 큰 도움이 된다.

표 7-5 AUC로 정리한 머신러닝 성과

DV 형태	속성 개수	DT	LR	NN	SVM	RF
TH1	n=23	0.69	0.65	0.59	0.50	0.81
TH2	n=26	0.72	0.65	0.67	0.50	0.81
TH3	n=20	0.68	0.61	0.65	0.50	0.81
TH4	n=19	0.71	0.63	0.65	0.50	0.81

표 7-6 Accuracy(정확도)로 정리한 머신러닝 성과

DV 형태	속성 개수	DT	LR	NN	SVM	RF
TH1	n=23	71.62	70.48	70.84	70.66	78.07
TH2	n=26	65.72	63.61	65.08	64.05	72.59
TH3	n=20	63.78	63.96	63.70	63.88	73.13
TH4	n=19	54.97	55.77	56.47	55.07	65.19

AI와 경영정보

8장

딥러닝과 비즈니스 오피니언마이닝

딥러닝에 대한 대중들의 관심

최근 거의 모든 대중매체에서는 딥러닝에 대한 얘기로 넘쳐난다. 머신러닝, 즉 이른바 기계학습으로 대표되는 인공지능에 대한 얘기에 어느 정도 익숙해진 대중들은 이제 그보다 더 한 단계 깊이 들어가는 느낌이 드는 딥러닝에 환호한다.

딥러닝이란 말 그대로 심층학습을 말한다. 그러면 딥러닝과 그렇지 않은 일반러닝은 어떤 차이가 나는가? 우리는 이미 인공신경망을 학습한 바 있다. 인공신경망이란 인간의 두뇌작용 중에서 학습성과 추론성을 컴퓨터상에서 모방하고자 하는 동기에서 출발한 머신러닝 기법 중 하나이다. 인공신경망이 갖는 가장 큰 장점은 바로 멀티레이어, 즉 다계층이다. 학습자료가 들어가는 입력층과 최종 출력결과물이 나오는 출력층은 인공신경망이 갖는 기본층이라면, 입력층과 출력층 사이의 이른바 은닉층 또는 히든레이어는 입력층과 출력층 사이를 촘촘히 채우는 신경다발과 같다. 그리고 은닉층이 많으면 많을수록 그만큼 해당 인공신경망은 더 많은 학습능력과 추론능력을 갖추고 있는 것으로 볼 수 있다. 신경다발이 많고 두꺼우니 컴퓨터 저장장치로 비유하자면 다양한 정보와 자료를 저장할 수 있는 공간이 그만큼 많아진다. 신경다발이 두껍고 촘촘하게 켜켜이 쌓여 있는 인공신경망은 그만큼 풍성한 학습과 추론이 가능한 잠재력을 갖추게 된다.

딥러닝이란 결국 은닉층 개수가 여러 개로 되어 있는 인공신경망을 기본으로 한다. 인공지능 분야에서는 이미 여러 명의 수퍼스타 같은 학자, 실무자들이 등장한지 오래다. 그중에서도 레이 커즈와일(Ray Kurzweil)은 구글이 낳은 세계적인 인공지능 학자이자 또한 실무자, 미래학자이기도 하다. 커즈와일은 우리 인간의 두뇌에서 신피질, 즉 네오코텍스(Neocortex)는 인간으로 하여금 자연계에서 유일하게 생각을 하고 보다 창의적이고 고상한 문화적 사고 및 행동을 하도록 하는 두뇌의 핵심 부분임을 강조하였다. 그리고 인간의 두뇌에서 신피질, 즉 네오코텍스는 딥러닝을 가장 잘 표방하는 인체의 한 부분이기도 하다. 왜냐하면 신피질은 인간 두뇌의 약 80%를 차지하는 부분인데 여느 두뇌 파트와 달리 신피질은 주름이 깊게 파여져 있고 매우 구불구불한 형태로 이루어져 있다. 그렇기 때문에 신피질에서는 다양한 형태의 정보와 자료를 처리하여 이를 보다 깊은 사고, 즉 생각의 세계로 승화시켜서 인간문명의 근간을 이루는 예술, 문화, 철학, 학문 등을 일구어내는데 핵심적인 역할을 한다. 우리 인간 두뇌의 신피질은 딥러닝의 은닉층 다발을 상징한다. 레이 커즈와일에 의하면 우리 인간 두뇌의 신피질은 패턴을 인지할 수 있는 약 3억 개의 모듈조각으로 구성되어 있다. 이 3억 개의 패턴인지 모듈조각은 주어진 문제유형에 따라 유연하게 연결됨으로써 지금까지 볼 수 없었던 창의적인 문명의 결과를 만들어낸다.

딥러닝이 머신러닝 기법 중 두드러진 성과를 보이는 이유는 여러 겹으로 쌓은 히든레이어, 즉 은닉층 때문이다. 주어진 빅데이터 안에 아무리 복잡한 함수 또는 패턴이 숨겨져 있다 하더라도 이같이 수십 개의 은닉층으로 무장한 딥러닝은 장시간 분석에 분석을 하여 결국에는 자료 안에 숨겨져 있는 고차원의 복잡다단한 함수 또는 고난이도의 패턴을 찾아낼 수 있다. 딥러닝이 바둑, 이미지 분석, 자율주행, 의료진단, 고지능 로봇제작 등 분야에서 매우 뛰어난 성과를 보이고 있는 것도 딥러닝이 여러 개의 은닉층으로 구성되어 있기에 가능한 것이다. 레이 커즈와일이 언급한 우리 인간 두뇌 활동의 핵심적 역할을 담당하는 신피질도 결국 3억 개 정도에 달하는 패턴인지 모듈조각, 즉 은닉층으로 구성된 딥러닝 구조를 갖고 있다고 볼 수 있다.

딥러닝 방법 중 대표주자는 합성곱신경망이다. CNN(Convolutional Neural Network)이라는 약자로도 널리 알려져 있는 합성곱신경망은 사용자들이 인터넷상에 등록한 수많은 온라인 리뷰 데이터에 숨겨져 있는 사용자의 숨은 의견, 즉 오피니언을 추출하는 문제에서도 뛰어난 성과를 보이고 있다. 2016년에 우리나라 출신의 세계적인 프로 바둑기사인 이세돌 9단을 압도한 구글의 딥 마인드사가 개발한 최첨단 알파고 역시 합성곱신경망을 토대로 개발된 딥러닝 소프트웨어이다.

CNN, 즉 합성곱신경망은 딥러닝 모델을 상징하는 대표적 모델이다. CNN은 원래 이미지 처리에서부터 시작되었다. 물체를 인식하는 생물의 시각처리과정을 모방한 알고리즘으로 태동된 것이다. 그러다 보니 합성곱신경망은 이미지 인식, 영상처리 분야에서 일찍이 그 성과가 널리 입증되었다. 예를 들어, 병원에서 환자의 환부로부터 얻은 복잡다단한 의료영상을 판독하고 그 결과에 따라 환자가 앓고 있는 질환의 정확한 상태와 위치를 파악하여 치료를 하고자 할 때 합성곱신경망은 요긴하게 사용된다. 뇌에 발생된 질환을 찾고자 할 때 또는 CT 이미지를 분석하는 데에 사용되기도 한다. 또한 눈에 있는 망막혈관 이미지를 분석하여 망막혈관의 상태를 정확히 진단하고 처방을 내리는 데에도 합성곱신경망은 긴요하게 사용된다.

그러나 합성곱신경망은 의료분야 외에서도 성공적으로 적용되고 있다. 예를 들어, 화재감지시스템에서 전송된 연기와 불꽃 이미지를 토대로 화재의 심각성을 추론할 때에도 적용되고, CCTV로 전송된 불특정 다수의 안면 이미지로부터 위험한 인물을 찾아내는 데에도 사용되고 있다. 또한 불필요하게 주위를 두리번두리번하거나 매우 긴장된 표정으로 좌불안석의 행동을 보이는 사람들을 찾아서 공공장소에서의 테러활동 예방에도 사용되고 있다. 이밖에도 온라인 전자상거래 고객이 보이는 복잡한 소비자행동을 예측할 때에도 합성곱신경망이 적용되어 상당한 성과를 보이고 있다. 주식가격은 매우 다양한 움직임을 보이는데 이같은 주가 그래프의 변동성을 이미지로 인식하여 해당 주가 그래프의 미래변화를 예측하는 데에도 사용되고 있다.

학문분야 중 자연현상을 다루는 자연과학과 달리 사회를 구성하는 인간의 심리와 그로 인한 다양한 인간행동을 연구하는 사회과학은 자연과학과는 다른 차원의 복잡성을 보인다. 그렇기 때문에 이같이 복잡계 현상을 보여주는 사회과학에도 딥러닝은 효과적으로 적용될 수 있다. 금융정보를 토대로 하는 오피니언마이닝은 사회과학 문제 중에서도 매우 복잡하고 풀기 어려운 난제 중 하나이다. 금융은 가계, 기업, 정부로 이루어지는 한 국가의 경제체제의 혈액순환과 같은 중요한 역할을 한다. 혈액순환에 문제가 있으면 그 사람의 건강은 매우 위험해질 수 있다. 마찬가지로 한 국가의 금융체제가 제대로 작동하지 않는다면 그 나라 경제는 파탄에 이른다. 그리고 그 결과는 재앙으로 이루어진다. 기업이 부도나고 가계경제는 빚으로 몰락하며 길거리에 실업자가 넘치고 물가가 치솟게 된다. 시중에 돈이 있어도 돈으로서의 역할을 제대로 못하게 되면서 급기야 국가경제 역시 파탄에 이르게 된다. 우리나라 역시 1997년도에 이른바 IMF 외환위기를 겪으면서 국가부도 사태를 경험한 바가 있다. 지금도 우리는 그때의 충격과 아픔을 생생하게 기억하고 있다. 금융시스템이 제대로 돌아가고 있느냐는 사용자들이 올리는 관련 온라인 리뷰에 숨겨져 있는 오피니언, 즉 의견의 긍정, 부정 여부를 파악하면 어느 정도 알 수 있다. 금융감독원은 우리나라 금융시스템을 건강하게 유지하는 권한을 부여받은 국가 주요 기관이다.

요즈음은 러시아와 우크라이나 전쟁, FTX와 같이 한때 잘 나가던 가상화폐

거래소의 부도사태, 그리고 국가기간망에 해당되는 물류업계에서 일어나는 파업 등으로 국내외 경제환경에 온갖 불확실성이 꽉 차 있다. 이러한 불확실한 상황에서 금융감독 정책의 효과성이 유지되는 것은 국가경제 차원에서 중요하다. 그리고 이를 위하여 금융 관련 온라인 리뷰 안에 등장하는 국민들의 의견을 오피니언화하여 이를 금융감독 활동에 적극 반영할 필요가 있다. 의견, 즉 오피니언은 따지고 보면 사용자가 갖는 감성이다. 오피니언마이닝분석은 이미 사회과학 분야에서 오래전부터 연구해온 데이터마이닝 주제 중 하나이다. 오피니언마이닝이 갖는 장점을 정리하면 다음과 같다.

첫째, 매순간 천문학적인 양으로 온라인으로 올라오는 각종 금융 관련 의견은 금융상품과 서비스에 대한 사용자들의 솔직한 의견형성에 큰 영향을 미친다. 즉, 관련 금융기관과 금융감독 기관은 오피니언마이닝을 통하여 금융소비자들의 솔직한 의견동향을 분석할 수 있다.

둘째, 경제 및 증권 관련 기사에 숨겨져 있는 사람들의 심리적 동향이 긍정적인지 부정적인지를 오피니언마이닝을 통해 분석할 수 있다. 그리고 이같은 결과는 주식거래량 및 경제흐름의 미래 동향을 효과적으로 예측하는 데 적용될 수 있다. 또한 특정 국가적 이슈나 사회적 이슈, 정치적 이슈에 대해서도 사람들의 다양한 의견이 손쉽게 반영된다. 따라서 오피니언마이닝은 감성분석 분야 중에서도 최근 사회과학에서 중요한 연구분야로 급부상하고 있다.

본장에서는 합성곱신경망이 금융 관련 온라인 텍스트데이터에 적용되었을 때에 사람들이 갖는 금융서비스에 대한 오피니언을 어떻게 찾아내는지를 소개한다.

합성곱신경망 구조와 적용

여기에서는 CNN이라는 말로 널리 알려져 있는 합성곱신경망 모델이 어떻게 구성되어 있는지 살펴보자. 그래야만 막연히 딥러닝이라는 말로 합성곱신경망을 포괄적으로 이해하는 것보다는 구조적으로 보다 더 이해가 잘될 것이기 때문이다.

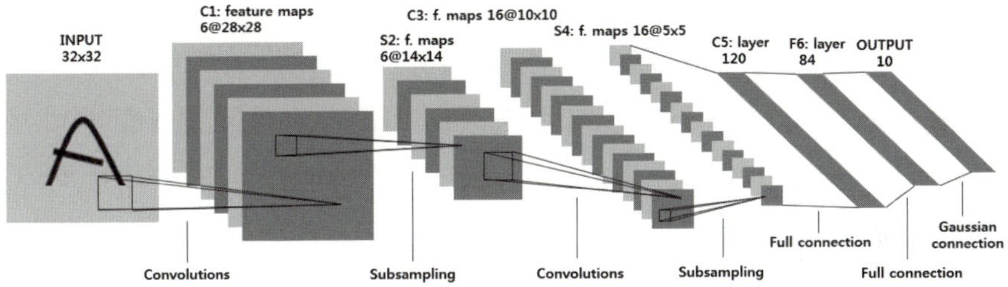

우선 https://www.datasciencecentral.com/lenet-5-a-classic-cnn-architecture/ 링크를 따라 들어가보자. 그러면 'LeNet−5 Architecture'라는 영어 소제목 바로 아래 합성곱신경망의 원조라고 할 수 있는 르넷 파이브(LeNet−5)라고 하는 CNN, 즉 합성곱신경망 구조가 나온다. 이는 1998년도에 발표된 "Gradient−based learning applied to document recognition"이라는 논문에 실린[1] 합성곱신경망 구조이다. 이 논문의 주저자인 르쿤(LeCun)은 이 논문 하나로 일약 딥러닝계의 유명인사가 되었다. 르넷 파이브는 합성곱신경망 구조의 모든 핵심 사항을 다 포함하고 있다. 하나씩 살펴보자.

첫째, 그림 맨 왼쪽에 보면 INPUT 32×32라는 부분이 있다. 이는 A라고 하는 알파벳 문자를 32×32라고 하는 픽셀로 입력자료화한다는 의미이다. 즉, 가로 32개, 세로 32개로 이루어진 격자무늬의 픽셀구조로 A라는 알파벳 문

1) LeCun, Y., Bottou, L., Bengio, Y., & Haffner, P. (1998). Gradient−based learning applied to document recognition. *Proceedings of the IEEE*, 86(11), 2278−2324.

자를 입력자료화하겠다는 뜻이다.

둘째, 그 다음 INPUT 32×32 바로 오른쪽에는 C1: feature maps라는 부분이 나온다. feature maps란 속성맵이라는 뜻인데, 이는 속성, 즉 feature를 주어진 입력자료로부터 추출하겠다는 의미다. 속성이란 입력자료의 특성 또는 특징을 말한다. 주어진 입력자료의 속성을 알아야만 합성곱신경망이 해당 입력자료를 정확히 이해할 수가 있기 때문에 입력자료로부터 속성을 추출하는 것이 꼭 필요하다. 그런데 여기서 한가지 생기는 의문은 속성이면 속성이지 왜 이를 굳이 속성맵이라는 형태로 이해하려고 할까라는 점이다. '속성'이라고 하면 단촐하게 몇 개로 정리한 소규모 속성의 집합을 의미한다. 그러나 속성맵이라고 하면 그렇게 소규모로 정의하기에는 숫자도 매우 많고 눈에 딱 띄일만할 정도로 속성과 속성 간의 구분도 어려운 경우, 해당 속성들을 대규모로 모아놓은 것을 말할 때 쓰이는 말이다. 속성맵이란 속성들을 모아놓은 지도, 즉 맵이다. 대개 입력자료가 복잡한 이미지 자료일 때 해당 입력자료 안에 들어가 있는 다양한 형태의 대상물체(예를 들어 동물, 생활용품, 종양 등 특이형태 등)를 의미하는 각양각색의 속성들을 모아놓은 지도, 즉 맵을 말한다. 주어진 입력자료가 복잡할수록 그 안에 숨겨져 있는 대상을 인식하기란 결코 녹녹치 않은 작업이 된다. 따라서 속성맵이란 일반 지도와 같이 그 안에 다양한 형태의 지리정보, 글자, 대상물체 이미지 등 여러 개의 속성을 지도처럼 모아놓은 것을 말한다. 입력자료가 복잡하면 할수록 속성맵 역시 맵의 숫자도 늘어나고 가로×세로의 크기도 다양해질 수밖에 없다. 르넷 파이브에서는 속성맵이 6@28×28로 되어 있다. 이는 하나의 맵이 가로×세로 28×28 격자무늬로 되어 있고 그러한 맵의 숫자가 6개라는 뜻이다. 처음 입력자료의 격자크기가 32×32였음을 상기하여 볼 때 첫 번째 속성맵인 C1의 경우 가로×세로의 크기가 28×28로 조금 작아져 있다. 그만큼 핵심 대상물체를 보다 정확하게 인식하기 위하여 노이즈 제거, 흐릿한 이미지를 더 선명하게 등의 목적을 위하여 원래 크기 32×32에서 28×28로 정교화되었다. 그런데 여기에서 우리가 주목해야 할 점은 INPUT 32×32에서 C1: feature maps 6@28×28로 넘어갈 때 컨볼루션, 즉 Convolutions이라는 명칭이다. 컨볼루션이 무엇인가? 그 뜻을 사전을 통하여 확인해보면 대단히 복잡하게 주름이 잡힌 것을 의미한다. 즉, 한마디로 쭈글쭈글하게 주름이 잡혀 있는 모습이 컨볼루션이라는 말의 뜻이다. 인간 두뇌의 신피질, 즉 네오코텍스(Neocortex)는 유난히 많은 컨볼루션으로 이루어져 있다. 우리 두뇌의 네오코텍스가 이렇게 컨볼루션이 많은 이유는 제한된 공간에서 표면적을 늘리는 방법이 될뿐더러 아울러 고도의 사고작용과 고차원적인 창의적 생각을 하기 위함이다. 마찬가지로 르넷 파이브 역시 주어진 복잡한 이미지 자료에서 우리가 찾고자 하는 대상을 찾아내기 위하여 이같은 컨볼루션 작업을 반복적으로 수행함으로써 추론성과를 극대화한다. 이같은 컨볼루션을 통하여 주어진 복잡한 입력자료 안에 숨겨져 있는 중요한 특성을 이해하고 인지할 수 있다.

셋째, 같은 방법으로 C1: features maps, 6@28×28 오른쪽으로 한 칸 더 가면 S2: f.maps 6@14×14가 나온다. f.maps는 features map, 즉 주어진 입력자료의 특성값, 즉 속성을 정리하여 모아놓은 속성맵을 말한다. 그리고 6@14×14 역시 14×14 격자가 6개의 겹으로 이루어진 형태를 말한다. 따라서 C1: feature maps 6@28×28과 비교하였을 때 유일한 차이는 결국 격자의 크기가 C1 속성맵에서는 가로×세로 크기가 28×28에서 14×14로 줄어들었다는 사실이다. 격자의 가로×세로 크기가 줄었다는 것은 그만큼 불필요한 노이즈를 제거하고 르넷 파이브가 분명히 이해할 수 있는 사이즈로 점점 줄여나가고 있다는 것이다. 사람으로 말하면 공부를 하면 할수록 공부의 대상인 주제에 대해서 이른바 '감'을 잡아간다는 말과 같다. 감이 잡힌다는 말은 초보자가 주어진 학습대상에 대해서 점점 이해의 폭을 넓혀간다는 말과 같다. 이는 운전을 처음 배운 초보운전자들의 심리상태와 유사하다. 즉, 초보운전자들은 운전에 대해서 아직 감이 별로 없기 때문에 운전할 때에 바짝 긴장하여 운전대에 가슴을 붙이고 좌우 백미러와 후방 백미러를 볼 여유를 갖지 못하고 오로지 전방주시에만 몰두한다. 그러다가 어느 정도 운전에 대해서 감을 잡게 되면 비로소 전방주시뿐만이 아니라 좌우 백미러를 통하여 좌우에서 다가오는 다른 차를 보고 방어운전을 하게 되는 여유를 갖게 된다. 그리고 가끔 후방 백미러를 통하여 뒤에서 다가오는 차의 움직임까지 미리미리 파악하는 진정한 운전고수의 모습을 갖춰나가게 된다. 이는 르넷 파이브 그림의 오른쪽으로 더 가면 보게 되는 C3: f.maps 16@10×10, S4: f.maps 16@5×5에서도 확연히 드러난다. 여기서 주의깊게 봐야 할 것은 격자의 크기이다. 즉, 10×10, 5×5에서처럼 점점 가로×세로 격자의 크기가 줄어드는 것을 볼 수가 있다. 격자의 크기를 요약해보자. C1 속성맵에서는 가로×세로 격자의 크기가 28×28로 시작하였지만 S2 속성맵에서는 그것의 1/2인 14×14로 줄었고, C3 속성맵에서는 10×10으로 줄더니, S4 속성맵에서는 그것의 1/2인 5×5로 줄어든 것을 볼 수 있다. 그만큼 르넷 파이브가 점점 더 주어진 입력자료에 대해서 이해의 폭을 넓혀가고 있음을 알 수 있다. 이같이 합성곱신경망은 속성맵을 통하여 주어진 입력자료 안에 복잡하게 숨겨져 있는 핵심 사항, 즉 속성값을 찾아내고 이를 이해하는 능력을 갖추고 있다. 그리고 그같은 이해력 증진의 시작은 속성맵을 정교하게 가다듬는 과정을 반복적으로 거치면서 갖추게 된다.

넷째, 이제는 마무리 단계에 접어들어가는데 바로 풀 커넥션 단계이다. 풀 커넥션이란 이름 그대로 인공신경망의 가장 기본개념인 히든레이어, 즉 은닉층의 모든 뉴런들이 층과 층끼리 완전연결되어 있음을 말한다. 이렇게 되면 이러한 은닉뉴런 간 연결선을 따라 정보가 흘러가서 최종적으로는 출력층에서 정리되어 최종 추정치를 내게 되는 것으로 대단원의 막을 내리게 된다. 결국 전문가들이 해당 전문영역에서 일반인들보다 정확하면서 믿을 수 있는 신속한 의사결정을 할 수 있는 이유가 이같은 속성맵의 단계를 거쳐서 최종적으로 풀 커넥션된 인공신경망의 기본형태를 거쳐 추론을 할 수가 있기 때문이다. 그렇기 때문에 합성곱신경망의 영어 이름이 Convolutional Neural Network인 것이다. 앞의 컨볼루셔널이란 주어진 입력자료로부터 컨볼루션 단계를 통하여 계속 더 정확하고 압축된 속성맵을 산출하는 단계를 말한다. 그리고 뒤의 뉴럴 네트워크는 풀 커넥션되어 있는 맨 마지막 단계인 인공신경망을 말한다.

여기서 한 가지 짚고 넘어갈 주제가 있다. 딥러닝 모델에서 널리 사용하는 ReLU라는 함수인데, 이는 Rectified Linear Unit의 약자이다. 번역하면 이른바 수정된 선형유닛이라는 뜻 정도로 이해하면 된다. 원래 인공신경망 계열의 거의 모든 딥러닝이나 머신러닝에서는 엄청난 수의 뉴런이 들어가 있다. 뉴런이란 인간 두뇌의 신경세포 같은 역할을 하는데 이를 노드(Node)라고도 한다. 합성곱신경망의 완전연결층 단계에서는 이들 뉴런들이 서로 완전연결되어 있는데 이렇게 되다 보면 자연스럽게 학습에 들어가는 계산 시간이 오래 걸리기 마련이다. 또 하나 생각할 수 있는 문제점은 지나친 과잉학습으로 말미암아 주어진 입력자료를 그대로 외워버리는 오버피팅 현상이 생긴다. 사실 주어진 입력자료를 그대로 외운다고 그것 자체가 문제는 아니다. 그러나 모든 머신러닝 및 딥러닝의 기본목적은 주어진 입력자료로부터 대상주제에 대한 핵심 개념과 속성을 이해하여 새로운 문제가 주어졌을 때에 그에 대한 정확하고 신뢰도 높은 추론을 하기 위함이다. 그런데 이미 학습한 입력자료를 그대로 외워버린 경우에는 이미 외운 자료와 조금이라도 다른 새로운 문제에 대해서는 그것이 아무리 사소한 차이라 하더라도 제대로 된 추론이 되지를 않는다. 이는 실제 문제해결 현장에서는 매우 심각한 오류가 되어서 사실상 아무 의미없는 지경에 이르게 된다. 경험이라는 것은 주어진 문제대상의 핵심 원칙과 논리적 개념인 원-투-쓰리를 이해한 뒤에 다양한 시행착오를 거쳐서 조금씩 문제의 핵심 개념을 더더욱 깊이 이해하는 원동력이 된다. 그런데 암기한 지식에만 기초한다면, 기억하고 있는 지식과 조금이라도 벗어나게 되면 그것은 혼동만을 야기할 뿐 문제해결 자체에는 도움이 안될 것이다. 따라서 딥러닝과 머신러닝의 추론능력을 증대시켜서 아무리 복잡한 새로운 문제유형이라 하더라도 이를 효과적으로 해결하여 뛰어난 솔루션을 제시할 수 있어야 한다. 그렇기 위해서는 머신러닝, 딥러닝이 과잉학습을 못하도록 막는 메커니즘이 필요하다. 그래야만 해당 딥러닝을 실제 문제해결에 제대로 써먹을 수 있기 때문이다. 이러한 목적을 위하여 도입한 아이디어가 바로 ReLU라고 이해하면 된다.

그렇다면 ReLU의 작동원리는 무엇일까? 이는 마치 특정 영역에서의 전문가가 보여주는 것과 유사하다. 즉, 오랜 경험과 노하우가 쌓인 진정한 전문가는 주어진 문제에 대해서 그다지 중요하지 않은 사소한 것들에 대해서는 심드렁한 반응을 보인다. 그러나 진짜 중요하고 문제해결에 결정적 영향을 미칠 만한 요소에 대해서는 과감하게 해당 부분의 원인을 파악하여 문제해결시 적절하게 사용한다. 딥러닝이 일반적으로 마지막 추론단계에서 완전연결층을 가지고 있다는 것은 이미 앞에서 르넷 파이브 설명시 언급한 바 있다. 그런데 여기에서 문제가 발생한다. 완전연결층에서 작동하는 뉴런은 자체 출력함수로서(이를 활성화함수라고도 부른다) 주로 시그모이드(Sigmoid) 함수를 사용한다. 이는 S자곡선 형태를 지닌 함수꼴을 갖는데, 오른쪽으로 완만하게 우상향하면서 일정수준에 이르면 더 이상 증가를 보이지 않는 형태를 지닌다. 시간이 지나면서 무한정 우상향하지 않는다는 측면에서 실제 우리네 현실과 잘 부합하여서 전통적으로 인공신경망이 사용되는 곳에서는 널리 사용되어 왔다. 그런데 시그모이드 함수의 문제점은 함수의 접선의 기울기 값, 즉 미분값을 계속 다음 연결 뉴런으로 넘기면서 연결된 뉴런수가 많아지다 보니(왜냐하면 딥러닝이므로) 미분에 미분을 거듭하게 될 수밖에 없다. 그러다 보면 점점 해당 미분값, 즉 기울기값이 작아지면서 급기야 서서히 사라지는 이른바 배니싱 기울기(Vanishing Gradient) 현상이 발생하고, 이로 말미암아 인공신경망의 추론성과가 크게 저하된다. 그러나 ReLU에서는 뉴런에 들어오는 값이 특정 임계값을 넘는 순간 들어온 입력을 미분 없이 그대로 출력값으로 다음 연결 뉴런으로 넘긴다. 미분을 하지 않고 일정값 이상으로 들어오는 입력값을 변화 없이 그대로 다음 연결 뉴런으로 넘겨준다는 얘기다. 이렇게 함으로써 다음 연결 뉴런으로 넘어가는 출력값은 0 아니면 입력값 자체로 전달되기 때문에 배니싱 기울기 현상이 발생되지 않고 학습과 추론과정이 늘 싱싱하게 유지되는 효과가 있다.

감성분석과 오피니언마이닝

구전효과라는 단어는 우리가 일상대화에서 종종 사용하는 단어이다. 입에서 입으로 전해지는 효과를 의미하는데, 영어로는 WOM, 즉 Word-of-Mouth라고 한다. 약자로 그냥 WOM이라고 사용하는 경우도 흔하다. 코로나로 인하여 호되게 자가격리 또는 타의로 일정기간 혼자서 격리를 겪어본 사람들은 배달로 음식을 주문하며 끼니를 때운다. 이때 배달의민족 등 배달 플랫폼을 통하여 음식을 주문하다 보면 음식점에 대해서 사용자들이 올리는 이른바 '별점' 또는 스타 레이팅에 신경을 쓰게 된다. 별점은 영어로 Star Rating이라고 하는데 대개 다섯 개짜리 별 중 몇 개의 별을 줄 것인가로 그 등급이 결정된다. 가장 나쁜 별점은 당연히 별 한 개짜리이고 가장 좋은 별점은 별 다섯 개짜리이다. 여기서 사용자들이 내리는 별점이 지극히 주관적이라는 점을 감안한다고 하더라도 특정 음식점에서 음식을 주문해 본 경험이 없는 사용자라면 주문 전에 해당 음식점에 대한 사람들의 일반적인 평판을 해당 별점을 보고 판단할 수밖에 없다. 사람들은 대개 긍정적인 평가에 대해서는 그러려니 하고 심드렁하게 받아들이지만 부정적인 평가에 대해서는 왜 그런지 그 이유를 알고 싶어하는 것이 인지상정이다. 품질 대비 가격이 비싸서 그런 것인지, 불친절하여 평판이 안 좋은 것인지, 그도저도 아니면 음식의 맛이 없어서인지 등등 그 이유를 알고 싶어한다. 사람들이 내리는 부정적인 평판에 대해서는 나름대로 관련 이론이 있다. 그리고 그러한 이론은 미리 알아두면 의사결정분석에 도움이 된다. 이 세상을 살아가는데 부정적인 의견이 생기는 논리를 알아두는 것이 비즈니스를 할 때나 또는 사람 간의 관계를 보다 건강하게 설정하는 데 유익하기 때문이다.

첫째 이론은 정의이론이다. 영어로는 Justice Theory이다. 사람들이 주어진 대상에 대해서 무엇인가 정의롭지 못하다고 느끼거나 불공정하다고 인지하면 할수록 더더욱 사람들은 부정적인 구전효과를 발생시키면서 부정적인 견해를 드러낸다는 것이다.

두 번째 이론은 자기개념화 이론이다. 자기개념화란 Self-Conceptualization이라고 하는데, 예를 들어 특정 대기업이 제공하는 제품과 서비스에 대해서는 그 기업이 갖는 제품품질, 서비스의 질 등에 대해서 소비자별로 각자 나름대로 갖고 있는 기대치가 있기 마련이다. 특정 기업의 제품과 서비스의 질에 대해서 소비자들이 나름대로 갖고 있는 이같은 자기개념화의 수준과는 사뭇 다른, 저품질과 낮은 수준의 서비스를 접할 경우 소비자들의 불만은 커지고 부정적인 구전효과를 야기시키게 된다.

이같이 소비자들이 특정 기업의 제품과 서비스에 대해서 긍정적이든 부정적이든 의견을 갖게 되면 그들은 온라인상에 그러한 자기의 의견을 감정을 담아 올리기 마련이다. 그렇기 때문에 소비자들이 온라인상에 올리는 이같은 온라인 의견을 텍스트로 다운받아서 이를 분석하게 되면 특정 기업의 제품과 서비스에 대해서 감성분석을 할 수가 있다. 따라서 감성분석은 특정 대상 기업, 제품, 서비스 등에 대해서 소비자(또는 사용자)들이 갖는 의견, 즉 오피니언을 추출하는 오피니언마이닝과 직결된다. 감성분석은 영어로 Sentiment Analysis라고 한다. 센티멘트란 특정 대상에 대해서 갖는 정서적 상태를 말하는데 그렇기 때문에 감정이라고 번역하는 이모션보다는 약간 완화된 개념의 감성, 즉 센티멘트라는 단어를 사용한다.

그러면 이같은 감성이라고 하는 의견은 단순히 긍정, 부정 등으로만 개괄적으로 얘기하면 충분한 것일까? 보다 면밀한 기준을 적용할 필요는 없을까? 이에 대한 답은 다음과 같이 요약된다.

첫째, 소비자들이 갖는 특정 기업의 제품과 서비스, 또는 특정 기업의 브랜드 등에 대해서 갖는 감성 또는 의견, 즉 오피니언은 주관적이냐 객관적이냐라는 차원으로 분석이 가능하다. 우리가 갖는 감성 또는 오피니언은 지극히 주관적인 면이 있다. 팩트 차원으로 볼 때 부정적인 감성이나 의견, 즉 오피니언을 가질 필요가 없음에도 불구하고 시장에서 소비자들은 여러 가지 이유로 해당 기업의 브랜드, 또는 제품과 서비스 등에 대해서 긍정/부정 등의 감성을 갖는다. 객관적인 이유를 토대로 그러한 감성 또는 의견을 가질 수도 있다. 즉, 누가 봐도(아무리 부정하고 싶어도) 인정할 정도의 뛰어난 색상과 디자인, 그리고 품질을 갖는 제품에 대해서 소비자들은 '객관적으로' 긍정적인 감성 또는 의견을 가질만한 충분한 이유가 된다. 주관이 개입될 여지가 많지 않을 정도의 압도적인 수준의 제품품질과 서비스의 질에 대해서는 객관적으로 긍정적인 감성값을 갖는다. 물론 그 반대도 가능하다. 즉, 가격 대비 품질 등 객관적인 이유로 부정적인 감성값을 가질 수 있다.

둘째, 소비자들이 갖는 감성값 또는 의견값(즉, 오피니언)은 이분법적으로 긍정(즉, 포지티브)이냐 부정(즉, 네거티브)이냐로 나뉠 수 있다. 이를 극성값이라고 하는데 영어로는 Polarity라고 한다. 극성이란 양극단적인 가치를 말한다. 따라서 극성은 한자로 極性으로 표시된다. 긍정도 아니고 부정도 아닌 극성값도 가능하다. 이 경우 극성값은 중립이며 영어로는 Neutral이다. 극성값의 또 다른 경우를 보자. 긍정도 강한 긍정, 약한 긍정으로 나뉠 수 있다. 이는 부정도 마찬가지다. 즉, 강한 부정, 약한 부정으로 나뉠 수 있다. 그래서 긍정과 부정을 강하고 약한 상태로 분류하고 여기에 중립까지 고려하면 극성값은 5가지 값으로 나뉠 수 있다. 즉, 강한 긍정, 약한 긍정, 중립, 약한 부정, 강한 부정이 그것이다. 따라서 극성값을 단순히 긍정, 부정으로

만 나눈다면 극성값은 두 개로 되고, 극성값을 강한 긍정, 약한 긍정, 중립, 약한 부정, 강한 부정으로 나누면 극성값은 모두 다섯 개가 된다. 극성값의 개수를 이렇게 상세히 설명하는 이유가 있다. 극성값이 몇 개이냐는 주어진 감성분석 또는 오피니언마이닝 문제를 이진분류 문제(극성값=긍정, 부정), 삼진분류 문제(극성값=긍정, 중립, 부정), 사진분류 문제(극성값=강한 긍정, 약한 긍정, 약한 부정, 강한 부정), 또는 오진분류 문제(극성값=강한 긍정, 약한 긍정, 중립, 약한 긍정, 강한 긍정)로 나누는 근거가 되기 때문이다. 극성값의 개수가 많아질수록 인공지능의 입장에서는 추정하여야 할 출력값의 개수가 많아지므로 그만큼 난이도가 올라가는 분류문제(Classification Problem)가 된다.

위에서 분류문제라는 단어를 사용하였는바, 이는 머신러닝, 딥러닝이 대상으로 하는 대부분의 문제유형이다. 분류란 위에서 설명한 극성값의 개수에 따라 2개이면 이진분류, 3개이면 삼진분류로 구분된다. 따라서 극성값의 개수가 많아질수록 그만큼 난이도가 올라가게 된다. 주관성이 많을수록 분류문제가 갖는 극성값 자체가 뚜렷한 기준이 없이 사람마다 다르게 판단하기 때문에 머신러닝이나 딥러닝 입장에서는 그만큼 난이도가 더 올라가게 된다.

지금까지는 감성분석, 즉 오피니언마이닝의 큰 개괄적인 면만을 살펴봤다. 그런데 이제부터는 실제 사례를 가지고 감성분석이 실제로 어떻게 분석되고 감성값이 산출되는지 보자. 오피니언마이닝도 감성분석과 같은 맥락으로 진행되기 때문에 여기서는 감성분석으로만 국한하여 설명한다. 다음 온라인 리뷰 예를 가지고 실제 감성값이 어떻게 산출되는지 살펴보자.

예 6개월 전에 나는 삼성전자 갤럭시폰 S9 폰을 구매하였어요. 제 아버지께서는 같은 갤럭시폰 중 최신형인 S10 폰을 구매하셨지요. 구매 후 첫 일주일은 내가 산 폰에 대해서 대만족이었어요. 화면도 넉넉한 사이즈여서 마음에 들었고 화면의 색상 해상도도 높아서 만족스러웠지요. 그런데 한 달 이상 쓰면서 보니까 밧데리 충전을 자주 해야 하고 더욱이 무게감도 있어서 조금 불편해지더군요. 반면에 제 아버지께서 구매하신 폰의 경우 밧데리 용량이 넉넉하여 자주 충전할 필요가 없어서 아버지가 크게 만족해 하셨습니다.

– 등록 : 2022년 11월 26일 오후 9시28분, 부산의 사용자 홍길동

상기 온라인 리뷰 예제를 분석하기 용이하도록 소주제별로 정리를 해보자.

소주제 1) 6개월 전에 나는 삼성전자 갤럭시폰 S9 폰을 구매하였어요. 제 아버지께서는 같은 갤럭시폰 중 최신형인 S10 폰을 구매하셨지요.

소주제 2) 구매 후 첫 일주일은 내가 산 폰에 대해서 대만족이었어요.

소주제 3) 화면도 넉넉한 사이즈여서 마음에 들었고 화면의 색상 해상도도 높아서 만족스러웠지요.

소주제 4) 그런데 한 달 이상 쓰면서 보니까 밧데리 충전을 자주 해야 하고 더욱이 밧데리가 은근히 무게감도 있어서 조금 불편해지더군요.

소주제 5) 반면에 제 아버지께서 구매하신 폰의 경우 밧데리 용량이 넉넉하여 자주 충전할 필요가 없어서 아버지가 크게 만족해 하셨습니다.

주어진 온라인 리뷰 문장을 토대로 보다 체계적으로 감성분석을 하기 위하여 다음과 같은 5가지 요소로 이루어진 감성분석 모델을 생각해보자. 즉, 대상(entity) e, 국면(aspect) a, 극성값(polarity) p, 의견개진자(holder) h, 날짜(time) t로 이루어진 모델을 위의 온라인 리뷰 예제문장에 적용하면 다음과 같다.

번호	대상(e)	국면(a)	극성값(p)	의견개진자(h)	날짜(t)
1	S9	스크린 사이즈	긍정	홍길동	2022/11/26
2	S9	스크린 색상 해상도	긍정	홍길동	2022/11/26
3	S9	밧데리 충전횟수	부정	홍길동	2022/11/26
4	S9	밧데리 무게	부정	홍길동	2022/11/26
5	S10	밧데리 용량	긍정	홍길동 아버지	2022/11/26

이 표에서 보이는 결과는 일견 보면 그다지 새로워 보이지 않는다. 그러나 시각을 대상과 국면으로 집중하여 보면 달라진다. 다음 질문에 대한 답을 생각해보자.

질문 1) 대상을 S9에 대해서 보면 과연 위에서 예로 든 온라인 리뷰문장이 보여주는 감성값은 무엇일까?

이 질문에 대한 답이 생각보다 혼동되는 것은 위 표에서 보듯 대상 S9에 해당되는 극성값 p가 긍정과 부정이 각각 2개씩이라는 것이다. 이 경우 특정 국면에 대해서 일부러 가중치를 더 주지 않는 한 대상 S9에 대한 극성값은 '중립'으로 보아야 한다. 긍정을 +1, 부정을 −1로 간주하면, 긍정 2개는 +2, 부정 2개는 −2로서 긍정 2개와 부정 2개가 동시에 감안되어야 하므로 결국 최종 극성값은 0이 되어서 S9 대상에 대한 감성값은 중립이다.

그러나 만약 최근 시장의 기류가 스마트폰의 경우 주로 주머니 속에 쏙 넣어서 다니는 것이 트렌드라면 S9의 감성값은 무엇일까? 이 경우 밧데리의 무게감이라는 국면에 대해서는 가중치를 더 두어야 한다. 즉, 모든 국면에 부여하는 가중치의 합은 1이 되어야 하는데 이 중 밧데리의 무게감에 대한 가중치를 다른 국면과 비교하여 상대적으로 더 준다면 우리는 각 국면별 가중치를 다음과 같이 설정할 수 있다. 단, 밧데리 무게감 국면을 제외한 나머지 가중치는 동일하게 준다고 가정하자.

스크린 사이즈 국면 가중치=0.2, 스크린 해상도 국면 가중치=0.2, 밧데리 충전횟수 국면 가중치=0.2, 밧데리 무게감 국면 가중치=0.4

따라서 대상 S9에 대한 각 국면별 가중치를 감안한 최종 극성값은 다음과 같이 계산된다.

S9 대상에 대한 국면별 가중치가 고려된 극성값
=스크린 사이즈 극성값(0.2)+스크린 해상도 극성값(0.2)
+밧데리 충전횟수 극성값(−0.2)+밧데리 무게감 극성값(−0.4)
=−0.2

이렇게 되면 극성값이 −0.2가 되기 때문에 이에 대한 감성값은 부정이라고 결론을 내릴 수 있다. 제품의 국면별 가중치는 시장에서 소비자들이 보여주는 고객행동 여하에 달려 있기 때문에 시장변동 상황을 고려하여 적정하게 조정될 필요가 있다.

질문 2) 질문 1)은 극성값을 사람이 판단하여 넣었다. 그러나 몇만 개에 달하는 온라인 리뷰가 보통인 빅데이터 시대에 사는 우리는 그 많은 수의 온라인 리뷰를 하나하나 사람이 들여다보면서 극성값을 계산할 수는 없다. 이같은 작업을 사람이 일일이 손으로 하기에는 비효율적일뿐만 아니라 자칫 인권침해의 소지도 있을 정도로 지루하고 시간소비적이다. 그렇다면 다른 방법은 없을까? 인공지능으로 하여금 수만 개에 달하는 온라인 리뷰 문장을 기계적으로 처리하여 리뷰문장별로 극성값을 자동으로 계산하게 하려면 해당 리뷰문장 내에 있는 긍정단어의 개수와 부정단어의 개수를 세어서 이를 단순합 또는 단순가중합을 구하면 될 것이다. 예를 들어서, 위에서 든 온라인 리뷰 예제를 다시 들여다보자. 이 예제문장 안에 들어가 있는 긍정단어와 부정단어를 정리하면 아래와 같다.

긍정단어=대만족, 넉넉한, 마음에 들었고, 만족
부정단어=자주 해야 하고, 불편

사람은 문장의 맥락 안에서 특정 단어가 갖는 긍정적 의미와 부정적 의미를 자연스럽게 인지한다. 모국어를 구사하는 현지인의 경우 어릴 때부터 사용해 온 단어들이기 때문에 문맥이 아무리 난해해도 특정 단어가 갖는 문맥 안에 숨겨진 감성을 족집게처럼 집어낼 수 있다. 우리 한국인들이 흔하게 사용하는 단어 속에는 외국인들은 선뜻 알아차리기 어려운 모호한 감성을 갖는 단어가 많다. 예를 들어, '싹이 노랗다'라는 문장의 경우 이를 액면대로 해석하면 어떤 식물의 잎이 노랗다는 뜻이다. 그러나 우리 한국인들이 이 문장을 사용할 때에는 그런 단순한 물리적 현상을 표현하는 경우는 극히 드물다. 가을철 단풍이 노랗게 물든 아주 특수한 상황이 아니고서는 말이다. 이러한 문장이 사용될 때는 대부분 특정인이 보여주는 말투와 행동이 마음에 안들 때, 특히 젊은 사람의 말투와 행동이 불쾌할 때 사용하는 경우가 대부분이다. 따라서 이 문장의 전체 맥락을 이해하지 못하면서 이 문장 내에서 사용하는 단어 중에서 긍정단어와 부정단어를 액면 그대로 뽑아내어 이 문장의 감성값을 계산하더라도 이 문장이 갖는 진정한 감성값을 정확하게 계산하기 어렵다. 이같이 온라인 리뷰문장 안에는 복잡다단한 맥락이 숨겨져 있는 경우가 많다.

또 다른 경우는 힐난조로 말하는 칭찬도 있을 수 있다. 그 경우 그 문장 안에 사용하는 단어들은 비아냥거리는 의미로 과장된 긍정단어들이다. 예를 들어, 힐난조로 '잘했다, 정말 잘했어…'라고 표현할 경우 '잘했다'라는 단어는 맥락 없이 보게 되면 영락없이 긍정단어이다. 그러나 사고를 친 아이나 학생에게 이 말을 사용한다면 이는 긍정단어가 아니라 힐난조로 비아냥거리면서 표현한 문장에 불과하다. '잘했다'라는 긍정단어의 의미가 180도 달라지는 예이다. 그런데 이같이 문장이 갖는 맥락까지 파악할 수 있는 감성분석 기법은 딥러닝에서도 상당히 높은 수준의 딥러닝 기법을 적용할 때에만 가능한 방법이다.

다시 위에서 제기한 수많은 온라인 리뷰 문장을 머신러닝 또는 딥러닝 기법을 적용하여 자동으로 신속하게 감성분석을 하는 방법을 생각해보자. 한 가지 확실한 것은 사람이 모여서 일일이 수작업을 통하여 수만 개의 온라인 리뷰 문장을 하나하나 읽어가면서 감성분석을 하는 것은 실제 상황에서는 여러 가지 이유로 적용될 수 없다. 따라서 우리는 또 다른 방법을 생각해야 한다. 즉, 주어진 온라인 리뷰 문장 안의 긍정단어, 부정단어를 찾아내어 그 개수를 토대로 간단한 극성값 산출식을 만들면 된다. 그리고 같은 단어라 할지라도 문맥에 따라 긍정과 부정 개념이 달라지는 경우는 문맥 안에서 해당 단어의 감성값의 변화를 감지해 내는 딥러닝 기법을 적용하면 어느 정도 해결이 가능하다. 지금부터는 이러한 관점으로 감성분석을 생각해보자.

인공지능으로 구동되는 머신러닝 또는 딥러닝으로 하여금 수만 개에 달하는 온라인 리뷰 문장 안에 숨겨진 감성값을 자동으로 분별해내도록 하려면 결국 레퍼런스가 되는 단어집을 잘 만들어 놓을 필요가 있다. 우리가 영어 공부를 할 때 영어사전을 종종 참고한다. 해당 영어사전 안에는 영어문장에서 사용되는 거의 모든 영어단어가 망라되어 있기 때문이다. 그런데 일반적인 영어사전은 특정한 영역 내에서만 사용되는 단어를 모아놓은 것이 아니다. 이는 일반적인 상황하에서 널리 사용되는 영어단어를 망라해 놓은 것이다. 물론 이같은 일반적인 영어사전 역시 해당 단어가 갖는 긍정, 부정감성을 확인하는 데 큰 도움이 된다. 문제는 너무 일반적인 단어들이어서 특정 영역에서 사용되는 단어가 갖는 독특한 긍정, 부정감성을 정확히 잡아내기가 쉽지 않다는 단점이 있다. 더욱이 포함하고 있는 단어 자체가 특정 맥락하에서 그 감성값이 어떻게 달라지는지를 파악하려면 시간이 많이 걸릴 수도 있다. 결국 일반 사전은 특정 단어가 특정 문장 맥락하에서 갖는 긍정,

부정 감성값을 신속하게 파악하기에는 부적합한 경우가 많다는 것을 인식하여야 한다. 그렇다면 대안이 무엇인가? 대안은 아예 특정 영역 내에서 사용되는 단어만 추리고 해당 단어가 그 영역 안에서 갖는 긍정, 부정감성을 미리 정리해 놓는 보다 구체적인 감성단어집이 필요하다. 이를 코퍼스(Corpus)라고 부른다. 이와 같이 코퍼스는 특정 영역 내에서 사용되는 단어의 감성값을 정리해 놓은 단어집이라는 의미에서 일반 사전, 즉 딕셔너리와는 차별화된다. 코퍼스의 가치를 이해하였다면, 왜 많은 성공적인 감성분석이 일반 딕셔너리가 아닌 특정 영역에 기반으로 한 코퍼스에 기인하는 것인지를 알 수 있다.

인공지능 기법을 적용하여 일반적인 감성분석을 할 경우 감성단어를 모아 놓은 딕셔너리가 필요하다. 영어로 된 온라인 리뷰 문장을 분석할 경우 종종 사용되는 딕셔너리에는 센티워드넷, 즉 SentiWordNet와 베이더, 즉 VADER라고 하는 딕셔너리가 널리 사용된다. 반면 코퍼스는 특정 영역에 대해서 별도로 개발되어 있어야 하기 때문에 감성분석을 하고자 하는 당사자가 스스로 타겟 영역에 맞는 코퍼스를 만들어서 분석하는 경우가 많다.

한국어 감성분석 사전

한국인으로 태어나 한국어를 모국어로 평생을 사용해온 평범한 한국인들에게는 우리말인 한국어가 얼마나 독특하면서도 알아야 할 내용이 많은 언어인지를 잘 모르고 산다. 이러한 한국어로 이루어진 온라인 리뷰 문장 수천, 수만 개를 대상으로 감성분석을 하려면 위에서 공부한 감성분석의 기본개념을 한국어에 맞게 적용해야 한다. 따라서 품질 좋은 한글 감성사전을 준비하고 적용해야 한다. 한국어 감성분석은 한글 감성사전에 기반하여 타겟 한국어 문장 안에 포함되어 있는 감성단어가 갖는 개별 감성점수를 계산한 후에, 해당 문장 전체가 갖고 있는 감성점수를 도출하는 방식으로 하면 된다. 주어진 한국어 문장의 극성값이 긍정, 부정 두 가지로 나오는 경우 해당 감성분석 문제유형은 이진분류 문제가 된다. 그렇다면 한국어 감성분석에 사용하는 한글 감성사전은 어떤 것이 있을까? 한글 감성사전은 한국어 감성분석 결과값에 큰 영향을 주기 때문에 해당 감성사전의 특성을 면밀히 고찰해볼 필요가 있다. 일반적으로 한국어 감성분석에 널리 사용되는 한글 감성사전에는 KNUSL(군산국립대학교 한국어 감성사전)와 KOSAC(한국어 감성분석 코퍼스)이 있다.

KNUSL은 군산국립대학교에서 제시한 한글 감성사전이다. 이는 다음과 같은 특징을 가지고 있다. 우선 표준국어대사전 안에 포함되어 있는 단어를 분석하여 긍정 및 부정단어를 추출하였다. 즉, 단어 하나로 구성되어 있는 Uni-gram, 두 단어로 구성되어 있는 Bi-gram, 그리고 축약어와 이모티콘 등 다양한 유형의 긍정 및 부정단어가 포함되어 있다. KNUSL는 표준국어대사전 안에 들어가 있는 명사, 동사, 형용사, 부사를 긍정, 중립, 부정으로 분류하였는데 이때 양방향 장단기 기억(Bidirectional Long Short-Term Memory : Bi-LSTM) 모델을 사용하였다. Bi-LSTM 모델에 의하여 분류된 단어에 대한 감성분류 결과값은 최소 3명의 평가자들이 다시 한번 체크를 하였다. 그리고 각 단어가 갖는 긍정 감성값, 부정 감성값은 5점 리커트 척도를 이용하여 매우 부정, 부정, 중립, 긍정, 매우 긍정으로 구분하였다.

KOSAC은 한국어 감정분석 코퍼스를 의미한다. 이는 2011년부터 2013까지 2년에 걸쳐 세종 구문분석 코퍼스 중에서 조선일보의 생활 및 사회면에 등장한 기사와 문장, 그리고 한국일보, 한겨레신문에 등장한 기사와 문장을 선별하여 이를 구문분석하여 감정표현 패턴을 분석한 결과를 토대로 만들어졌다. 기초 자료로 사용된 기사는 모두 332개이며, 문장은 모두 7,744개가 사용되었다. 감정표현 패턴을 정확히 주석을 하여야 비로소 정확도 높은 한국어 감성사전 구축이 가능하기 때문에 KOSAC에서는 세 명의 주석자가 서로 다른 텍스트를 주석하고 그 결과를 서로 돌려가면서 상호검증을 한 후에, 최대한 정확한 감정표현 주석이 되도록 하였다. 이렇게 하여 최종적으로는 서포트벡터머신 기법을 적용하여 해당 감성사전의 정확도를 검증하였다.

이외에도 최근에 널리 사용되고 있는 한국어 감성사전에는 네이버 영화 리뷰 감성코퍼스가 있다. 영어로는 NSMC라고 하는데 Naver Sentiment Movie Corpus의 약자다. 총 20만 개의 영화리뷰를 토대로 긍정, 부정 감성 관련 단어를 담아놓은 감성코퍼스이다. 10점 척도에 해당되는 별점을 기초로 만들어진 감성코퍼스인데, 전체 20만 개 리뷰 중 10만 개는 별점이 1개에서 4개여서 부정감성을 나타내는 리뷰이고, 10만 개는 별점이 9에서 10에 해당되는 긍정감성에 해당된다. 네이버에 올라온 영화리뷰를 토대로 만든 한글감성사전인데 모든 리뷰문장은 140자 미만의 길이로 되어 있다. 부정리뷰는 1에서 4점까지의 척도로 레이블링되어 있고, 긍정리뷰는 9점과 10점으로 레이블링되어 있다. 그리고 긍정도 부정도 아닌 리뷰는 5점에서 8점 사이로 레이블링되어 있는데 대개 분석시 제외한다. 따라서 분석자의 취향대로 9점, 10점으로 된 긍정리뷰를 그냥 1로 레이블링하고, 나머지 1점에서 4점으로 되어 있는 부정리뷰를 0으로 하여 사용하는 경우도 많다.

감성분석과 오피니언마이닝 사례분석[2)]

본 사례분석에서는 CNN, 즉 합성곱신경망에 의한 한글 감성분석을 소개한다. CNN을 이용한 연구가 사회과학에서는 그다지 많지 않기 때문이다. 본

---

2) 본 사례는 다음 연구논문을 기반으로 작성됨.
이건창 & 어균선 (2019). 딥러닝 기법을 이용한 오피니언마이닝분석과 성과에 관한 실증연구: 합성곱신경망 모델과 머신러닝 모델 간 성과비교를 중심으로. 금융감독연구, 6(2), 37-78.

연구에서는 금융정보 데이터로부터 오피니언을 추출하는 오피니언마이닝 모델을 어떻게 구축하는지 보자. 일단 오피니언을 5-클라스 문제(매우 긍정, 긍정, 보통, 부정, 매우 부정)로 나누기로 한다.

CNN 성과에 대한 벤치마킹용으로 사용한 머신러닝 분류기 방법은 의사결정트리, 로지스틱회귀, 인공신경망 등을 사용한다. 우선 분석대상 데이터는 주식 커뮤니티인 팍스넷[3]과 씽크풀[4]의 토론게시판에 게시된 게시물이다. 수집된 데이터는 2017~2018년 2년 동안 회원들이 올린 자료이며 대부분 텍스트로 구성되어 있다. 각자 관심 있는 주식에 관한 각종 정보를 해당 사이트에서 교환한 22,053건의 텍스트 자료들이다. 해당 문장 안에 있는 주요 단어들의 중요도를 CNN으로 계산함으로써 해당 단어가 담긴 문장의 극성값을 예측하는 방식을 적용한다.

주식 커뮤니티에서 사용하는 각종 단어는 문장 안에서 중요한 의미를 내포한다. 그렇기 때문에 분석대상이 되는 각종 단어는 해당 단어가 사용되는 문장의 맥락을 보면서 단어를 분석하여야 한다. 종속변수는 해당 문장의 전체 감성점수값을 토대로 5-클라스 문제로 구성하였다. 문장 전체의 감성점수, 즉 극성값은 문장에서 사용된 단어 중 감성을 파악할 수 있는 감성단어의 감성점수를 토대로 계산한다. 파이썬 머신러닝 라이브러리인 싸이킷런(Scikit-learn)으로 속성값을 추리고, CNN 모델은 데이터 흐름 그래프를 사용하는 수치 연산용 오픈소스 라이브러리인 텐서플로우(Tensorflow)를 사용하였다.

전처리 과정

그리고 수집한 자료에서 다음과 같은 전처리 과정을 적용하였다.

---

3) http://thinkpool.com/
4) http://www.paxnet.co.kr/

- 형태소 분석을 통해 문장에 있는 명사, 동사, 형용사, 부사 등을 분리한다. 사용한 형태소 분석기는 파이썬 한글 형태소 분석기인 Konlpy[5]를 사용하였다.
- 문장에서 의미가 없는 불용어, 즉 Stop Word를 제거한다.
- 단어의 빈도를 체크하여 문장에서 자주 등장하거나 한 번 또는 거의 등장하지 않는 단어들은 효과적인 감성분석을 위해 제거한다.

TF-IDF로 속성벡터 구성

전처리 결과 최종적으로 19,486건으로 정리되었다. 이같이 전처리 작업을 거친 자료를 CNN과 머신러닝 분류기로 처리하려면 주어진 입력문장을 속성벡터 형태로 변환시켜야 한다. 이를 위해 자주 사용되는 백 오브 워즈 방법을 이용한다. 백 오브 워즈란 Bag-of-Words라는 의미로 감성값을 갖는 단어가 문장에서 얼마나 자주 등장하는지를 측정해서 해당 문장의 감성점수를 측정할 때 사용한다. 이때 형태소 분석을 통해 생성된 단어를 모아서 TF-IDF를 계산하여 이를 속성벡터로 간주한다. TF-IDF는 단어의 수를 세는 TF(Term Frequency)를 토대로 문서에서 단어의 중요도를 계산하는 방식이다. TF-IDF는 Term Frequency-Inverse Document Frequency의 약자이다. 단어가 길기 때문에 감성분석에서는 일상적으로 TF-IDF라는 말을 널리 사용한다. 결국 TF-IDF로 구성한 속성벡터는 각 문장에서 특정 단어가 갖는 중요도를 나타낸다. TF-IDF로 구성한 속성벡터는 모두 1,000개의 요소를 갖고 있다.

극성값(Polarity Score) 계산

입력문장이 갖는 감성점수를 극성값이라고 부른다. 입력문장이 갖는 이같은 극성값은 감성사전 안에 기술된 단어별 감성값을 토대로 계산된다. 본

5) http://konlpy.org/en/latest/#

사례에서 사용한 감성사전은 한국어 감성사전 KNUSL[6]이다. KNUSL에 의한 감성단어의 감성값을 토대로 각각의 입력문장이 갖는 감성점수[7]를 다음 수식을 이용하여 계산한다.

$$\text{입력문장의 감성점수} = \frac{W_p - W_n}{W_p + W_n}$$

여기서 W_p는 긍정단어 감성값, W_n은 부정단어 감성값을 의미한다. 이같이 계산된 감성점수는 +1에서 −1까지의 구간으로 점수가 계산된다. 그리고 해당 감성점수를 다시 5구간으로 구분하여 상위 20%를 매우 긍정, 20%에서 40%를 긍정, 40%에서 60%를 보통, 60%에서 80%를 부정, 그리고 80%에서 100%까지를 매우 부정으로 구간화하였다. 이들 다섯 개의 구간값은 각 입력문장이 갖는 이른바 타겟변수의 값으로 활용되었다. 그 결과 매우 긍정은 5,003건, 긍정은 2,588건, 중립은 3,649건, 부정은 5,386건, 매우 부정은 2,860건이 되었다.

CNN과 벤치마킹용 머신러닝 성과비교

효율적으로 성과비교 분석을 하기 위하여 베스트-퍼스트 속성선택 방법을 이용하여 FS를 수행하였다. 그 결과 1,000개 속성을 26개 속성으로 획기적으로 줄일 수 있었다. 또한 성과비교시 성과 자체에 대한 객관성을 증대하기 위하여 10-폴더 교차검증 방법인 10-CV(10-fold Cross Validation)로 교차검증을 수행하였다. 이는 학습자료를 10개의 그룹, 즉 폴더로 임의로 분할한 후 9개 그룹은 학습용 데이터로 사용하고 남은 1개 그룹은 테스트용 데이터로 사용하여 결과를 얻고, 이 과정을 10번 반복한 후에 결과값을 평균하여 성과치로 사용한다. 한편 머신러닝 성과측정치를 알아보자. 보편적으로

6) https://github.com/park1200656/KnuSentiLex (Accessed 2018)

7) http://statmath.wu.ac.at/courses/SNLP/Presentations/DA-Sentiment.pdf

사용하는 머신러닝 성과측정치에는 정확도(Accuracy), 정밀도(Precision), 재현율(Recall), 그리고 F1점수(F1-Score)가 있다. 이에 대한 이해를 도모하기 위하여 다음과 같은 분류 혼동행렬을 참고하자.

표 8-1 분류 혼동행렬(Confusion matrix of classification)

		예측 클라스	
		Positive	Negative
실제 클라스	Positive	True Positive(TP)	False Negative(FN)
	Negative	False Positive(FP)	True Negative(TN)

혼동행렬을 구성하는 주요 요소인 TP, FP, TN, FN은 다음과 같이 이해한다. 우선 TP(True Positive)는 긍정을 긍정으로 정분류(Correctly Classified)한 건수를 말한다. FP(False Positive)는 부정을 긍정으로 오분류(Incorrectly Classified)한 건수이며, TN(True Negative)은 부정을 부정으로 정분류한 건수이다. 마지막으로 FN(False Negative)은 긍정을 부정으로 오분류한 건수이다. 이같은 혼동행렬 요소를 토대로 머신러닝 성과측정치를 구하면 다음과 같다.

$$\text{Accuracy} = \frac{TP + TN}{TP + TN + FP + FN}$$

$$\text{Precision} = \frac{TP}{TP + FP}$$

$$\text{Recall} = \frac{TP}{TP + FN}$$

$$\text{F1-Score} = 2\frac{Precision \times Recall}{Precision + Recall}$$

정확도는 전체 분류 건수에서 문장이 긍정인지 부정인지를 정확히 맞춘 비율이다. 반면 정밀도는 문장이 긍정일 것이라고 분류한 경우 실제로 긍정으로 확인된 비율이다. 재현율은 실제 긍정인 문장을 긍정이라고 분류한 비율이며, F1점수는 정밀도와 재현율의 조화평균으로 계산된다. CNN과 벤치마킹 머신러닝 성과를 비교해보자. 여기서 DT는 의사결정트리, LR은 로지스틱회귀분석, NN은 인공신경망, CNN은 합성곱 신경망을 의미한다. 본 사례에서는 5-클래스 문제(매우 긍정, 긍정, 보통, 부정, 매우 부정)로 구분하여 결과를 도출하였고 그 결과는 [표 8-2], [표 8-3]과 같다.

표 8-2 성과비교 : 5-클래스 문제

	DT	LR	NN	AB	BA	CNN
Accuracy	0.68	0.58	0.77	0.58	0.59	0.82
Precision	0.68	0.57	0.77	0.65	0.59	0.82
Recall	0.68	0.58	0.77	0.58	0.59	0.82
F1-Score	0.68	0.54	0.77	0.57	0.58	0.82

5-클래스 문제로 분석한 결과는 정확도, 정밀도, 재현율 및 F1값에서 합성곱신경망의 성과가 0.82로 나왔고 머신러닝 분류기 결과보다 높게 나타났다. 한편 5-클래스 문제에 대한 10-폴더 교차검증 기술통계값인 최소, 최대, 그리고 표준편차값을 살펴보자. 왜냐하면 클래스의 유형에 따라 어느 정도의 편차가 나오는지를 알아보는 것은 세밀한 해석을 위해 필요하기 때문이다. [표 8-3]에서 보면 최소표준편차가 나오는 클래스만 정리할 때 클래스가 '매우 부정'인 경우는 FN, 클래스가 '부정'인 경우는 TN, 클래스가 '보통'인 경우 TP, 클래스가 '긍정'인 경우는 FN, 그리고 클래스가 '매우 긍정'인 경우는 TN임을 알 수 있다. 따라서 TN과 FN이 각각 두 번 최소의 표준편차가 나오므로 다른 혼동행렬값에 비해 더 안정적으로 결과가 나오는 것을 알 수 있다. 반면에 FP의 경우 최대표준편차가 나오는 경우가 세 번이어서 상당히 편차가 크다는 것을 알 수 있다. 따라서 5-클래스 문제에서 결과 해석시 FP는 신중할 필요가 있다.

표 8-3 교차검증 기술통계 : 5-클래스 문제

	클라스	TN	FP	FN	TP
최소	매우 부정	206	1592	29	21
	부정	424	1282	68	54
	보통	224	1441	58	70
	긍정	164	1593	34	43
	매우 긍정	423	1363	50	43
최대	매우 부정	273	1648	66	66
	부정	471	1355	123	123
	보통	318	1529	153	131
	긍정	221	1668	97	103
	매우 긍정	454	1407	93	85
표준편차	매우 부정	**19.40**	17.53	*12.04*	12.87
	부정	*16.64*	**24.25**	17.10	22.11
	보통	28.03	26.98	**29.88**	*22.44*
	긍정	20.38	**21.49**	*17.76*	20.12
	매우 긍정	*9.36*	**13.46**	12.67	11.59

※표기 : 이탤릭체 & 밑줄은 최소표준편차, 굵은체는 최대표준편차

이같은 사례연구에서 알 수 있는 교훈을 정리하면 다음과 같다. 우선 사례연구에 사용한 한글감성사전의 종류를 범용성이 강한 사전을 사용하느냐 아니면 특화된 전문영역에서 구한 감성사전을 쓰느냐에 따라 결과는 달라질 수 있다. 따라서 보다 정확한 감성분석을 하려면 범용성이 강한 감성사전보다는 해당 타겟분야에 특화된 별도의 감성사전을 구축할 필요가 있다. 같은 단어라 하더라도 어떠한 분야에서 사용되느냐에 따라 감성값이 크게 변할 수 있기 때문이다. 예를 들어, '고지혈증'이란 단어는 범용적 의미에서는 질병의 한 종류여서 부정적 감성값을 갖는다. 그러나 주식 관련 분야에서 언급하는 '고지혈증' 단어는 치료제 개발과 연관되어 있어서 오히려 호재로 간주되어 긍정적인 단어가 될 수 있다.

AI와 경영정보

9장

인공지능과 미래사회

챗지피티와 하이프 사이클

인공지능에 대해 우리들이 갖는 기대감은 대단하다. 특히나 2023년 2월에 공개된 챗지피티가 보여준 매끈한 대답과 논리적인 답변에 전 세계 매스컴은 연일 장밋빛 전망으로 가득찬 기사를 쏟아내고 있다. 그러나 챗지피티와 같은 신기술에 대해서 우리가 지금 보이는 이같은 찬사와 경탄이 과연 팩트에 기반한 것인지 아니면 지나친 기대감에 기초한 것인지를 냉정하게 생각해야 할 때이다.

세계적인 정보기술 컨설팅 그룹인 가트너 그룹이 제시하는 하이프 사이클 모델을 보자.[1] 하이프 사이클은 'Hype Cycle'이라는 영어단어를 의미하는데, 여기에서 '하이프'라는 말은 과장된 광고를 말한다. 따라서 하이프 사이클이란 신기술, 신상품, 신제품에 대해서 사람들이 갖는 막연한 기대감이 어떠한 사이클을 갖고 변하는지를 보여주는 그래프이다. 하이프 사이클은 다섯 단계로 이루어진다.

그 첫째가 '혁신 도화선'(Innovation Trigger) 단계이다. 혁신적인 신기술이 발표되면 사람들은 그에 대해서 막연한 기대감과 놀라움의 눈으로 그 기술을

1) https://www.gartner.com/en/research/methodologies/gartner-hype-cycle

쳐다본다. 그 기술에 기초한 믿을만한 제품과 서비스가 아직 시장에 나오기 전인데도 사람들은 막연한 기대감과 호기심을 갖고 그 신기술에 대해서 관심을 갖는다. 이러한 단계가 혁신 도화선 단계이다. 한번 당겨진 도화선은 어지간해서는 쉽게 꺼지지 않는다. 최근 전 세계적으로 챗지피티에 대한 열렬한 반응과 관심은 이같은 혁신 도화선 단계를 잘 보여준다. 혹시 기억나는가? 2016년도 3월 우리나라 광화문 사거리의 5성급 호텔에서 구글의 딥마인드라는 스타트업 회사가 개발한 혁신적인 인공지능 컴퓨터시스템인 알파고와 우리나라를 대표하는 프로바둑기사인 이세돌 9단이 맞붙었다. 결과는 이세돌 9단이 5번 싸워서 1번 이기고 나머지 4번을 내리 진 것으로 끝났다. 우리의 기대와는 전혀 다른 결과가 나온 것이다. 이 경기가 시작되기 전만 하더라도 우리는 당연히 이세돌 9단이 압승할 것으로 굳게 믿었다. 아직 알파고의 실력이 어느 정도인지 당시 인공지능의 발달이 어디까지 도달했는지를 제대로 인지하고 있지 못했기 때문이다. 그러나 이세돌 9단이 1승 4패로 알파고에 완패를 하자 그때부터 우리나라뿐만 아니라 전 세계적으로 알파고 열풍이 휩쓸었다. 당시 분위기로는 알파고로 시작된 인공지능 기술이 곧 전 세계 주요 기업과 산업을 근본부터 바꿀 것처럼 보였다. 불치병 진단과 치료약 개발은 물론이고 전 세계 기업가, 정치인, 그리고 일단 연구자들은 하나같이 알파고로 시작된 인공지능의 가능성에 대해 장밋빛 청사진을 그리는데 바빴다.

이같이 신기술에 대해서 대중들이 엄청난 기대와 찬사를 쏟아낼 때가 하이프 사이클의 두 번째 단계인 '증폭된 기대감의 절정'(Peak of Inflated Expectations) 단계이다. 이 단계에서는 해당 신기술에 대해서 이른바 묻지마 기대감이 적용된다. 지금까지 우리의 걱정거리였던 수많은 문제가 해당 신기술로 순식간에 해결될 것 같은 착각에 빠지기 때문이다. 아직 해당 신기술로 실제문제가 해결되거나 하는 구체적인 증빙이 보고되지도 않았는데도 사람들은 막연한 기대감으로 들뜨게 된다. 그러다가 여기저기에서 자중의 목소리와 신중한 경고가 이어지고, 실제 해당 신기술이 갖는 문제점이 지적되기 시작하면 최고조에 달했던 기대감이 갑자기 차갑게 식기 시작한다.

그리고 해당 신기술에 대해서 그동안 쏟아졌던 모든 투자와 찬사가 거짓말처럼 갑자기 뚝 끊어진다. 이때가 하이프 사이클이 바닥을 치는 '환멸의 구유통'(Trough of Disilluionment)이라고 부르는 세 번째 단계이다. 그러나 이때야말로 해당 신기술이 진정 게임 체인저로서의 가능성이 있는지를 보여줄 수 있는 절호의 찬스이기도 하다. 해당 신기술이 향후 산업과 사회를 근본적으로 뒤바꿀 진정한 게임 체인저라면 바로 이 환멸의 구유통 단계에서 문제되었던 핵심 애로사항을 해결하여야 한다.

그리고 나서 개선된 기술이 현장의 수많은 난제를 효과적으로 해결하는 것이 입증되기 시작하면 서서히 하이프 사이클의 4단계인 '재인식 슬로프'(Slope of Enlightenment) 단계로 진입하게 된다. 이때부터는 해당 신기술의 진면목과 유용성이 여러 가지 상황에서 확인이 되면서 그 기술에 대한 시장의 신뢰감이 형성되고 더 많은 기업들이 해당 신기술을 사용한다. 그리고 나서 일정시간이 지나면 이제는 조심스런 태도를 견지하던 기업들도 해당 신기술을 적용하기 시작하면서 비로소 신기술에 대한 보편적인 채택이 이루어지고 산업 내 스탠다드 기술로 자리 잡게 된다. 이 단계가 하이프 사이클의 마지막 5단계인 '생산성 고원'(Plateau of Productivity) 단계이다.

현대적 의미의 인공지능이 본격적으로 거론되기 시작한 연도가 1956년 7월 다트머스 워크숍이 열리던 해이다. 그로부터 70년의 세월이 지난 지금 인공지능은 하이프 사이클의 4단계를 지나 마지막 5단계로 진입한 것으로 판단된다. 이제는 인공지능을 단순 호기심의 수준이 아니라 실제 산업현장의 문제를 해결하고 그로 인하여 눈부신 생산성 향상을 기대하는 수준까지 다다른 것이다.

생각하는 기계로서의 인공지능과 직업의 안정성

미국의 명문 아이비리그 대학 중 하나인 다트머스대학교는 뉴햄프셔주의 하노버라는 도시에 위치한 아름다운 캠퍼스를 갖고 있는 대학이다. 이 대학이 더욱 유명해진 것은 1956년 6월에서 8월까지 약 한 달 동안 생각하는 기계, 즉 Thinking Machine이라고 하는 당시로서는 매우 앞서가는 주제를 토대로 당대의 유명한 석학들이 모여서 치열한 워크숍을 열었기 때문이다. 그 학회에서 현대 인공지능의 거의 모든 개념의 기초가 놓여졌고 그로 인하여 해당 다트머스 여름 워크숍은 현대 인공지능의 문을 활짝 열어젖힌 전설적인 워크숍으로서의 명성을 갖게 되었다. 이 다트머스 워크숍에서 제안한 인공지능이라는 용어의 원래 출발은 생각하는 기계를 만들어보자는 것이었다. 그럴려면 이론적인 기초와 관련 연구방향을 정할 필요가 있었다.

그러나 여전히 핵심은 기계로 하여금 생각하는 힘을 여하히 갖게 하느냐였다. 다트머스 워크숍에서 당시로서는 공상과학 같은 주제를 갖고 활발한 토의가 이루어지고 난뒤 세상은 냉전의 시대로 접어들었고 미국과 소련은 서로 물러설 수 없는 이념적 대립을 벌이게 되었다. 그러나 인공지능의 멋진 신세계를 처음으로 산업화하는 데 성공한 나라는 미국이고 미국은 그러한 원천기술을 토대로 보다 강력한 산업경쟁력을 보유하게 되었고 이는 곧 막강한 군사력으로 자연스럽게 연결되면서 오늘날 세계 일등국가로서의 위상을 유지할 수 있게 되었다. 오늘날 인공지능은 금융시장에서도 그 위력을 발휘하고 있다. 어지간한 헤지펀드 회사들이 인공지능을 이용하여 고객의 돈을 관리하고 투자의 대상을 골라내는 것은 더이상 몇몇 혁신기업만 하는 일이 아니다. 알고 트레이딩, 즉 Algo-trading이라는 인공지능 금융투자기법은 인공지능 알고리즘에 기초한 금융상품 투자기법으로서 오늘날 인기있는 금융서비스의 한분야로 자리 잡았다.

인공지능은 광범위한 의미를 담고 있는 단어이다. 그럼에도 불구하고 경영 의사결정의 시각으로 인공지능을 판단한다면 인공지능은 머신러닝 그 자체를 의미한다. 엄청난 규모의 빅데이터가 넘쳐나는 요즘 어지간한 규모의 데이터는 이제 별로 놀라움의 대상이 되지도 않는다. 개인이 들고 다니는 어지간한 랩탑에서도 상당한 사이즈의 빅데이터 처리가 가능한 시대에 살고 있기 때문이다. 머신러닝의 관점으로 보는 인공지능은

- 주어진 학습자료를 학습하여 그 안에 숨겨져 있는 의미있는 패턴을 추출할 수가 있고
- 이를 수학함수로 변화시켜서
- 복잡다단한 의사결정문제를 고도의 정확성으로 해결할 수 있는
- 첨단 의사결정과학 분야이다.

예를 들어, 인공지능은 값비싼 기계가 가득 들어찬 공장에서 어떤 기계가 언제 고장이 날지 미리 미연에 예측하여 공장주로 하여금 미연에 예방유지보수를 하도록 지원함으로써 공장가동비용을 크게 줄일 수 있게 해주는 고마운 경영도구이다.

이러한 머신러닝의 가장 기본은 인공신경망이며 인공신경망의 힘의 원천은 서로 연결되어 있는 수많은 뉴런이다. 그렇기 때문에 인공신경망은 아무리 크고 복잡한 데이터라 할지라도 학습할 수 있고, 데이터 안에 숨겨져 있는 패턴과 규칙성을 찾아내어 이를 의사결정자로 하여금 효과적으로 사용하도록 해준다. 그리고 인공신경망은 현대 인공지능의 눈부신 성공의 핵심인 딥러닝의 기반을 이루고 있다. 자율자동차 같은 미래형 자동차 역시 딥러닝이 브레인 역할을 한다. 더욱이 딥러닝은 인간의 개입과 명령이 없이 스스로 자율학습을 무한정 반복할 수 있고 스스로 결정을 내릴 수도 있어서 특정 분야에서는 어지간한 전문가들을 능가하는 성과를 보여주고 있다. 석유, 석탄과 같은 화석연료는 언젠가는 고갈이 된다. 따라서 이를 대체할 수 있는

재생에너지 발굴은 현대문명을 지속할 수 있느냐 여부를 결정할 수 있는 중대사안이다. 재생에너지의 대표주자는 풍력에너지인데, 풍력에너지를 생산하는 풍력발전용 터빈은 높은 탑 위에 3~4개의 날개가 바람에 따라 빙글빙글 돌면서 전력을 생산한다. 문제는 해당 터빈이 고장이라도 나면 외진 곳에 설치된 해당 터빈을 고치는데 상당한 시간과 경비가 소요된다. 이를 해결하는 데에도 딥러닝이 적용된다. 즉, 언제 어느 곳에 있는 풍력발전 터빈이 고장이 날지를 미연에 예측하여 선제적 조치를 취할 수 있도록 해준다.

이렇게 장점만 있을 것처럼 보이는 인공지능도 가만히 들여다보면 우리의 소중한 직업을 자동화시켜서 언젠가는 우리들로부터 빼앗아 갈 수도 있는 위협적인 신기술이기도 하다. 회계사, 세무사, 심지어 변호사와 의사 직업도 상당부분 인공지능의 머신러닝과 딥러닝이 자동화시킬 수 있다. 이는 곧 그 분야에 종사하는 전문직종의 근로자가 언젠가 인공지능 때문에 일자리를 잃게 될 수도 있음을 의미한다. 그러나 사람들도 앉아서 우리의 일자리가 우리들의 손을 떠나 인공지능에 의하여 자동화되는 것을 쳐다만 보지는 않을 것이다. 오히려 현재 시간만 걸리고 일 자체가 반복적인 분야는 과감히 인공지능에 맡겨서 처리하고 사람만이 할 수 있는 보다 더 창의적이고 사람의 판단을 넣어야만 가동되는 새로운 유형의 수많은 일자리를 만들어 낼 것이다. 그리고 법규도 그러한 노력을 보호하고 장려하는 방향으로 변할 것이다. 결국 인공지능으로 인하여 노동시장의 대변혁이 조만간 일어날 것이며, 이는 한편으로는 대단한 혼돈으로 다가올 수도 있지만 또 다른 한편으로는 지금까지는 볼 수 없었던 어마어마한 규모의 새로운 직업이 탄생될 수도 있는 미증유의 기회의 순간이기도 할 것이다.

미래 인공지능에 대한 전망

현재 한창 발전에 발전을 거듭하고 있는 인공지능이 미래에 우리에게 미칠 영향을 정확히 예견하기란 무척 어려운 일이다. 따라서 어느 하나의 입장을 취하는 것보다는 다양한 시나리오를 하나하나 얘기를 하는 편이 더 마음 편한 접근방법이 될 것이다. 어떠한 시나리오를 택하든지 그 시나리오에 따라서 인공지능이 가져올 미래를 준비하면 되기 때문이다.

우선 낙관적인 시나리오부터 생각해보자. 인공지능이 과연 미래에 가져올 모습은 어떤 모습일까? 구글 출신의 천재적인 미래학자인 레이 커즈와일 박사의 의견에 의하면[2] 인공지능은 우리들에게 유토피아 같은 멋진 신세계를 가져올 것으로 예견된다. 즉, GNR로 요약된 유전학(Genetics), 나노 기술(Nano Technology), 로보틱스(Robotics)는 현재 우리가 겪는 각종 질병, 그리고 단순반복적인 온갖 일들로부터 우리들을 해방시킬 수 있다. 그리고 그 결과 우리는 대부분의 시간을 보다 더 창의적이고 생산성 높은 일들에 치중할 수 있을 것이다. 그리고 그 결과 우리들의 자연수명은 더 늘어나고 우리들의 수입 또한 (물론, 각자의 능력에 따라 편차는 있겠지만) 더 늘어날 것으로 보인다.

인공지능이 가져올 비관적인 시나리오도 있다. 이 시나리오에 의하면 낙관주의자들이 말하는 GNR이 오히려 우리 인간을 발전이 아닌 퇴보쪽으로 안내할 것이라고 한다. 즉, 기계는 자율학습 기능을 통하여 더더욱 지능화가 되어 가고 인간의 개입과 지시를 필요로 하지 않을 것이다. 그러므로 중요한 의사결정을 기계가 대신하고 인간은 오히려 그러한 기계의 결정에 따르는 수동적이고 소극적인 존재로 전락이 될 수 있다. 사람에 의하여 이루어지던 어지간한 노동시장과 직업은 거의 대부분 더 똑똑하고 하루종일 일만

2) https://www.youtube.com/watch?v=1ulzS1uCOcE

할 수 있는 인공지능 로봇에 의하여 이루어진다는 것이다. 〈사피엔스〉라는 책으로 유명한 저자인 하라리는 인공지능의 발전은 우리 인간을 단순히 계산가능하고 분석가능한 뉴런의 집합으로 격하시킨다고 본다. 그 결과 인간의 지능이 고도의 지능화된 인공지능 알고리즘에 지배당하는 지경까지 이를 수 있음을 경고하고 있다.

인공지능이 앞으로 어떠한 방향으로 발전할지에 대해서는 지금 이순간에도 전 세계 많은 전문가들이 고민하고 있는 과제이다. 'AI100'이라는 모임이 있다.[3] 이 모임은 2014년 가을에 만들어진 민간 싱크 탱크인데, 미국 스탠포드대학교에서 주관하고 있는 인공지능의 미래발전에 대해 고민하는 전문가들의 비영리 단체이다. 이 모임은 스탠포드대학교 출신의 인공지능 전문가이자 마이크로소프트사에서 리서치랩을 총괄하는 에릭 호르비츠(Eric Horvitz)와 관련 컴퓨터공학 전문가들이 주관하고 있는데, 매 5년마다 인공지능이 나아가야 할 올바른 미래방향에 대한 보고서를 공개하고 있다. 2016년도에 첫 보고서를 발간한 후 5년이 지난 2021년에도 보고서를 발간하였다.[4] 그 보고서에서는 인공지능 발전에 대해서 대중들이 궁금해 하는 질문을 여러 개 제시하고 있는데 그중 몇 개를 소개하면 다음과 같다.

- 인공지능 발전을 한눈에 알 수 있도록 하는 그림이 있다면 무슨 그림인가?
- 인공지능 발전에서 중대한 진전이 있다면 무엇인가?
- 인공지능 관련하여 가장 의미 있는 오픈 그랜드 챌린지 문제는 무엇인가?
- 인간지능의 핵심 미스터리를 이해하는 데 있어서 우리가 이룬 중요한 발견은 무엇인가?
- 제너럴 인공지능(GAI)에 대한 향후 전망은 어떠한가?

---

3) https://ai100.stanford.edu/

4) https://ai100.stanford.edu/sites/g/files/sbiybj18871/files/media/file/AI100Report_MT_10.pdf

- 인공지능을 일반대중들에게 어떻게 효과적으로 교육시킬 수 있을까?
- 책임있는 인공지능을 발전시키려면 정부는 어떤 역할을 하여야 하나?
- 인공지능 기술을 발전시키는 데 있어서 학계와 산업계는 각각 어떻게 역할을 담당하여야 하나?
- 인공지능과 관련하여 가장 시급히 다루어야 할 위험은 무엇인가?
- 인공지능이 우리 사람들이 사회 경제적으로 맺는 인간관계에 대해서 미치는 영향은 무엇인가?

이외에도 인공지능과 관련하여 우리가 갖는 질문은 수없이 많을 것이다. 그러한 모든 질문에 대하여 어느 한날 한시에 모두 답할 수는 없다. 그러나 그러한 질문에 대해서 모든 관계자들이 인내심을 갖고 차근차근 답을 해가면서 숨어 있는 위험을 제거하고 인공지능이 우리들에게 가져다 주는 순기능을 극대화하는 방안을 계속 찾아나가야 할 것이다. 인공지능의 힘에 대해서 막연한 낙관론과 근거없는 두려움은 문제해결에 별로 도움이 안된다. 그러나 언젠가는 인공지능에 대해서 누구든지 수긍할 수 있는 획기적인 대발견과 대도약을 우리 대한민국의 산업계와 학계에 의하여 이루어지는 날을 간절한 마음으로 기다려 본다.

_찾아보기

| 저자약력 |

이건창

성균관대학교 경영학과 학사
카이스트 경영과학과 석사 및 박사 (전공: 인공지능, 의사결정지원)
현) 성균관대학교 경영대학 글로벌경영학과 교수

[주요 국내외 편저서]
위기경영 (사람의 무늬 출간, 2017년)
Digital Creativity (Springer 출판사, 2013년)
Data Analytics in Biomedical Engineering and Healthcare (Elsevier, 2021년) 등

[국외 논문]
Costello, F., Kim, M. G., & Lee, K. C. (2023). Appreciating the Performance of Neuroscience Mining in NeuroIS Research: A Case Study on Consumer's Product Perceptions in the Two UI Modes—Dark UI vs. Light UI, Hawaii International Conference on System Sciences (HICSS)
Costello, F. J., & Lee, K. C. (2022). Exploring investors' expectancies and its impact on project funding success likelihood in crowdfunding by using text analytics and Bayesian networks. Decision Support Systems, 154, 113695.
Lee, S., Costello, F. J., & Lee, K. C. (2021). Hierarchical balanced scorecard-based organizational goals and the efficiency of controls processes. Journal of Business Research, 132, 270-288.
외 200여 편 해외 유수저널에 게재

AI와 경영정보

2023년 6월 10일 1판 1쇄 인쇄
2023년 6월 15일 1판 1쇄 발행

저　　자 | 이건창
발 행 인 | 이수영
발 행 처 | 도서출판 청람
서울시 마포구 독막로 288(대흥동, 세양상가 109호)
전　　화 | 02) 3272－2601~2
팩　　스 | 02) 3272－2603
홈페이지 | http://www.crbooks.co.kr
이 메 일 | crbooks@daum.net
등　　록 | 2000년 8월 26일 제6－0509호

ISBN 978-89-5972-966-1 93320 [정가 20,000원]